日本教師教育学会年報

第27号

日本教師教育学会編

〈特集〉
教育学部の30年

| | 日本教師教育学会年報（第27号）目次 | |

教育学部の30年

1 教育学部の30年

日本の「教育学部」：1980年代以降の動向
　　—— 政策圧力と大学の主体性をめぐって ——　　　　　　　岩田　康之……… 8
秋田における教育文化学部の存続と地域文化学科の創設　　　　佐藤　修司……… 18
新潟大学における教育学部新課程の廃止
　　—— 総合大学における芸術・スポーツの位置付けを求める運動の展開とその帰結 ——
　　　　　　　　　　　　　　　　　　　　　　　　　　　　　岡野　　勉……… 26
福井大学における教師教育改革30年の歴史とその省察　　　　　森　　　透……… 34
教員養成学部から一般学部へ
　　—— 鳥取大学地域学部における教員養成の30年 ——　　　山根　俊喜……… 41
大阪教育大学の場合
　　—— 教養学科発足と消滅のポリティクス ——　　　　　　長尾　彰夫……… 50
東京学芸大学における教師教育の30年　　　　　　　　　　　　田中　喜美……… 58
弘前大学の場合　　　　　　　　　　　　　　　　　　　　　　福島　裕敏……… 66
最近30年の高等教育政策の批判的検討　　　　　　　　　　　　光本　　滋……… 75

2 研究論文

管理職進出における女性教員の努力と連帯についての一考察
　　—— 1990〜2010年代初め　大分県日教組女性組合員の場合 ——　佐藤　智美……… 86

現代の教職理論における「省察（reflection）」概念の批判的考察
　　—— ザイクナーとリストンによる「省察的教育実践」論を手がかりに ——
　　　　　　　　　　　　　　　　　　　　　　　　　　　　　髙野　貴大……… 98

小学校の改革における教師のコミュニティの形成
　　——「できない」という教師の語りに着目して ——
　　浅井幸子／黒田友紀／金田裕子／北田佳子／柴田万里子／申智媛／玉城久美子／望月一枝
　　　　　　　　　　　　　　　　　　　　　　　　　　　　　　　　　　　……… 110

学校外における同教科教師ネットワークの考察
　　—— 中学校家庭科教師に着目して ——　　　　　　　　　兼安　章子……… 122

日本教師教育学会年報（第27号）

3 実践研究論文

日本の教員養成系大学における短期海外研修プログラムの企画・実践・効果に関する考察
―― 教職志望者の視野を外に開くカリキュラムづくり ――　　　　　　岩田　康之‥‥‥‥ 134

大学教員を目指す大学院生を対象とした相互授業観察プログラムの試行と評価
―― 授業イメージの変容に着目して ――　　　　　　　　　　　　　根岸　千悠‥‥‥‥ 146

4 書評・文献紹介

〈書評〉
朝倉雅史 著
　　『体育教師の学びと成長』　　　　　　　　　　　　　　　　　　木原　俊行‥‥‥‥ 158

山﨑奈々絵 著
　　『戦後教員養成改革と「教養教育」』　　　　　　　　　　　　　丸山　剛史‥‥‥‥ 161

土屋基規 著
　　『戦後日本教員養成の歴史的研究』　　　　　　　　　　　　　　釜田　　史‥‥‥‥ 164

久保富三夫 著
　　『教員自主研修法制の展開と改革への展望――行政解釈・学説・判例・運動の対立・交錯の歴
　　史からの考察――』　　　　　　　　　　　　　　　　　　　　　山﨑　準二‥‥‥‥ 167

〈文献紹介〉
ミーケ・ルーネンベルクほか著、武田信子ほか監訳、入澤充ほか訳
　　『専門職としての教師教育者』　　　　　　　　　　　　　　　　百合田　真樹人‥‥‥‥ 170

日本教師教育学会年報（第27号）

5 第27回大会の記録

【シンポジウム】

教員養成と現職研修の連続性と非連続性の関係を問う ……………………………… 172

【課題研究Ⅰ】

教師教育学の独自性と方法論研究

　　── 若手教員の直面する問題 ── ………………………………………………… 174

【課題研究Ⅱ】

教師教育研究の国際化と比較研究の課題 ………………………………………………… 176

【課題研究Ⅲ】

教師教育における「実践性」と「高度化」

　　── 教職大学院の組織づくりを考える ── …………………………………… 178

【特別課題研究】

震災・学校危機と教師教育

　　── 3年間の研究活動の成果と課題 ── ……………………………………… 180

6 日本教師教育学会関係記事

1　日本教師教育学会第10期（2017.10-2020.大会時）役員・幹事等一覧 ……………… 184

2　日本教師教育学会活動履歴 ……………………………………………………………… 185

3　日本教師教育学会会則 …………………………………………………………………… 187

4　日本教師教育学会役員選出規程 ………………………………………………………… 189

5　日本教師教育学会年報編集委員会関係規程等 ………………………………………… 191

6　日本教師教育学会申し合わせ事項 ……………………………………………………… 195

7　日本教師教育学会入会のご案内 ………………………………………………………… 198

〔編集後記・年報第27号　第10期編集委員会活動記録〕…………………………………… 201

日本教師教育学会年報
第27号

1

〈特集〉
教育学部の30年

　平成の30年間は、教員養成にとって、絶え間ない改革によって自らの土台を掘り崩されていく時代であった。

　教職課程科目や免許制度の充実策と規制緩和による初等教員養成課程への私大の参入という相矛盾する政策が進行する一方で、教員養成機関自身が大きな変容を迫られた。平成に入る直前には、愛知教育大学と山梨大学で既にゼロ免課程への移行が始まっていたが、その後も、教員養成課程5,000人削減計画、新課程や教育学部の改変や廃止、大学の法人化、教育学研究科の廃止と教職大学院への移行、教育系大学・学部への再編統合など、めまぐるしい変化が続いており、この改革はまだ終結には至っていないように思われる。さらに経済産業省や内閣府が進めるsociety5.0に則った文部科学省案では、教員免許そのものへの疑義が示されており、それは確実に養成機関にさらなる改革を求めることが予測される。

　重要なことは、＜教師教育＞の改善にどのような意味があるのか、改善後どのような成果が上がり、どのような問題が生起しているのかといった振り返りや検討が一切なされないままに、次々と施策が打ち出されていることである。また、大学側は応戦するばかりで＜教師教育＞の改善策に取り組む余裕もなく、さらにこれに代わりうる教員養成の理念を明示することもできないでいる。

　本号では、こうした改革を、歴史的に総括して記録に残す意味も含め、「教育学部の30年」を特集企画とすることにした。教員養成改革は国立大学だけの問題ではないが、紙幅の関係もあり、本号では国立大学に限定した。苦難の中、それぞれの大学で、教師教育の発展を考える担い手がこれにどのように格闘してきたのか、その実態を共有するとともに、変化の要因や行方、ステークホルダー等について研究を深め、＜理念のある＞教員養成改革の議論を喚起する一助となれば幸いである。

〈特集〉教育学部の30年

日本の「教育学部」：1980年代以降の動向
—— 政策圧力と大学の主体性をめぐって ——

岩田　康之（東京学芸大学）

1．問題の所在と背景

1.1　1980年代の二つの出来事

　本稿のねらいは、1980年代以降の日本の「教育学部」[1]、中でも主に国立の教員養成系大学・学部の動向を概括するとともに、背景をなす付置関係（中央政府・地方政府・「教育学部」等のパワーバランス）の変化を、大学の主体性との関連で検討していくことにある。

　その際、その後の日本の「教育学部」の動向の基となったとみられる出来事が二つある。ひとつは1984年6月に大学設置審議会の大学設置計画分科会（以下「設置審分科会」）の報告書「昭和61年度以降の高等教育の計画的整備について」に端を発する抑制方針であり、もうひとつは1986年4月に臨時教育審議会の「教育改革に関する第二次答申」で提言された教員資質向上策を受けて、教育職員養成審議会[2]の答申（1987年12月）を基に1988年に教育職員免許法が改められた（以下、その後の改訂も含め「○○年免許法」）ことである。

　前者は、「計画的な人材養成が必要とされる分野のうち、医師、歯科医師、獣医師、教員及び船舶職員の養成についてはおおむね必要とされる整備が達成されているので、その拡充は予定しない」とし、これを受けて国立教員養成大学・学部の今後の整備に関する調査研究会議（以下「調査研究会議」）が1986年7月に出した報告「国立の教員養成大学・学部の今後の整備の方向について」において、教員養成分野における量的抑制の具体策として「教員養成大学・

学部の入学定員の一部を他学部に振り替える」「教員養成学部の中に、教員以外の職業分野へも進出することを想定した課程等を設置する」の二つが示され、この第二案に即して翌1987年度から新課程の設置が始められた。これらは、2010年代に原則として廃止されるまでの二十余年、教員養成系学部の中にありながら教員養成を直接の目的としないことで社会的認知やアイデンティティの問題を抱えていたことに加え、従前の教員養成課程にも少なからず影響した。

　後者の1988年免許法は、翌1989年4月から施行された。同法では教員免許状の基礎資格と免許種の関係が整理されて専修免許状（修士修了）・一種免許状（学部卒業）・二種免許状（短期大学卒業）の三種が設けられて各々必要単位数が規定され、これ以降に教員養成系大学院修士課程の整備も加速された。

　ここで注意すべきことが二点ある。ひとつは専修免許状の取得に際して、一種免許状の上に「教科又は教職に関する科目」を24単位以上取得することが要件とされただけで、その内訳が規定されなかったことである。これはいわゆる「開放制」原則のもと、多様な高等教育機関が大学院レベルの教員養成教育を提供することを可能にする上では一定の合理性を持つが、教員が専修免許状を持つことのメリットを見えにくくすることにつながった。もうひとつは大学院の設置基準に基づく教員配置がされたことである。教員養成系の大学院修士課程の設置には最低百人程度の教員組織（大半は各教科専修）が必要とされた。この教員配置が後の動向に影響

することになる。

1.2 「開放制」と計画養成の相克

こうした1980年代の出来事のさらにその底流には、日本の教員養成における「開放制」と計画養成の相克という根深い問題がある。

高橋哲は、日本における様々な専門職養成を主に量的抑制と「政府」「高等教育機関」「市場」の三者間のパワーバランスに着目して検討する中で教員養成を「未完の計画養成」と喝破した。高橋によれば戦前期から教員の量的統制は「もっぱら教員需要（市場）との関係によって決定されてきた」（高橋2009：107）が、戦後は「免許状主義が確立される一方で、所定の課程を修了した者が自動的に資格を付与されるという資格制度と開放制の原則により、新規参入者数の量的統制は戦前と同様に市場の需要に委ねられる」こととなり、加えて「1980年代以降の教員養成系大学・学部の定数削減」が結果として「一般大学・学部出身者の教員採用者数に占める割合を高め」、さらに「1999年の地方分権一括法による標準法の改正と学級編制・教員定数の決定過程の変容」が「地方の教員需要に委ねられる構図をより助長する」（同前：123）とされている。つまり計画養成は日本の教員に関しては戦前も戦後も不完全なものでしかなく、実際には採用サイドに規定される付置関係の中で教員養成が展開され、それが強化されつつあるということである。

特に戦後の場合、卒業後一定期間の服務義務を伴う師範学校（旧制）が廃止されて教員養成系学部（卒業後の服務義務を伴わない）が設けられたことで、小学校段階での計画養成の不完全さは明白となった。また教科ごとの免許状主義を採る中学校・高等学校（新制）の教員養成においては、戦前から「開放制」的な実態があった上に、その後の高等教育全体の拡大による供給過剰や、学習指導要領の改訂に伴う授業時間数の変更、さらには高橋の指摘するような採用行政の裁量幅の増大など、需要の見込みを推計することを困難にする要因がいっそう増加す

ることとなっている。

ただ、このように計画養成が実態として破綻していることが明白であるにもかかわらず、後述する「5,000人削減」に象徴されるような国立教員養成系大学・学部の定数削減を政策的に推し進める際の論拠として、特に小学校の教員需給の見通しは用いられつづけている。

「開放制」原則下の教員養成政策において、教員養成系大学・学部とそれ以外の「教育学部」との大きな差異は、このような量的抑制の圧力にある。唯一と言っていい例外は、1984年の設置審分科会報告書以降、2005年に撤廃されるまでの約20年間の、教員養成分野に関する量的抑制策である。これは国立の教員養成系大学・学部における教員養成課程の規模の削減として作用したのみならず、公私立の一般大学・学部の初等教員養成への参入を阻むことを伴った。課程認定基準において「幼稚園教諭又は小学校教諭の教職課程は、教員養成を主たる目的とする学科等でなければ認定を受けることができない」とされているため、その「教員養成を主たる目的とする」教育組織の新増設が抑制された中での新規参入は、基本的に不可能であった。

以上見てきたように、1980年代以降の「教育学部」、中でも国立の教員養成系大学・学部をめぐる動向の底流には、歴史的経緯に根ざす計画養成の破綻という根深い問題があり、そうした中で量的抑制（削減）へのプレッシャーが、同時代的な教員採用の状況の影響も受けつつ、この種の大学に偏って作用してきたということが看取できる。

2．国立教員養成系大学・学部の動向

2.1 教員養成課程の削減と「消えた1万人」

では、こうした政策は国立の教員養成系大学・学部にどのように影響したのか。まずは教員養成課程の定数の削減から見てみたい。

前述のとおり、1986年7月に調査研究会議が出した報告以降、教員養成課程の学生定員は削減されていく（1985年：20,150人→2005年：9,390人）となった。この削減のプロセスは、

1997年を境に二つに区分できる。

　国立の教員養成課程の学生定員削減に関して、調査研究会議が示したオプションのうち、第一のそれ（他学部への振り替え）を選択した大学は神戸（→発達科学部・国際文化学部）・福島（→行政社会学部）・群馬（→社会情報学部）など比較的少数にとどまり、多くの大学は第二のオプション（教員以外の職業分野を想定した課程＝新課程の設置）を選択した。1997年の段階で国立の教員養成系学部の入学定員の総計は18,435人（教員養成課程14,515・新課程3,920）で、1985年と比べて教員養成課程の定員が5,635人減少しているが、学部自体の規模の縮小（他学部への振り替え等に伴う減）は1,715人にとどまっている。

　その後、1997年3月に橋本龍太郎内閣の下で示された「財政構造改革5原則」に基づき、1998年度〜2000年度の三年間が集中改革期間として設定された。これを受けて小杉隆文部大臣は同年4月のヒアリングで文部省の財政削減策として教員養成課程の入学定員をこの三年間で5,000人削減することを表明した。この「5,000人削減」は首相官邸サイドからトップダウン的に行われている点に大きな特徴をもつ（土屋2017：519）。この5,000人という数字の根拠は、当時の教育大学室長によれば、削減の終わった年の入学者が卒業する2004年度の教員採用見込みを出し、同年の教員養成課程卒業生の教員就職率を60%とした場合に約9,500人になるからだそうである（同前：520）。

　結果として、2000年度の教員養成課程定員は9,770人（1997年に比べて4,745人減）、一方新課程の定員は6,210人（同2,290人増）、学部全体の規模では15,980人（同2,455人減）となった。教員養成系学部の規模という点では、1997年までの約十年を上回る削減がこの三年間で進行したのである。

　教員養成系大学・学部にとって、この1998年からのさらなる削減の要請に対し、新課程のさらなる定員増や、他学部等への定員の振り替えで対応するには限界があった。学部の学生定員

の純減は、かくして生じた。とは言え、この時点では国立大学法人化はなされておらず、国立学校設置法の下で各大学の教官定員が定められ、専任教員は国家公務員身分を持っていた。それゆえ学部の学生定員減は大学の教員数の削減には直結していない。

　こうした状況下で、「5,000人削減」と相前後して、教員養成系の大学院教育学研究科の規模の拡大が進められたのである。1996年（国立の教員養成系大学院修士課程が全大学に設置された年度）における入学定員の合計は3,155人だったが、2002年の段階では3,997人（27%増）になっている。

　以上見てきたように、この時期に新課程を拡充させる形で教員養成系学部の組織が再編されたこと、および大学院教育学研究科の拡充が進められたことの二点は、その後の動向に少なからず影響している。

2.2　新課程の創設と教員養成系学部の変化

　新課程は、国立の教員養成系大学・学部のうち鳴門教育・上越教育・兵庫教育のいわゆる新構想三大学と群馬大学を除く44大学に置かれ、最も規模の多かった2000年度においては1学年あたりの学生定員は全国で6,210名（総定員の39%）に達していた。内容的には、調査研究会議が例示した「教員以外の職業分野へも進出することを想定（情報、日本語教員、カウンセラー、社会教育の指導者、福祉などの関係者）」「高度の教養と柔軟な思考力を身につけた人材を養成（教養、国際関係、地域研究等）」の基本線に沿った課程が設置されているケースがほとんどである。

　中には、最初に1987年度から「総合科学課程」（日本文化・法経・理数の三コース、学生定員計40）を設けた山梨大学教育学部のように、1940年代の創設当初より教員を志望しない者のためのコースを確保することに積極的な意向を持っていたとみられるところ（TEES研究会2001：308）もあるものの、大半は「緊急避難的」で「場当たり的」な対応（土屋2017：528）

を基調としていたとみられる。

　それぞれの新課程で展開されてきた教育や研究には興味深いものが少なくないものの、一方でこの新課程の創設と拡充は、従前の教員養成課程にも相当の影響を与えている。

　前述のとおり、この時点での国立教員養成系大学・学部の組織改編は、教官定員の総数を基本的に動かさない範囲で行われている。それゆえ、新たな教育組織を設けるに際して新たな教員スタッフの確保を行うことはできず、それまで教員養成課程を担当していた教員の一部を配置換えする形で新課程を組織したのである。これは同時に、教員養成課程自体の組織にもダメージを与えることとなった。

　それは具体的には「統合型」と呼ばれる、複数学校種にわたる教員免許状取得を一つの課程で併せ行う教育組織の増加に見られる。これは、教員養成課程の規模を縮小したことに伴って、「小学校」「中学校」のように学校種別の教員養成課程を複数並立させることが困難になり、「学校教育教員養成課程」のような形で統合再編したものである。実際、1997年度には国立教員養成系大学・学部の教員養成課程の数は176であったが、2003年度においては77に減少し、48大学のうち32大学では一つの教員養成課程を置くだけになった。他方で小学校教員の養成と中学校教員の養成を別個の課程で行う大学は6に減った（岩田2004：63-64）。この「統合型」の設置が進められて以降の教員養成課程の主な変化は、(1)小学校・中学校の教員養成への特化、中でも小学校教員養成の重視、(2)幼稚園教員養成の比重の低下、(3)高等学校教員の養成に関わる課程の廃止、の三点にまとめられる（岩田2006a：53）。具体的に(1)は、多くの「統合型」教員養成課程において小学校教員の免許状の取得のみの必修化、(2)は幼稚園教員養成に目的づけた教育組織の廃止、(3)は新課程への転換や「統合型」教員養成課程の中の中学校教員免許状取得を主とするコースへの包摂、という動向として現れている。そして(1)の裏返しで中学校にあって小学校にない教科（典型例は技術）

を主とするコースの廃止という現象も発生した（同前：55）。

　このように「統合型」教員養成課程が多く設けられた後もなお、基本的には教科ごとの教育組織が堅持されている（岩田2004：65-66）。これは、国立学校設置法下での教官定員の配置が学科目ごとに行われていたこと、および大学院教育学研究科の必要教員数が各教科の専修を基本に定められていたことに加え、1998年免許法において小学校教諭一種免許状取得に要する「教科に関する科目」が「一以上の教科」について8単位以上とされたことを背景とするものとみられる。小学校・中学校の双方の教員免許状取得を「統合型」教員養成課程で行わせる際に、各々の教科を軸とするコースに学生を分属させる組織を採ることに、免許基準上も教員組織上も比較的無理が少なかったことの表れであろう。

　ただし、「統合型」教員養成課程の規模（一学年の学生定員）は、2003年度時点で平均146.8人となっており、100人以下のところも半数近くにおよぶ（岩田2004：65）。この、一教科あたり平均十数名の小規模な教育組織の効率の悪さが、後々の再編論議につながっていくことにもなる。

2.3　大学院教育学研究科の展開と困難

　一方、教員養成系の大学院修士課程は1996年度までに全ての国立教員養成系大学に設けられた。とは言え、その後の政策動向の中でしばしば批判の対象となり、2013年10月に教員の資質能力向上に係る当面の改善方策の実施に向けた協力者会議（以下「協力者会議」）の報告書「大学院段階の教員養成の改革と充実等について」において「原則として教職大学院に段階的に移行する」とされ、改組・転換されるに至った。以下、そうした動向の前史として、1980年代以降の、国立教員養成系の大学院修士課程の展開に伴う困難の主なものを三点挙げておきたい。

　第一は、1988年免許法で創設された「専修免許状」に関わる問題である。この免許状は各学

〈特集〉教育学部の30年　11

校種について修士修了を基礎資格とする最上級の免許状として新設されてはいるが、その免許を持つ者のみの排他的な職域（たとえば管理職の要件とするなど）は設けられておらず、それゆえ取得することによる待遇面でのメリットは小さい。また下級免許状（二種や一種）での一定の勤務経験を要件とされてもいない。加えて、取得に要する単位が「教科又は教職に関する科目」計24単位と定められている以上の内容的な基準はない。これらのことは、教員の採用や人事に携わる行政サイドにとって専修免許状のメリットが少ないことを意味する。専修免許状を持つ者が持たない者に比して何がどれだけ優れているのかが判然とせず、専修免許状保持者以外を充てられない職域のない状況下で、積極的に取得を奨励するインセンティブは乏しいのである。

第二は設置基準の問題である。2001年時点での教員養成系の大学院修士課程の設置基準[3]では、学校教育・幼児教育・障害児教育・教科教育（10教科）の4専攻13専修を置く場合、各専修に研究指導教員（「⑳」）3～6人以上に加えてそれぞれ三分の二以上の研究指導補助教員（「合」）を置くこととされており、総計でおおむね95人（教育学関連の三専攻で計18人、教科教育専攻の10専修で計77人）以上の教員組織を必要とすることになる。このことは、教員養成系学部にとって、教員養成課程の組織や規模の如何に関わらず、大学院教育学研究科修士課程を置く以上は最低95人程度の教員を各専攻・専修にわたって配置し、しかもその大半は各教科の専修で研究指導を行うに足る（「⑳」「合」の要件を満たす）業績を持つ者を充てる必要があることを意味する。前述の「5,000人削減」以後に小規模化した教員養成課程がそれ以降も教科ごとの教育組織を維持した背景はここにある。

そして第三には、前述の「5,000人削減」の後2000年以降に行われた急激な定員増である。言うまでもなく、これは教員養成系の大学院修士課程へのニーズが増加したことに起因するものではなく、教官定員を動かさずに学部の規模を縮小させたことで生じた余剰を大学院担当に振り向けたという側面が強い。

実際、教員養成系大学院の整備の過程（1983年～2000年）における大学院教育学研究科の志願倍率[4]は1.1～1.7倍で推移している。この後に、ニーズが増加する特段の要因が生じていないにもかかわらず規模の拡大が行われれば、定員割れは必定である。

これら三つの問題は、基本的には1980年代以降の、主に国立の教員養成系大学・学部に関わる制度や政策に基づくものであり、そこで各大学・学部が採ってきた対応において、それぞれの主体性の介在する余地は乏しい。しかしながら、その後の政策動向の中で、教員養成系の大学院の側の改革課題として繰り返し議論の俎上にのぼることとなる。協力者会議の報告書（2013年）においても、専修免許状に対しては「理論と実践の往還の視点が不足している」とされ、大学院教育学研究科においては「多くの大学院で定員未充足の教科等の専攻がある」と指摘されるとともにその大学院教育に対しては「修士論文の内容が明らかに理学や文学など他の研究科と変わらないような場合でも「修士（教育学）」を授与している例がいまだに少なからず見られる」等の厳しい批判が見られるのである。

2.4　理念なき政策下の縮小再編

以上見てきたように、1980年代から「5,000人削減」頃までの国立の教員養成系学部・大学院の動向は、同時代的な制度や政策の動きに多分に影響されている。それらの制度的な不備や政策の歪みによって生じた問題は、各大学の側での改革課題としてその後に突きつけられることになる。そしてそのプロセスの中で、それぞれの学部・大学院において、今後の教育を担いうるコンピテンシーある教員の養成に関わる理念や、それを担保するカリキュラムのあり方といった、教員養成に関わる本質的な事柄は後景に退くことになった。

3.「教育学部」の構造変容

3.1 「在り方懇」の方向付け

以上に見てきた「5,000人削減」までの一連の政策の中で、国立の教員養成系大学・学部は様々に問題を抱えるに至っていた。教員養成課程が小規模になった後も大学院設置基準ゆえに一定規模の教員組織が維持されているアンバランスが際立ち、一方で教員養成課程に比して附属学校の規模の大きさが相対的に目立つようになっていた。また教科ごとの教員組織ゆえに学部・大学院の教育・研究指導が専門の学問に偏していることが、教員の資質形成の上で実践性を欠くとの批判も強まっていた。こうした問題点を洗い出してその後の改革の方向性を検討したのが、「国立の教員養成系大学・学部の在り方に関する懇談会」(以下「在り方懇」)である。在り方懇の第一回会合は2000年8月28日に開かれ、翌2001年11月22日に「今後の国立の教員養成系大学学部の在り方について(報告)」[5]を出すまでに計18回の会合を重ねている。

在り方懇の報告は改革の具体的な方向性を多岐にわたって示しているが、組織体制に関する主なものとしては県域を越えた教員養成系学部の統合再編、新課程の分離、附属学校の同一学校種複数学校等の規模の見直しなどが挙げられよう。報告の直後にこれらが実施された例は比較的少なかったものの、その後2016年に発足した「国立教員養成大学・学部、大学院、附属学校の改革に関する有識者会議」にそれらの方向性は引き継がれている。

また、在り方懇の報告で特に注目すべきものとして、教員養成系学部の教育内容やカリキュラムに関することが挙げられよう。ここで指摘された教員養成における「モデル的なカリキュラム」の整備の必要性は、その後の「教職課程コアカリキュラム」の伏線ともなっている。さらにこの報告は「教員養成学部としての独自の専門性の発揮」として、特に小学校教員養成における「ピーク制」の見直しや、教科教育と教科専門との関連づけ、さらには教科専門科目の内容の再構築等を提言している。このうち特に最後の点に関わって、理科を例に「物理学、化学、生物学、地学をそれぞれ区々に教授するのではなく、大学の教員が協力して「小学校理科」という大学レベルの科目を構築していくことが求められる」としている点は、教員養成系学部における教科専門がそれぞれ関連のある分野のアカデミックな研究に偏している状況が改革のターゲットとされていることを如実に示している。そしてこの後いわゆる「教科内容学」の研究や、教科教育と教科専門を融合させた科目(2017年免許法の施行規則での科目区分の「大括り化」)の開発という方向に進むことになるが、この提言は学習指導要領によって定められる「教科」の枠組みに学問体系を従属させることを求めたものとも受け取れる。これは教員養成系の学部・大学院における各教科専門の研究者にとって、アイデンティティの根幹に関わる重要なものであった。

3.2 国立大学法人化の影響

在り方懇の報告が出された2001年当時は、遠山敦子文部科学大臣が「大学の構造改革の方針」を発表し、教員養成系を含む国立大学の法人化は既に既定路線となっていた。その後、2003年7月に成立した国立大学法人法の下、2004年4月から国立大学はそれぞれ「国立大学法人〇〇大学」へと転換した。

本稿ではこの影響の全体を論じる余裕はないが、教員養成課程を持つ国立大学法人のその後の動きに関わる重要なものとして、予算や人事に関わる変化を挙げておきたい。従前の国立学校設置法の下で定められていた教官定数の規定がなくなり、教員の配置は国立大学法人各々が定めることとなった。予算に関して6年ごとの中期目標・中期計画に基づき政府から配分される運営費交付金はいわば「渡し切り」で、これと時限付きの各種競争的資金、さらには授業料収入等の自己資金を合わせた予算の使途もやはり国立大法人各々が定めることとなった。

ただし、運営費交付金については第一期・第

二期の中期目標期間（2004年〜2016年）に毎年１％の「効率化係数」が設けられ、国立大学法人各々の経営合理化によって支出を削減することが要請された。また特に人件費については2005年12月の閣議決定を受けて制定された「簡素で効率的な政府を実現するための行政改革の推進に関する法律」（通称「行革推進法」）により、翌2006年度からの５年間に５％以上の削減を目標とすることが定められた。これは、百人規模の教員を抱える学部・研究科にとって毎年１人以上の減員を意味する。そして各国立大学法人は、基本的に退職者の不補充と新規採用の抑制、さらには教員人事についての学長裁量枠の設定という形でこれに対応した（水田2007：252-253）。

特に教員養成系大学・学部の場合、人件費比率が高い傾向にあり、他に比べて強く削減されることが要請された。これは、もともと設置基準によって各教科にわたる一定数の教員を配置する必要があった上に、やはり設置基準上必置とされている附属学校の人件費も要し（しかも附属学校は附属病院のように自前の収入を得る構造になっていない）、さらには自然科学系のように設備に多額の費用を要することも少ない、といった独自の事情に根ざす。加えて学部の学生定員の削減によって、教育組織の規模に比して人件費の高さはさらに際立っていた。

内閣府のデータ[6]によると、国立大学の９類型の中で2005年度と比べて2010年度までに最も教員数の削減が進んだのは教育大学（▲7.46%）である。ただその内訳を見ると、35歳以上50歳未満の教員が15.78%、35歳未満の教員が37.74%、それぞれ減少したのに対し、50歳以上の教員は3.14%増加している。このデータは、教員養成系大学が退職者の後任補充を控えて若手教員の新採用を抑制し、それで生じたわずかな空きポストを学長裁量枠に移し、学校現場での経験を豊富に持ついわゆる実務家教員の採用に充てたことを示している。この過程でいわゆる教科専門の研究者が削減の主なターゲットになったであろうことは想像に難くない。これは

教育系単科11大学の状況であり、総合大学の中の教員養成系学部に関しては事情が異なる。ただし上述のような事情ゆえ人件費比率の高さが際立つ教員養成系学部が、他部局との関係で人件費削減をより強く要請されたことは確かであろう。

3.3　競争的環境下の「教育学部」

在り方懇〜法人化という流れの中で、国立の教員養成系大学・学部は相当なダメージを受けていた。その時期に、「開放制」原則下で国公私立の別を問わず「教育学部」全体を対象とする教員養成政策が推し進められていく。

「聖域なき構造改革」「市場原理の導入」を掲げる小泉純一郎内閣の下、1984年の設置審分科会の報告書以降永らく新増設が抑制されていた五分野のうち、まず教員養成分野について[7]の抑制策が2005年度から撤廃され、以後に小学校の教員養成に新規参入する私立大学が急増した（2005年度：50大学→2016年度：178大学）。この動きは、新規参入した私立大学の多くが大学としての歴史の比較的浅いところであり、また教職課程認定行政が必ずしも担当教員の学識を担保しないこともあって相当数の「教育学者なき教育学部」（岩田2018：52）を生む結果になるなど、教員養成全体の向上に必ずしも結びついていない。しかしながら、国立の教員養成系大学・学部にとって、公私立一般大学の「教育学部」からより多くの教員が輩出されるようになることは、規模の削減を基調とする政策の中でその存在意義をさらに弱める要因となり得る。

また同じく2005年度より、教職課程認定を得ている国公私立全大学を対象に、優れた教員養成プログラムに予算を重点配分する「教員養成GP（Good Practice）」と呼ばれる施策も開始された。国立の教員養成系大学・学部にとっては、法人化後の「効率化係数」等で削減された予算を補う上でも、また優れた教員養成機関であることの対外的なアピールの上でも、この「教員養成GP」は重要な意味を持つものであったが、実際には教員養成系単科大学などの伝統校のう

ち相当数が選に漏れる結果となった。これは各大学の「プログラム」の計画立案・実施内容・運営体制などが横並びの競争的環境の中で審査されること（岩田2006b：83）に起因する。この「教員養成GP」的施策は単発のプログラムに対する時限的な予算配分であるがゆえに教員養成全体の継続的な改善に直結することは少なく、2009年度以降の新規の公募はなくなった。ただしその準備・実施・事後のフォロー等の対応に各「教育学部」は相当の精力を割くことになった。

3.4　教職大学院の成立と展開

在り方懇の報告時点（2001年）においては教員養成の専門職大学院の制度化については先の検討課題とされていた。しかしながらその後2004年10月に中山成彬文部科学大臣から中教審に対し「教員養成における専門職大学院の在り方について」が諮問されたことを発端として、教員養成の専門職大学院＝教職大学院の制度化が進められることになる。この経緯の詳細に関しては別稿（岩田2007ほか）にゆずるが、とりわけこの新種の専門職大学院の教員配置の基準が既存の大学院教育学研究科の学校教育専攻のそれを基に作られた[8]こと、および他の専門職大学院を上回る「4割以上」の実務家教員を要件としたことは、その後に国立の教員養成系大学院を教職大学院に一本化する際の教員配置（特にいわゆる教科専門の教員の再配置）に影響している。

3.5　日本の21世紀的「教育学部」：その変容

以上見てきたように、2000年以降の「教育学部」、特に国立の教員養成系大学・学部は、それ以前の政策の下で相当に組織的な弱体化を余儀なくされていた上に、さらに「開放制」原則下での規制緩和や競争的環境の強化が進められる中での生き残り策を探らねばならぬという苦境に立たされることとなった。国庫からの運営費交付金を主な原資として教員養成を行う「官業」である以上は、「民業」であるところの私立

大学以上の優れた教員養成教育を提供することを明示するアカウンタビリティを帯びる。それゆえ本来は任意であるはずの「教員養成GP」への応募や教職大学院の創設を行わないというオプションは、現実的にこれらの大学が採りうるものではなかった。その結果として生じた「教育学部」の変容を一言で表せば、「大学における教員養成」原則下の「大学」的なものの核とも言えるアカデミック・ディシプリンの衰退である。

それは在り方懇によって、それぞれの学問分野のディシプリンを否定され、同時代的な学習指導要領に定める「教科」の枠組みに従属することを求められるようになったいわゆる教科専門にとどまらない。大学院教育学研究科の設置基準の下で元々少数派であった教職専門（教育学関連分野）においても、教職大学院の発足に際して相当数のいわゆる実務家教員を確保する必要から、旧来のアカデミック・ディシプリンを持つ研究者教員の比重は下がらざるを得ず、また教育学の中でも教育方法や教育経営など、教職大学院で扱うところの現在の日本の一条校の教育課題に直結する分野への偏り（裏返しとしての、教育の基礎研究の低下）を招いた（岩田2007：41）。

そしてその一方で、「地方の教員需要」（高橋2009：123）を直接担う都道府県・政令指定都市レベルの教育委員会が教員養成に実質的に関与する度合いが一層高まった。それは2004年度からの東京教師養成塾を嚆矢とする、教育委員会による（多くは採用行政とリンクした）教員養成プログラムの直接の提供にとどまらない。「教職大学院」の入学者である現職教員の派遣も、「実務家教員」のリクルートも、教育内容面で実践現場との連携を取り持つのも、「教職大学院」修了者の処遇を定めるのも、基本的には都道府県・政令指定都市の教育委員会に依るのである（岩田2007：40）。

4．今後の課題：主に質保証をめぐって

4.1　政策誘導的質保証の限界

上述の規制緩和策（抑制策撤廃）の前後から、同時並行的に文部科学省・課程認定委員会による課程認定行政の運用強化が進められてきた（木内2013）。これは「教職に関する科目」等に含むべき事項、科目内容と担当教員の業績との対応関係、さらには課程認定を受ける教育組織の趣旨と免許種との対応関係といったことがらの審査の厳格化を旨としている。さらに2017年免許法に基づく再課程認定においては、「教職課程コアカリキュラム」が定められ、教職課程の各科目に含むべき事項について「全体目標」「一般目標」「到達目標」が提示されるに至っている。これらは、規制緩和と市場原理の導入に伴い、教員養成機関の管理の比重が「事前規制」から「事後チェック」に移ってきていることの表れとも捉えうるが、これまでのところ教員の質保証という点でさほどの効果を上げているとは言いがたいし、残念ながら今後もその見込みは薄い。

それはなぜか。端的に言えば政策誘導や行政手続きの強化に委ねる形での教員の質保証には限界があるからである。こうした形での質保証は、その性格上、数値等の外形的な指標やカリキュラムコンテンツに含むべき事項といった要素に偏らざるを得ず、教員になる者の学びにおける体系性や、その学びの方法論には踏み込みにくい。そのような、外形的・事項的な要素以外の本質的な部分を担保しうるのは教員養成を担う大学人の見識によってであり、そこにそれぞれの専門分野のディシプリンを持つ研究者の関与する度合いは小さくない。にもかかわらず、1980年代以降の日本の「教育学部」に加えられた政策圧力は、一貫してこうした大学人の見識を殺ぐベクトルを持ってきたのである。

4.2　「場」と「主体性」：むすびに代えて

このように見てきたとき、「大学における教員養成」原則の原点に立ち戻って吟味すること

が改めて重要性を持ってくる。戦後改革期以降の「教育学部」の形成・展開過程を豊富な事例に即して検証したTEES研究会は、それらを総括する中で従前の「大学における教員養成」原則のとらえ方は単なる「場」の問題としての把握にとどまっており、「大学による養成」すなわち「主体性」の観点が欠けていることを指摘している（TEES研究会2001：414）が、この指摘はその後の政策動向に対しての各大学「教育学部」にも通じる。

教員養成における政策誘導的質保証策の限界は、遠からず教育界の内外に露呈することになろうが、それまではそれぞれの「教育学部」に属する大学人にとっては臥薪嘗胆の時期である。その限界が露呈した後に、各「教育学部」がさらなる批判のターゲットにさらされて衰退・廃止に向かうことなく、大学の主体性に基づいて教員養成教育を再構築していく（付置関係も再構築していく）方向を導く戦略を協働して検討し、実施に移していくことが、「大学における教員養成」を担う大学人にとって近未来的な最重要課題であろう。

2017年に示された「教職課程コアカリキュラム」を遡ると、2001年に在り方懇が「モデル的な教員養成カリキュラムの作成」を提案したことに至る。ここでは日本教育大学協会、つまりは教員養成に関わる大学の連合体がその作成を行うべきとされ、同協会はプロジェクトを組織してこれに当たった。そこで示されたのは、学校等の現場における「学生の教育体験」とそれらを「大学での研究・理論知と結びつける」こととの往還を基軸とした学部段階の教員養成カリキュラムづくりの提案（日本教育大学協会「モデル・コア・カリキュラム」研究プロジェクト2004：279）であり、教員養成に携わる大学人が協働して主体的にカリキュラムを構築していく参照となりうるものが企図されていた。それが「教職課程コアカリキュラム」として各科目の事項を列挙する形で課程認定行政と結びついて権力的に示されるに至る十余年の、いわば換骨奪胎の歴史を丹念に検証することから、上

述の再構築の戦略が見えてくるのではなかろうか。そこに期待して、本稿のしめくくりとしたい。

引用・参考文献

岩田康之（2004）「統合型教員養成課程の現状と課題」東京学芸大学教員養成カリキュラム開発研究センター研究年報Vol.3、63-72頁

岩田康之（2006a）「教員養成課程の規模に関する考察」東京学芸大学教員養成カリキュラム開発研究センター研究年報Vol.5、51-60頁

岩田康之（2006b）「教師教育の組織・カリキュラムの改革動向」東京学芸大学教員養成カリキュラム開発研究センター（編）『教師教育改革のゆくえ―現状・課題・提言―』創風社、83-97頁

岩田康之（2007）「「教職大学院」創設の背景と課題」『日本教師教育学会年報』第16号、学事出版、33-41頁

岩田康之（2018）「「開放制」原則下の規制緩和と教員養成の構造変容(1)―2005年抑制策撤廃後の小学校教員養成の動向と課題―」東京学芸大学教員養成カリキュラム開発研究センター研究年報Vol.17、49-56頁

木内剛（2013）「近年の課程認定行政と大学の自主性・自律性」『日本教師教育学会年報』第22号、学事出版、32-39頁

高橋哲（2009）「教員―未完の計画養成」、橋本鉱市（編著）『専門職養成の日本的構造』玉川大学出版部、104-125頁

土屋基規（2017）『戦後日本教員養成の歴史的研究』風間書房

TEES研究会（2001）『「大学における教員養成」の歴史的研究―戦後「教育学部」史研究―』学文社。

日本教育大学協会「モデル・コア・カリキュラム」研究プロジェクト（2004）「教員養成の「モデル・コア・カリキュラム」の検討―「教員養成コア科目群」を基軸にしたカリキュラムづくりの提案―」日本教育大学協会『会報』第88号、251-344頁

水田健輔（2007）「国立大学法人化後の人件費管理」国立大学財務・経営センター『国立大学法人化後の財務・経営に関する研究』報告書、248-262頁

注

⑴本稿で用いる「教育学部」という語は、「大学の中で教育学研究・教育学教育・教員養成の少なくとも一つを担うセクション」（TEES研究会2001、17）の総称であるが、ここでは本特集の趣旨に鑑み、国立の教員養成系大学・学部（＝課程―学科目制の組織体制を採り、教員免許状の取得を卒業要件とする教員養成課程を持つところ）を主に扱う。

⑵文部大臣海部俊樹「諮問及び諮問理由」（教育職員養成審議会、1986年5月23日）

⑶「参考資料22 教育学研究科に必要な専任教員数」（国立の教員養成系大学・学部の在り方に関する懇談会「今後の国立の教員養成系大学学部の在り方について（報告）」）、2001年11月22日

⑷「参考資料19 教員養成系大学院の応募・入学状況の推移」、同前。

⑸文部科学省ウエブサイト
http://www.mext.go.jp/b_menu/shingi/chousa/koutou/005/toushin/011101.htm

⑹内閣府「国立大学法人等の科学技術関係活動等に関する調査結果」。他の8類型は「研究大学型大学」「大規模大学」「中規模病院有大学」「理工系大学」「医科大学」「中規模病院無大学」「文科系中心大学」「大学院大学」。
http://www8.cao.go.jp/cstp/budget/syoken23/kokudai17.pdf

⑺教員養成系学部等の入学定員の在り方に関する調査研究協力者会議「教員分野に係る大学等の設置又は収容定員増に関する抑制方針の取扱いについて（報告）」、2005年3月25日。なお医師と獣医師についてはその後限定的に抑制策が緩和され、歯科医師と船舶職員の抑制策は継続している。

⑻「教職大学院の必要専任教員数について」中央教育審議会「今後の教員養成・免許制度の在り方について（答申）」基礎資料7(1)、2006年7月11日

〈特集〉教育学部の30年

秋田における教育文化学部の存続と
地域文化学科の創設

佐藤　修司（秋田大学）

1．はじめに

　秋田大学教育文化学部は1998年の改組によって誕生し、今年20周年を迎える。ミッションの再定義で新課程の廃止がうたわれ、多くのところで新課程が廃止される中、一部の教育大学を除き、新課程が学科として形を変えて残った希有な例である。また、教育人間科学部、教育地域科学部、教育福祉科学部など、新名称となった学部が、新課程廃止によって教育学部に名称が戻る中、秋田のみ教育文化学部の名称が残ることになった。

　本稿では、1998年の改組から、2014年改組、2016年の教職大学院設置、そして現在までの状況を整理するとともに、地域文化学科が設置されたことの意義を考察する。

2．1998年改組による教育文化学部の誕生

　90年代終わり、教員養成課程定員5千名削減の影響を受けて、佐賀大学の文化教育学部への改組を皮切りに、秋田、新潟、横浜、山梨、福井、鳥取、大分、宮崎で、教育学部の名称変更が行われた。秋田大学では、1998年に教育学部から教育文化学部への改組が行われ、小学校教員養成課程（140名）、中学校教員養成課程（60名）、養護学校教員養成課程（20名）、幼稚園教員養成課程（20名）、情報科学課程（80名）の1学年計320名の定員が、学校教育課程（100名）、地域科学課程（65名）、国際言語文化課程（65名）、人間環境課程（60名）の計290名の定員へと縮小された。同時に、鉱山学部が工学資源学

部に改組され、また、本学部に所属していた一般教育担当教員は、医学部を含めた3学部に分属することとなった。結果として、本学部の教員養成課程の定員は学部全体の5割を大きく割り込み、全国でも最低の割合となった。新課程が生涯教育や芸術、スポーツ関係ではなく、地域貢献型の新課程となっていることも秋田の特徴であった。

　課程の下に選修を置き、そこに学生が所属するとともに、選修毎に教員の所属する講座を配置することで、実質的に学科と同じ体制を取った。学校教育課程は、教科教育実践選修（65名：教科教育教員担当）、障害児教育選修（15名：障害児教育学教員担当）、発達科学選修（20名：教育学・心理学・幼児教育学教員担当）で構成され、小学校1種＋中学校2種のように、複数免許の取得を卒業要件とした。学校教員の年齢構成の偏りや少子化に伴う学校統廃合などに対応して、柔軟に校種を移動できるよう、複数免許の取得が県教委からも要望されていた。

　新課程の地域科学課程は政策科学選修、生活者科学選修、文化環境選修、国際言語文化課程は日本・アジア文化選修、欧米文化選修、国際コミュニケーション選修、人間環境課程は自然環境選修、環境応用選修で構成され、学生は1年次終了時に希望によって選修に所属する形となっていた。地域科学課程は社会科学系、国際言語文化課程は人文科学系、人間環境課程は自然科学系の教科専門教員が選修毎に組織された講座に所属して指導を担当していた。

　このような改組が可能になった理由として

は、秋田県の教員採用数が極端に減少していたことと同時に、県内に人文社会系の国公立大学・学部が存在しなかったこと、理学系の学部もなかったこと、近隣県の大学の所在地が相当に離れており、人文社会系の進学先を県内に確保しようとする県民の要望があったこと、が挙げられる。戦後、学芸学部と鉱山学部の2学部体制でスタートした秋田大学にとって、1970年の医学部の設置により、3学部体制となり、さらに、教育学部の一般教育担当教員や情報科学課程を基礎にした人文・社会系の第4の学部設置が悲願であった。その構想が頓挫していたときに、その代わりとしてこの改組が実現することとなる。

3．北東北における国立三大学の再編・統合の動き

2001年の「大学（国立大学）の構造改革の方針」（遠山プラン）をきっかけに、国立大学の再編・統合問題が議論されるようになった。弘前大学、岩手大学、秋田大学の北東北3大学の連携協議もこの流れの中で、「再編・統合」を視野に入れて進められる。学部単位でも、分野別専門委員会が設けられ、弘前大学、岩手大学の教育学部と秋田大学の教育文化学部とで協議が行われた。2001年の「国立の教員養成系大学・学部の在り方に関する懇談会」報告が出てからは、さらに議論が加速されるが、結果的には、担当大学、一般大学の棲み分けはできなかった。南東北の宮城教育大学、山形大学、福島大学でも同様の議論があり、棲み分けは実現しなかったが、結果的に、山形大学は地域教育文化学部（2005年発足）、福島大学は人間発達文化学類（2004年発足）となり、教員養成系は宮城教育大学のみとなっている。

北東北の場合、大学がある秋田市、弘前市、盛岡市がそれぞれ約200km離れ、移動に2時間半はかかること、3県の面積が四国の1.7倍に及ぶこと、どこが主導権を取るのかについての折り合いがつかなかったこと、2004年に国立大学法人化が行われたことなどにより、統合話がま

とまることはなかった。しかし、現在まで、北東北3大学の連携は続いており、北東北国立3大学連携推進会議（学長レベル）、連携協議会（副学長レベル）、課題別専門委員会（研究、教育、地域連携、国際化推進）が活動している。岐阜大学と名古屋大学の動きのように、県境を越えた法人の一本化の話が出てくる中で、今後、改めて再編・統合の可能性が探られることになるだろう。

一方で、距離の問題は解決されにくいことからすれば、県内の公立、私立大学との連携が先行する可能性もある。また、秋田を筆頭としつつも、北東北3県のいずれも、人口減少スピードが全国のトップクラスに位置付くことからすれば、北東北の枠よりも、東北全体の枠組みが選択される可能性もある。

宮城教育大学は、「東北教職高度化プラットフォーム会議」と銘打って、東北地区の6大学（弘前、岩手、秋田、山形、福島、宮教大）をつないだ教員養成の連携組織を作っている。この組織が教職員支援機構と連携協定を結んでおり、機構の学校組織マネジメント研修に共同で参加する取り組みも行っている。共同教育課程やクロスアポイント制度などを使用した連携共同が検討の俎上にのぼることが予想されるところである。

4．2014年改組による地域文化学科の誕生

2014年改組によって、教育文化学部は学部名称こそ変更されなかったものの、学校教育課程（110名）、地域文化学科（100名）となり、80名減となった。学校教育課程は＋10名で、教育実践コース（45名）、英語教育コース（10名）、理数教育コース（20名）、特別支援教育コース（15名）、こども発達コース（20名）となった。新課程を担当していた英語、理科、数学の教科専門教員を主に学校教育課程担当に移し、英語教育コース、理数教育コースを設置した形となっている。

形としては、新課程を廃止して、地域文化学科を新たに設置したことになる。入学定員は設

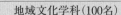

秋田大学教育文化学部の改組

2013年度以前：290名	2014年度：210名
学校教育課程(100名) 教科教育実践選修(65名) 障害児教育選修(15名) 発達科学選修(20名)	**学校教育課程(110名)** 教育実践コース(45名) 英語教育コース(10名) 理数教育コース(20名) 特別支援教育コース(15名) こども発達コース(20名)
地域科学課程(65名) 政策科学選修 生活者科学選修 文化環境選修	**地域文化学科(100名)** 地域社会コース 人間文化コース
国際言語文化課程(65名) 日本・アジア文化選修 欧米文化選修 国際コミュニケーション選修	2018年度から → 地域社会コース 心理実践コース 国際文化コース
人間環境課程(60名) 自然環境選修 環境応用選修	2014年度：国際資源学部の創設と定員移動

定しないが、学科の下に地域社会コースと人間文化コースを置いた。地域社会コースの下に公共政策領域、生活科学領域、地域環境領域、情報コミュニケーション領域、心理実践領域を置き、人間文化コースの下に日本文化領域、国際文化領域、芸術文化領域を置き、新課程時代同様、多様な進路をアピールするものにした。

しかし、学生にはわかりにくく、100名の学生に対しては領域数が多すぎることも否めない。学科の受験倍率も学校教育課程に比べれば低く、旧来の地域科学課程、国際言語文化課程の時の倍率を確保できていない。4年間の計画期間が終了したのを機に、2018年度より、領域を廃止するとともに、地域社会コースと心理実践コース、国際文化コースの3コース制とすることになった。心理実践コースは、公認心理師の養成開始に対応するもので、教育学研究科の心理教育実践専攻と連動し、臨床心理士の養成にもつなげる。「国際文化」の名称は、高校生へのアピールもさることながら、「国際」資源学部の文系コースや、「国際」教養大学と棲み分けしながら、日本も含めた英・独・仏・露・中・朝鮮等の言語・文化・歴史・哲学・芸術等を幅広く網羅したコースを目指している。

2014年改組によって新課程が地域文化学科として残った最大の理由は、国際資源学部の同時発足にある。国際資源学部は、2010年、中国によるレアアースの輸出規制を受け、安倍内閣が資源戦略を重視したこととあいまって、政府の後押しを受けて誕生する。国内唯一の鉱山専門学校、鉱山学部の歴史を持つ工学資源学部から、資源系を独立させた。悲願の第四の学部がここで可能となった。そして、資源系が抜けた工学資源学部は、理工学部としてスタートする。

国際資源学部は、国際資源学科の一学科に資源地球科学コース（35名）、資源開発環境コース（50名）、資源政策コース（30名）があり、学科全体で5名を取ることで、計120名となっている。工学資源学部地球資源学科は60名定員であ

ったことから、＋60名となった。教育文化学部の学生定員、教員定員・実員が、資源政策コースに移されたとも言える。資源政策コースは文系で、「資源を取り巻く国際情勢や政策を理解し、関連する国際法や資源経済、資源国との契約や交渉術などを学ぶとともに、その背景となる資源国の文化や宗教などについての知識も深めます。」と大学案内には記されている。

国際資源学部の特徴として、①専門教育科目をすべて英語で実施、②文理融合の資源教育、③海外での実習「海外資源フィールドワーク」が必修、が挙げられるが、同時に、運営面において、④教授会の機能は教育研究部分に限定（学校教育法改正の先取り）、⑤ほぼ半数を学外委員が占める教育研究カウンシルと運営カウンシルによる重要事項の決定、⑥学部長は選挙ではなく、学長指名、が挙げられる。このカウンシル制度は、学校教育法の改正後、2015年度から他学部にも波及することになった。教育研究カウンシルは、教育課程の編成、教員の採用・昇任、教育研究に関する規程等の制定・改廃の審議を行い、運営カウンシルは、課程・学科その他重要な組織の設置廃止、予算、運営に関する規程等の制定・改廃の審議を行うこととなっている。

教育文化学部に地域文化学科が設置された最大の理由は、ミッションの再定義の時期に、すでに国際資源学部の創設が決まり、全学再編がすでに進行していたことにあったわけだが、加えて、①県内に県立大学（工学系・農学系）があることから、理工学部の学生定員をさらに増やすことは考えにくかったこと、②学内に文系学部がなく、国際資源学部以外にさらに文理融合型の地域振興型学部を作ることは難しかったこと、③県内に国公立の人文社会系学部がない中で、地域文化学科が県民にとっては必要であったこと（国際教養大学が存在するが、英語に特化しており、また、人気が高すぎるなどして、県の高校生の進学先としては困難となっている）、④秋田県として、学力向上など教育に力を入れており、秋田の高学力の全国的な知名度が

学校教育課程の維持を後押しし、教育文化学部の極端な縮小や、教員養成機能の弱化を良しとしなかったこと、⑤特に小学校の教員需要の回復期が迫っており、需要の高い状態が10年から15年続くと予測されていたこと。⑥こども発達コースでは幼稚園教員免許状とともに保育士資格の両方の取得が可能となっており、北東北の国立大学の中では唯一であり、さらに県内には、私立短大しか養成機関がなかったこと、が挙げられる。

5．2016年教職大学院の設置と教科教育専攻の廃止

1998年の教育文化学部誕生によって、教育学研究科に進む母体となる学部学生数は、教育学部時代の240名（情報科学課程を除いた数）から100名（学校教育課程1学年定員）にまで激減した。さらに、秋田県の教員採用数の極端な減少により、大学院を出て、専修免許状を取り、教員になるルートが想定しにくくなった。「在り方懇」当時、新課程に対応した専攻を設置し、教育文化研究科への改組を行おうと文科省に相談した結果、大学院レベルに「新課程」を設置することは許されないとの窓口指導を受けて頓挫した。

教育学研究科の2010年度入学者から2014年度入学者までの5年間の平均で44名の定員に対して入学者30.8名、充足率70.0％であった。特に教科教育専攻については、31名の定員に対して入学者18.6名、充足率が60.0％であった。教職チャレンジ制度を設け、院生は、免許取得のために無料で学部の科目を履修できるようにしたが、それでも効果は限定的であった。また、現職教員院生は、教育学研究科発足当初は、8名程度あったものが、4〜5名程度に落ち込んでいた。学校教育専攻も、臨床心理士志望者が多くを占めており、その分教員志望者は減少している。

理由としては、①秋田の教員採用数が長期にわたって極端に少なく、大学院に行ってまで教員になろうとする者が少ないこと、②各教科等

の細かな単位で、指導教員等とのマンツーマン的な指導が多くなり、協働的に成長する機会が少ないこと、③教育現場での実践的経験を積む機会が少なく、総合よりも、個別の研究志向の強い指導が多くなりがちであったこと、④現職で大学院に行こうとする年代の教員が少なくなり、行こうとしても校務分掌上行けない状況になっていること、⑤大学院修了のメリットが、採用試験や人事上ほとんどないこと、などが挙げられる。

　定員充足率とともに大きな問題は、教科毎に定められた設置基準上の必要教員数が満たせない教科が複数生じてきていたことである。教員数削減の要請と、学部段階でのいくつかの教科の希望学生数の減少を踏まえれば、単純に退職者分をそのまま後任補充することができなかった。1998年の改組前の1997年度の名簿には142名の教員が掲載されているが、改組後の2003年度には118名、2013年度には105名、2018年度には95名となっている（退職後の特別教授を含む）。95名の中には、実務家教員6名が含まれているので、研究者教員に限れば、89名にまで減少した。

　この状況の中、文科省からは教育学研究科の定員減を示唆され、担当者との協議を行っていたところ、民主党政権の教員養成修士化の方針が出されることで「待った」がかかった。そして、自民党政権下で教職大学院を全国的に整備することが方針となる。本来であれば、改組後の学部入学生が卒業する2018年度に国際資源学研究科、理工学研究科の新設とともに、教育学研究科の改組を行う予定であったが、資源系人材の確保に対する政府・文科省からの要請もあって、前倒しで新設・改組を行うことになる。2016年度の教職大学院設置により、教育学研究科の定員を44名から26名に減らし、教員養成機能を高度化するために定員減を行うとの説明が通ることになった。それ故、最初から教科教育専攻の維持・継続は選択肢になかったと言って良い。

　本学の教育学研究科は、教職大学院である教職実践専攻定員20名と、修士課程である心理教育実践専攻定員6名の計26名となった。心理教育実践専攻は臨床心理士など心理関係専門職の養成を目的としている。教職実践専攻は、学校マネジメントコース、カリキュラム・授業開発コース、発達教育・特別支援教育コースの3コースとなっている。学校マネジメントコースは1年プログラムであり、管理職養成を目的としている。2016年度、マネジメントコースは2016年度に4名、2017年度に6名、2018年度に8名が入学しており、すでに修了した16年度入学生は4名中3名、17年度入学生は6名中5名が修了と同時に教頭（管理主事1名を含む）として任用されている。他の2コースは2年プログラムであり、16年度は6名（附属1名を含む）、17年度は5名（附属1名を含む）、18年度は6名（附属1名を含む）が入学した。県教委からの現職派遣が毎年10名以上確保されている。従来の単なる手挙げではなく、教職大学院に相応する教員を選んで派遣してもらっていることがわかる。

　県教委としても、①50歳代の教員が大多数を占める中で、管理職として適性のある者を教職大学院に派遣して育成しようとしていること、②40歳代、30歳代の、これまで若手への指導経験を持てなかった教員に、教職大学院での学卒院生との共同の学びを通して、若手指導力を獲得してほしいと考えていること、③新人教員の大量採用時代を控え、若手の中でリーダーとなり得る新人教員を育成しようとしていること、が見て取れる。ただし、今後、教員採用数が増えていく中で、優秀な学卒院生をどれだけ確保できるのかが問われるところである。

6．教職大学院における教科領域と　実務家教員

　教職大学院に関わってのもう一つの問題は、教科教育専攻の廃止と関わっている。専任教員を除けば、多くの教員は教職大学院と関係を持たなくなる可能性が生じる。そこで、カリキュラム・授業開発コースには、コース科目とし

て、地域課題教育や国際理解教育、環境教育、情報教育、生活科・総合的な学習の時間など、教科横断型・総合型の科目を設定し、そこに教科専門の教員を担当者として配置した。また、「秋田型アクティブラーニングの授業デザインと評価」「小・中・高連携の教科教育カリキュラムの開発ⅠⅡ」では、最初と最後に全体会を設定し、途中の12回ほどは、各教科に分かれて学習する形とし、教科専門教員が各教科のグループを担当する形とした。このようにして、学部の全教員が教職大学院の兼担教員となり、教育学研究科委員会の構成員として出席し、大学院担当の判定などにも、従来通り参加する形とした。

　教科を深めたいという希望を持つ院生は、学卒だけではなく、現職にも存在する。そのための科目数、時間は、教科教育専攻時代に比べて圧倒的に少ない。教職大学院の設置構想の段階では、教科毎に3科目程度を立てる予定であったが、予定されるコース所属院生数に比して、科目数が多くなりすぎること、開店休業状態の科目が多発すること、少人数の受講生では経験交流や協議深化が困難であることなどから、現在の形に落ち着いた。しかし、いずれにしても教科専門教員にとっては、少数の院生に対して、自分の専門を数回扱うだけのこととなり、授業運営・展開が難しく、ましてや授業案、指導案作成まで持って行くことは難しい。複数の教科専門担当教員が、各科目・教科グループに配置された実務家教員と協議しながら、教育に関する新たな実践指導形態を生み出していくことが理想なのであるが、ことはそう簡単ではない。

　また、教科教育学教員の中でも、専任教員以外の兼担教員は、教職大学院への意識が低下している。専任教員の負担が増え、院生との関わり度が増えた一方で、兼担教員の関わりは少なくなってしまった。そこで、兼担教員の教科教育学教員にも積極的に副指導教員を依頼するとともに、2018年度からは「教科教育実践の理論と展開」を新設し、教科教育担当教員全員が関わる形とした。教職大学院が始まってから、院生の教科教育に関する理論的・歴史的関心、批判的な見方が低下していることへの対応であるとともに、専任以外の教科教育教員の意識が低下していることへの対応にもなっている。

　教職大学院設置に先立ち、文科省の特別事業として、2010年度に「まなびの総合エリア」事業がスタートし、3名の実務家教員が着任した。定年前の県教育次長が常勤として、定年と同時に来た元県義務教育課長、元特別支援教育課長が非常勤として着任した。3名分の人件費が組み込まれた大型プロジェクトである。2012年からは別の経費もついて6名となる。2012年度で補助がなくなってしまうが、学部の定員に移し、また学長裁量経費などをえて体制を一定程度維持した。この時期は、秋田県の教員採用数が極端に低く（2008年度は小学校の募集が9名、中学校が11名）、受験倍率が40倍にもなっていた。そのせいもあり、学校教育課程の教員就職率は全国最下位（2011年度卒業生）に落ち込んだ。実務家教員の努力もあって、実習改善、教採対策が組織的に行われるようになり、教員就職率（母数から保育士就職、大学院進学を除いたもの）で、2016年度卒業生は全国8位にまでなった。

　教職大学院のスタートに伴い、実務家教員は2015年度には7名、2016年度には8名（みなし専任を含めれば10名）となった。教職大学院の実務家教員は、元教育次長、元課長、元事務所長、元教育センター所長など、秋田県、秋田市の要職を占めてきた人によって構成されている。それだけ大学と秋田県・秋田市教委等との良好な関係が築かれていることの証でもあろう。このことが、教員就職率の上昇や、教職大学院の現職教員院生の安定した派遣につながっていることは間違いない。特に学校マネジメントコースに管理職候補者を派遣し、修了後に教頭等として昇任させていることは、本教職大学院にとって極めて重要な意味を持つ。

　教委にとっては、幹部職員の定年退職後の処遇の問題もあるだろうが、長年秋田の高い学力

〈特集〉教育学部の30年　23

を中心的に支えてきた人物を専任教員として大学に派遣することで、50歳代ばかりがひしめく、きわめていびつな年齢構成の小中学校（2017年度の平均年齢が小学校で50.6歳、中学校で48.7歳）において、この後の大量退職大量採用の中、秋田の実践力を継承、発展させるためのシステムとして教職大学院を活用することの意義が認識されていることのあらわれでもある。実務家教員が、学部と教職大学院における教員志望者に直接働き掛けることができ、また、派遣された現職教員院生は、学部卒院生へのメンター的な役割を通じて、これまで学校現場で蓄積することのできなかった後進・若手への指導力量を高めることができる。

ただし、このシステムの成否は人に依存するところが大きい。要職経験者でも、本当の意味での実践力、経営力があるとは限らない。逆に、実践力、経営力がないにもかかわらず、政治力でのし上がっている人であった場合、その反教育力は計り知れない。幸いにしてと言うべきか、秋田においては、そのような人物が要職を占めるような文化・風土・素地は存在していないように見える。とはいえ、これまで自分たちが秋田で培い、築いてきたものに対する自信の反面で、それを批判的、理論的、科学的に分析・検証・比較対照しようとする姿勢は少なくなる。研究者教員がその点を埋めなければ、育っていく現職院生も学卒院生も、視野は広がらず、従来型の研修と変わらないものとなってしまう。現状には適合できたとしても、過剰に適合し過ぎた画一的な教員を再生産することになれば、変化や危機に対処する力が確実に弱化する。多様性や自由と協働性をいかに確保するかが課題となる。

同じことは、現職教員院生と学部卒院生との関係にも言える。現職院生が教職大学院で学ぶことの意義を的確につかみ、自らのこれまでの実践をこれまでの延長線上ではなく、様々な視点から批判的に分析・検証し、新たなものを創造しようとする姿勢がなければ、学部卒院生にも、同じような視野の狭さを拡大再生産してし

まうことになる。教職大学院の真の意義はそれを防ぎ、理論と実践、伝統と革新の化学反応を起こすことにあるはずであろう。

7．現時点における成果と課題

最後に、地域文化学科が残ったことの成果・意義と課題をまとめておきたい。

第一に学部としての一定の規模を残せたことである。学校教育課程と地域文化学科が分裂して別の学部・部局となった場合、いずれも、学生定員、教員定員が極めて小さくなり、教育、研究の幅が限定されざるを得ない。また、教員定員がある程度残せた場合でも、学生定員の減少により、予算・施設・設備等の面での削減は拒めず、また、全学的に草刈場のように定員が狙われることになる。現状においても総合大学における教員養成系学部の発言力、影響力は弱化している。外部資金獲得や留学生獲得などの面で弱い、文系学部全体も同じ状況であろう。国の理系優遇、文系・教員養成系冷遇の影響は、学内の政治力学にも及んでいる。

第二に学部としての特色を出しやすいことである。文化や福祉科学、地域科学、人間科学などのキーワードは、学部教員の人的資源や、地域的ニーズ、全学的な状況によってひねり出されたものであり、それはその学部の貴重な個性となっていた。新名称とならなかった学部でも、新課程の名称が個性を生み出している側面があったであろう。新課程がなくなり、教員養成課程のみになり、さらに人員削減で、課程認定上ぎりぎりの教員構成になっていけば、個性は少なくなって行かざるを得ない。強みを出すための人的余裕を生み出すため、大学の枠を超えた共同教育課程やクロスアポイント制度に頼る必要が出てくる。しかし、各学部が機能を特化してしまった場合、その機能が環境の変化に適応できなければ組織全体の存在意義が失われる。その意味でも、機能の一定の多元化が必要である。

第三に教員需要が再び減少期に入り、一般学部等への学部改組が必要になったとき、地域文

化学科を核としながら、教員養成機能を組み込んだ新たな学部を構想しやすいことである。計画養成の考え方自体、教員の年齢構成の偏りが極端に存在する中では無理が大きい。教員就職率、地元小学校教員占有率など、学部の努力だけではいかんともしがたい現象によって、学部の運命が大きく左右される。そもそも新課程が、単なる教員需給のギャップを調整するためのバッファーと位置づけられてきたことも問題である。新課程で学んできた在学生・卒業生にとって、自分がいた課程がそのような存在であったとすればあまりにも納得のいかない論理であろう。

　第四に学校は地域社会の核的な存在であり、コミュニティスクールなど、地域に根ざすことが求められる中で、地域社会の維持・存続のために、学校や教職員が何をできるのかが問われている。チーム学校として、教員以外の職種（事務職員、スクールカウンセラー、スクールソーシャルワーカーなど）との協働が不可欠である。地域と学校は一体であり、地域（特に子育て世代の存在）なしに学校は成立しない。その意味でも、地域を支える人材を養成する地域文化学科と学校教育課程が一つの学部の中に併存し、ともに学び合い、成長し合う関係を学生時代につくることが必要である。同時に、学校教育課程に入って、教育実習などを通じ、自分が教員に向かないことを発見し、公務員や企業を目指そうとする学生にとっても、地域文化学科の存在は欠かせない。逆に、地域文化学科に入学して、教員としての適性を発見して、教員を目指す学生がいても十分に対応が可能である。

　有識者会議報告を受け、10年後の教員需要急減期を見通した再編の波がまたやってきている。18歳人口減もあいまって、10年どころか、5年程度も間を置かずに、矢継ぎ早の改革が迫られる。どこに向かうのかが見通せないような状況が大学・学部の体力・気力を奪う。若者が地域に定着して、安心して子育てができる環境を構築することこそが基本であり、大学・学部の使命はそれを支援することにある。その機能が損なわれる形で、グローバル化の排他的競争に大学・学部が巻き込まれ、文科省・教委に対する主体性を失ってしまう事態は避けなければならない。

参考文献

・神田健策「北東北・国立3大学の連携の現状と課題」『IDE・現代の高等教育』455号、2003年。

・佐藤修司「5000名削減計画に伴う教員養成学部改革に関する一考察」『秋田大学教育文化学部研究紀要（教育科学）』第57集、2002年。

・佐藤修司「新名称教員養成学部における教師教育の課題―教職導入ゼミを中心に―」『秋田大学教育文化学部教育実践研究紀要』第24号、2002年。

・佐藤修司「教員養成学部・大学の再編をめぐる諸問題―秋田大学教育文化学部の改革―」日本教育学会『教育学研究』第70巻第2号、2003年。

・佐藤修司「教員養成政策の批判的検討―専門職大学院を中心に―」教育科学研究会『教育』723号、2006年。

・佐藤修司「国立教員養成系大学・学部の20年―教師教育政策と現実のはざま―」『日本教師教育学会年報』第19号、2010年。

〈特集〉教育学部の30年

新潟大学における教育学部新課程の廃止
── 総合大学における芸術・スポーツの位置付けを求める運動の展開とその帰結 ──

岡野　勉（新潟大学）

0．はじめに──新潟大学教育学部における新課程の設置と再編、廃止

　新課程とは、情報教育、日本語教育、カウンセリング、社会教育、福祉等、学校教育以外の職業分野への卒業生の進出を想定して、教員養成学部の内部に設置された課程の総称である。国立の教員養成大学・学部の今後の整備に関する調査研究会議「国立の教員養成大学・学部の今後の整備の方向について」（1986（昭和61）年7月29日）において、設置の方向性が示され、1987（昭和62）年度から設置が開始された。1998（平成10）年度以降においては、教員養成課程入学定員の「5,000人削減計画」（1997（平成9）年4月15日）により、新課程の設置が進行した[1]。

　新潟大学教育学部においては、1998（平成10）年度、教員養成課程の学生定員を振り替える形で、芸術環境創造課程（入学定員60人）、健康スポーツ科学課程（30人）、生活環境科学課程（40人）、学習社会ネットワーク課程（70人）（総計200人）が設置された。なお、同時に、1997（平成9年）度までは、学校種別（幼稚園、小学校、中学校、養護学校）および特別教科（音楽、書道）に対応する形で設置されていた教員養成課程（総計435人）は学校教育課程（180人）へと一本化された。合わせて、学部の名称が教育学部から教育人間科学部へと変更された[2]。その後、2008（平成20）年度においては、新課程の学生定員40人を教員養成課程に振り替えた。合わせて、生活環境科学課程を生活科学課程に、

学校教育課程を学校教員養成課程に、それぞれ、名称変更した。学部の名称も教育学部に変更された。2015（平成27）年10月、新潟大学は、上記4課程について、2017（平成29）年度からの学生募集停止を決定・公表した。

　本稿においては、この決定・公表に含まれる問題点を明らかにすると同時に、新課程の廃止を受ける形で取り組まれた、総合大学において芸術・スポーツの位置付けを求める運動の展開と、2017（平成29）年4月に実施された大学改革におけるその帰結について報告する。

　「国立の教員養成大学・学部の在り方に関する懇談会」報告書（2001（平成13）年11月22日）において、新課程は、当該の課程が教員以外の職業への進出を想定している点に起因して、教員養成学部の本来的な目的を曖昧にするだけでなく、教員養成に対する求心力を弱める存在として位置付けられている。この見方により、教員養成大学・学部に、「新課程は置かない」、「情報教育やカウンセリングなど教員養成に密接な分野」を除いて、「他の分野は他大学・学部に移し、教員養成学部から分離する」とする方針が示された。

　近年においては、上記の動向に続く形で、文部科学省「大学改革実行プラン」（2012（平成24）年6月）を出発点とする一連の政策により、国立の教員養成大学・学部の再編が進行している。本論文が対象とする新課程の廃止は、その一環として位置付けられる。

1．近年における新課程廃止政策と新潟大学の対応──募集停止の決定・公表に含まれる問題点

文部科学省「今後の国立大学の機能強化に向けての考え方」（2013（平成25）年6月）においては、教員養成大学・学部の「量的縮小」の一環として、「『新課程』の廃止」が示された。合わせて、「改革加速期間における取り組み」（2013（平成25）年度から2015（平成27）年度まで）として、「理工系人材の育成強化」、各大学における改革の実行状況とその評価が2015（平成27）年度末における運営費交付金の配分に影響を与えることが示された。

上記の動向への対応として、新潟大学は、2013（平成25）年10月、「ミッションの再定義」を文部科学省に提出した。「学習社会ネットワーク課程、生活科学課程、健康スポーツ科学課程及び芸術環境創造課程については、第3期中期目標期間末までに廃止する」。

その後、文部科学省「国立大学法人等の組織及び業務全般の見直しについて（通知）」（2015（平成27）年6月8日）により、国立大学法人学長に対して、「『ミッションの再定義』で明らかにされた各大学の強み・特色・社会的役割を踏まえた速やかな組織改革に務めること」、「特に教員養成系学部・大学院（中略）については、組織の廃止や社会的要請の高い分野への転換に積極的に取り組むよう努めること」が要請された。

2015（平成27）年5月、新潟大学理事は教育学部長に対して第3期中期目標・計画（素案）を示した。「学習社会ネットワーク課程、生活科学課程、健康スポーツ科学課程及び芸術環境創造課程について平成29年度に学生募集を停止する」。ここで、「第3期中期目標期間」とは2016（平成28）年度から2021（平成33）年度までの期間を指す。「ミッションの再定義」においては「第3期中期目標期間末までに」実施すると記されていた新課程の廃止を、この期間内の第2年度に実施する方針が示されたのである。

10月2日、新潟大学第146回教育研究評議会は、教育学部学習社会ネットワーク課程、生活科学課程、健康スポーツ科学課程、芸術環境創造課程の平成29年度における学生募集停止を決定した。この内容は、第69回経営協議会、第305回役員会（10月16日）における審議・決定を経て、10月22日に公表された。

しかしながら、上記の時点において、2017（平成29）年度における新潟大学の改革構想には未確定の部分が多く、新課程の後続組織の設置計画についても白紙の状態であった。新課程は、廃止後の後続組織に関する計画を欠落させた状態であるにもかかわらず、第3期中期計画期間の第2年度からの学生募集停止が決定・公表されたのである。募集停止の公表文書に記された次の文は、その抽象性によって、この問題の所在を明確な形で示している。「本学は、これまでの教育研究により培ってきた人材育成及び社会貢献のより一層の発展をめざし、平成29年度以降の新たな大学改革を検討し、皆様の期待に応えて行く所存です」。

新課程廃止の決定は、地元の新聞によって2度に渡って報道され[3]、学生、地域社会に大きな衝撃を与えた。公表の当日、教育学部において開催された説明会においては、出席者から次の質問・意見が出された。「芸術系の学部を廃止して理工系学部を充実させることが大学改革なのか」。「新課程に開設されている専門性の高い講座は今後どうなるのか」。「高校2年生の妹が芸術環境創造課程を目指している。それに代わる教育組織は設置されるのか」。「今後について何も決まっていないのであれば、率直にそのように言ってほしい」。高校生の親からも、大学に対して、「子どもが新課程の音楽表現コースへの進学を希望している。現在、高校2年生であるが、無くなってしまうのか」とする質問が寄せられた。芸術環境創造課程（音楽表現コース）に多くの卒業生を送り出していた新潟中央高校音楽科においては、2016（平成28）年度入学者の募集人数20人に対して、志願者数2人、倍率0.1倍と、前年度（順に、12人、15人、1.25

倍）から著しく低下した[4]。新課程廃止に関わる運動に取り組んだ学生は、当時を振り返って次のように語っている。「これからの進路をどうすれば良いのか。新潟大学の芸術文化教育はどうなってしまうのか。私たちの学問は無駄なのか。突然の発表に、学生は動揺しました」[5]。芸術・スポーツ等、新課程において取り組まれていた教育・研究を否定する宣言を、大学自身が、学生を含む社会に対して発表したのであり、その宣言が学生に与えた精神的なダメージの大きさが率直な言葉で表現されている。

2．新課程廃止後における大学改革の方向性

募集停止の決定・公表に至る過程は、それに対する批判を内部に含んだ形で進行していた。

教育学部は、10月1日（教育研究評議会の前日）、臨時教授会を開催し、次の内容を決議した。「現時点において、新課程の発展的改組の内容が不明であり、このままでの募集停止の公表は手続きとしても拙速であり、慎重な対応をすべきである」。「受験動向に大きく影響することが懸念され、大学運営として問題である」。「新潟大学には、新課程廃止後も、芸術、スポーツの人材育成と社会貢献を担う使命がある」。「芸術・スポーツをはじめとする新課程の発展を受け継いだ学士課程の改革を堅持すること」。

10月16日に開催された経営協議会においても、学外委員からは次の発言が出されていた。「ゼロ免課程はこれまで、芸術やスポーツ、生活科学という県内の他大学では得られない教育をしてきた実績があるので、募集停止する以上は、（中略）将来を見据えた新しい要素を取り入れていただきたい」。「新課程は十分役割を果たしており、教育学部の使命ではないというだけのことであれば、新潟大学の将来の発展を見据え、良い組織を設置していただきたい」。「卒業生を多く出すということは、それなりに魅力があるということではないか」。「いずれにしても、過去にそれなりに貢献した歴史があるので、それを転換するのであれば、その目的を明確に説明していただきたい」。

上記の発言に対する大学側の応答を次に示す。「芸術環境創造課程から毎年60人卒業しているが、書道家として活躍できるのは、わずかしかいない」。「新しい組織では、例えば、経営や医療の知識、工学的な知識を持っている複合的な人材を育成したいと考えている」。

上記の決議・発言には、新課程廃止後における大学改革の方向性として、2つの方向性が示されている。第1の方向性は、《芸術・スポーツそれ自体を学ぶ新たな組織を設置する方向性》であり、経営協議会の学外委員の発言、教育学部教授会の決議として示された。第2の方向性は、《芸術・スポーツと他の学問領域（経営、工学、医療等）との融合を志向する方向性》であり、大学執行部の発言として示された。芸術・スポーツそれ自体に大学教育の内容としての独自な価値を認めるのか、それとも、他の学問分野と融合された形においてのみ、認めるのか——上記の事実は、この点に、新課程の廃止後における後続組織の設置に関する基本的な立場の対立が存在することを示していた。

3．後続組織の設置を求める運動の展開
——芸術・スポーツの教育・研究拠点を新たな形で

上記の決議・発言にも示される通り、新潟大学教育学部に設置された新課程は、特に芸術・スポーツの領域において豊富な実績を蓄積していた[6]。その実績は、教育学部だけでなく、大学構成員、地域社会において広く認められていた。従って、当然の経過として、その継承・発展を図る後続組織の設置が課題となった。この課題に対して、教育学部教授会、教員有志、学生有志、それぞれの立場から、地域社会からの強い支持を受けながら、教授会決議、シンポジウム、学習会の開催、署名活動等の取り組みが進められた。ここでは、教育学部教授会と学生有志の取り組みについて報告する[7]。

3.1. 「新潟大学教育学部新課程有志学生会」の発足と活動の開始

新課程の募集停止が公表された10月22日、募集停止に対する意見表明、「新課程廃止、芸術・文化の在り方について建設的な議論の場を提案する」ことを目的として、「新潟大学教育学部新課程有志学生会」（以下においては「学生会」と略記する）が発足した[8]。学生会は、「芸術・文化の場を守り新しい世代に残す事は、それに携わる者の使命である」と宣言し、次の３点を内容とする「意見書」を発表した。「①公表以前に該当課程の学生に説明がなされず、学生は決定事項を事後報告として受容するのみであった。②廃止後の措置に関して具体的な説明がなく、今後の展望が不透明である。③本件の施行開始時期が急であり、学生の進路に不利益を及ぼしかねない」。10月30日には、「新課程の廃止後も、以前と同等またはそれ以上の芸術文化教育機関の設立を希望する」署名活動が開始された[9]。

3.2. シンポジウム「地域の芸術・スポーツを担う新潟大学への期待」の開催

新潟大学教育学部は、10月31日、シンポジウム「地域の芸術・スポーツを担う新潟大学への期待——大学改革、教育学部新課程廃止と今後に向けて」を開催した[10]。

鈴木賢治・教育学部長（当時）は、開会挨拶において、シンポジウムの主旨を次のように語った。「芸術・スポーツを育み、それを国民と結ぶことが、文化的で豊かな日本社会の実現に必要であり、新課程はその一助となってきた。これまでの実績を総括し、新たな社会のニーズに応え、その使命を果たすことが真の大学改革である」。「政府による大学改革は経済効率を優先し、学問・文化の豊かな発展が蔑ろにされる危険性もある。それに抗して、芸術・文化・スポーツを守ることを、われわれとしても強く望む」。「本シンポジウムでは、改めて、新潟大学教育学部が培ってきた芸術・スポーツを地域のニーズの中で捉え直したい。そして、芸術・スポーツにおける新潟大学の役割と責任を再認識

したい」。

これに応答する形で、４名のシンポジストから基調提案が行われた。神林恒道氏（新潟市会津八一記念館長）は、「東アジア文化都市2015新潟市」による事業の一環として、芸術環境創造課程（書表現コース）を中核として開催された国際シンポジウム「東アジアにおける〈書の美学〉の伝統と変容」（2015年９月）について語り[11]、「日本の書に対する欧米の関心は、近年、急速に高まりつつある」、「新潟は、良寛、会津八一、巻菱湖、前衛書道の江口草玄と、実にバラエティに富む書家を輩出した全国きっての書王国である」、「新潟文化の核には書の文化がある。それを根っこにして、新潟の文化がいかにあるべきかを考えることが重要である」、「地方の特性を中心に考え、新潟県の応援を得て、東アジアともつながる新しいグローバルな視点から大学改革を進めることを考えていただきたい」と提言した。

加藤雅之氏（新潟市理事）は、「新潟市文化創造交流都市ビジョン」（2012年３月）においては、大学との連携強化により質の高い文化による街づくりを進めることが基本方針の一つになっている。これまでに進めてきた新潟大学との様々な連携事業——「水と土の芸術祭」、「NIIGATAオフィス・アート・ストリート」、「日本海夕陽コンサート」、「うちのdeアート」、「西区アクティブスポーツプロジェクト」[12]等の成果が、文化庁長官表彰（文化芸術創造都市部門）の被表彰都市（2014年度）、東アジア文化都市（2015年）としての選定の形で結実した。続いて、統廃合によって新たに設置された小学校とその地域の公民館行事における教員・学生（芸術環境創造課程（造形表現コース））との連携について報告し、「学校と地域が連携して活動するための原動力として、アートを通した大学生の関わりには大きいものがある。それは地域の活性化につながり、さらには街を動かしていく大きな力となる」とした。

坂内佳子氏（新潟市民芸術文化会館）は、芸術環境創造課程（音楽表現コース）との連携事

業「lien音楽の絆」、「暮らっしっく広場」を紹介し、「地元に音楽の教員がいて、その指導を受けた学生を数多く育ててきたことで、新大の音楽科が新潟の芸術文化に果たしてきた役割は非常に大きい」。続いて、新潟市民芸術文化会館によるアウトリーチ事業について報告し、「地域に音楽を届ける、音楽を通して地域の方とパートナーシップを結ぶことは、今後、ますます重要になる」、「地域の総合大学である新潟大学には、ワークショップ術、カリキュラム作成能力を持ち、質の高い演奏を行うことのできる、地域社会に貢献できるティーチング・アーティストの育成が可能なのではないか」と提起した。

笠原一男氏（新潟市文化・スポーツコミッション事務局次長）は、スポーツだけでなく、文化を取り込んだ国内初めての組織としての「新潟市文化・スポーツコミッション」の活動について報告し、「今後とも、文化とスポーツの力で新潟を元気にしたい。本市が持っている文化・スポーツの資源や人材、人脈、魅力を十分に生かし、交流人口の拡大に向けて進んでいきたい」と結んだ。

地域社会の豊かな創造において芸術（音楽、美術、書道）・スポーツが果たす役割の重要性が、その振興を担当する立場の方々から様々な形で語られた。同時に、直接的、間接的な形で、地域の総合大学としての新潟大学に対する強い期待が表明された。

上記の提言を受けた高橋姿・新潟大学長の発言を次に示す。「新潟大学は、今後、文部科学省の示す３つの重点支援枠の内、『地域活性化の中核的拠点』を選択し、特定研究分野の重点支援の改革を進めていくことになる」。「例えば、経営・健康・栄養とかを組み合わせた新しい形の芸術・文化を取り入れた教育課程を作りたい」。「書道や音楽といった素養を積極的に取り入れた上で、例えば、経営学や医療的なものを同時に学んで、自分らしい、オリジナリティーのある卒業生になってもらいたい」。新課程の実績、芸術・スポーツの重要性を認めながらも、新しい教育組織の構想においては、《芸術・

スポーツと他の学問領域との組み合わせ》が示されている。関連して、田辺裕治・工学部長（当時）からは、検討中の構想として、「アーツ・アンド・サイエンス（人間支援芸術科学）主専攻プログラム」が紹介された。

3.3.「創生学舎」構想に対する教育学部教授会の提案

11月12日、教育学部教授会（第96回）は、大浦容子理事（学士課程改革担当）に対して、当時、大学改革の一環としてその新設が構想されていた「創生学舎」（仮称）に、「音楽、美術、書道、スポーツ分野を加えることで、新潟大学が担ってきた人材育成、社会貢献を発展させ、新課程の募集停止に対する社会的責任を果たす」こと、この目的を実現するために、「音楽、美術、書道、スポーツの各分野１名（計４名）の専任教員を配置すること」、「創生学舎の領域Ⅲに対応した音楽、美術、書道、スポーツ分野に関する主専攻プログラムを人文社会・教育科学系の学部に設置すること」を提案した。

3.4. 学生と学長との対話

11月21日、学生会の主催により、新潟大学全学生を対象として、「新課程廃止に関する協議説明会」が開催され、学長・理事、教育学部長と学生との間で協議が行われた。

鈴木賢治・教育学部長（当時）は、上記、教授会の提案に関連して、「創生学舎（平成29年度設置予定）の専任教員として、芸術分野の教員１名の選出を要請されている。領域（音楽、美術、書道）は問われていない。これでは、仮に配置したとしても芸術分野の専門教育は困難である」との見方を示した。高橋姿学長は、「新潟大学にとって芸術・スポーツの教員は財産である。芸術・スポーツは今後の社会においても必要である」として、「創生学舎では、新課程の実績を活かして違った形の人材養成、工学、医療の世界に芸術を取り入れることのできる人材を養成したい」との意向を表明した。この意向に対しては、学生から、「もともとの土台が皆無な

低レベルの状態から始めても意味がない」、「分野を超えて新しい可能性を探求するためには専門性という核が必要だ」との意見が出された。

学生からは、「学生や高校生と保護者は、今後の大学の具体的な計画を知りたがっている。社会的責任が問われている。具体的な計画はいつ公式に出されるのか」、「新課程は、第3期中期目標期間内に廃止すればよいはずなのに、なぜ、平成29年度に急に募集停止を行うのか」とする質問も出された。これに対して、学長は、「決まっていることは早く実行した方がよい。3期中に色々なことを行わなければならない」、「今までの改革の流れや廃止後の展開について、学内外に具体的かつ早急に公開することが必要である」と答えるに止まった。この時期には、後続組織の設置計画が不明な状況とそれに対する学生、地域住民の動揺・不安が、地元の新聞社によって継続的に報道された[13]。

3.5. 大学改革構想の明確化と芸術・スポーツ教育の危機

12月28日、新潟大学は、学部横断的な学習によって学生の課題解決力の養成を目的とする新教育組織「創生学舎」（仮称）を、2017（平成29）年4月に開設する方針を発表した。新課程との関係について、大浦容子理事は、「4課程の直接の受け皿としたものではない。17年4月に予定する学部組織などの改革で芸術、スポーツ教育を組み込んだものを検討している」と強調した[14]。上記、協議説明会（11月21日）の結果を受けて学生会から提出された「学長・理事の回答に対する意見・疑問」（1月8日）に対する大学の回答（1月15日）においても、「創生学舎をそのまま新課程の受け皿として考えている訳ではありません」、「これまでと同じ形で新課程の受け皿を設けることが社会的責任とは考えていません」、「現在、他学部において新課程の成果を活かし取り入れたプログラムを検討している」と記されていた。これは、《芸術・スポーツそれ自体を学ぶ組織の設置》に対する明確な否定的姿勢の表明であった。

これに対して、学生会は、1月16日、22日、「執行部の言い方では、スポーツ・芸術の分野の『ある部分的な知識や技術』を他学部に少しだけ移植しても、『新課程を活かし取り入れる』ことになる」、「文部科学省は決して『スポーツ・芸術科目を国公立大学で教えてはいけない』と言っているのではありません」、「後続組織を作らなければ、新潟大学ではスポーツ・芸術、特にこのままでは一切が消滅してしまう書道の教育を受ける事ができません」とする見解を発表した。1月23日、「新潟大学の芸術・スポーツ・文化の学びの場が消えようとしています」とし、学生会の主催によって開催された一般市民を対象とするシンポジウムにおいては、市民ら参加者から、「新大の芸術、スポーツ教育は多くの実績を残している。なくそうとしているのであればとんでもないこと」、「（地域から芸術活動の担い手が減り）数年後に大変なことになるのではないか」、「学内外に存続運動をもっと広げた方がいい」との発言が出された[15]。3月4日には、「新潟の学生及び市民による学びの会」との共催による合同学習会が開催され、「総合大学・教育の場に芸術・スポーツが存在する意味」をテーマとして、新課程設置の経緯、教育と芸術・スポーツとは、社会的ニーズとは何か、大学が社会的ニーズに応える必要性等に関する報告と意見交換が行われた。

3月17日、新潟大学の理学部、工学部、農学部の改組計画が報道された[16]。上記3学部に設置されていた学科をそれぞれ1学科（理学科、工学科、農学科）に再編すると同時に、新課程の入学定員150人を「活用」し、3学部の入学定員を総計80人増員する計画である。「ゼロ免の募集停止で懸念されている芸術、スポーツの教育は、芸術工学やスポーツ科学などを学ぶ工学部の『人間支援感性科学プログラム』として引き継ぐ」と報道された。この計画は、創生学部（入学定員65人）の新設と合わせて、2017（平成29）年4月から実施された。これが、「社会的要請の高い分野への転換」（文部科学省「国立大学法人等の組織及び業務全般の見直しについて

（通知）」（2015（平成27）年6月8日）の新潟大学における具体的な形であった。

学生会が取り組んだ署名活動は、大学および地域社会の構成員、卒業生等からの広範な支持を獲得し、2016（平成28）年4月、総計1445筆の署名が新潟大学・高橋姿学長に提出された。学長との対話を終えた学生会代表は、「17年度以降の芸術や文化教育について具体的な言及はなく残念だった」と語り[17]、「芸術文化を、それぞれの地域に根ざす学術研究機関が牽引せずして、いったいどこが芸術文化研究を担い、誰が芸術文化行為を行い、継承・発展させていくのでしょうか」、新課程の廃止によって、「地方の特色が薄れ、新潟における芸術文化の衰退につながりはしないか」と危惧を表明した。合わせて、「『芸術文化のしもべ』として、今後も芸術文化の継承活動を行ってゆければ」と決意を表明した[18]。

４．おわりに──総合大学に要請される 総合的性格の豊富化に向けて

新潟大学は、大学教育における芸術・スポーツの重要性を認めながらも、新課程廃止後における教育組織の設置に関して、《芸術・スポーツそれ自体を学ぶ新たな組織を設置する立場》ではなく、《芸術・スポーツと他の学問領域（工学、医学）との融合を志向する立場》から、最終的な課題の解決を図った。その結果は、総合大学としての新潟大学において、《芸術・スポーツそれ自体を学ぶ組織》が失われたことを意味する。

2017（平成29）年度以降、新潟大学において、新課程が残した実績は、《芸術・スポーツと工学との融合を図る組織》（工学部「人間支援感性科学プログラム」）において、教育学部においては教員養成課程のカリキュラムとして、その継承・発展が図られる結果となった。この結果が、新課程が蓄積してきた実績の継承・発展として、あるいは、総合大学における芸術・スポーツの在り方として、部分的・限定的な形態に止まることは否定できない。同時に、既設学部

における新しいプログラム、新学部あるいは学部とは異なる独自の教育組織の設置等の形で、新課程が蓄積してきた実績の継承・発展を図った他大学の事例とは著しく対照的である[19]。

新課程廃止を受けての教育学部教授会、教員、学生有志の取り組みは、《芸術・スポーツそれ自体を学ぶ教育組織》の設置には至らなかったけれども、総合大学に対して要請される総合的性格を、芸術・スポーツを含んだ形で豊富化し、発展させる必要性と可能性を、新課程が蓄積してきた豊富な実績と、それに対する地域社会からの強い支持に裏付けられた形で問いかけた。この問いを未来への希望につなげることは、われわれに課された責務である。

［謝辞］

新潟大学教育学部の田中幸治、丹治嘉彦、柳沼宏寿、郷　晃、岡村浩、角田勝久、清水文博（芸術環境講座）、八坂剛史（保健体育・スポーツ科学講座）の各先生方、新潟大学教育学部新課程有志学生会のメンバーには、本稿の執筆に同意して頂いただけでなく、貴重な資料、情報、証言を提供して頂きました。記して感謝申し上げます。

注

(1)教員養成政策については次に依拠する。土屋基規『戦後日本教員養成の歴史的研究』風間書房、2017年、513-530ページ。

(2)『新潟大学50年史』部局編、新潟大学50年史編集委員会、同刊行委員会、2000年、301-310ページ。各課程の設置目的についても説明されている。

(3)「新大『ゼロ免課程』廃止へ」『新潟日報』2015年10月21日、「ゼロ免課程廃止　新大が正式発表17年度入学者から」『新潟日報』2015年10月23日。

(4)新潟県教育庁高校教育課のホームページ、分野別情報、公立高等学校入学者選抜関連、による。

(5)新潟大学教育学部新課程有志学生会臨時代表Y・N「消えてゆく学びの場──学生が視た大学改革」『にいがたの教育情報』第122号、にいがた

県民教育研究所、2016年12月、75ページ。

(6)芸術環境創造課程の活動については次を参照。新潟大学教育学部芸術環境講座（美術）編『うちのDEアート15年の軌跡——地域アートプロジェクトを通じて見えてきたもの』新潟日報事業社、2017年。岡村浩「新たな芸術表現の学びに向けて」『研究紀要』第22集、日本教育大学協会全国書道教育部門、2017年3月。2011年の「うちのDEアート」は、2011年日本建築家協会まちづくり賞を受賞した。この他、新課程による教育活動は『新潟大学教育学部年報』に報告されている。2008年度から2016年度までの『年報』は新潟大学教育学部のホームページから閲覧可能である。

(7)教員有志による取り組みとしては、新潟大学芸術・スポーツ学部設置推進委員会（10月6日設置）による陳情活動、新潟大学の現状と将来について考える教員有志の会による学習会「新課程の実績を生かした新教育システムを構想する——スポーツ・芸術の立場から」（第3回、10月7日）、「新潟大学の現状と課題——学部改革と財政問題」（第4回、11月20日）の開催等がある。

(8)以下において、学生会の活動については同会のホームページによる。

(9)「新大『ゼロ免』廃止　新機関設立求め学生が署名活動」『新潟日報』2015年10月31日。

(10)「新大『ゼロ免』課程募集停止　芸術、スポーツ学ぶ場を　新潟でシンポ」『新潟日報』2015年11月1日。

(11)その成果は次の形で公刊されている。神林恒道・萱のり子・角田勝久編『東アジアにおける〈書の美学〉の伝統と変容』三元社、2016年。

(12)健康スポーツ科学課程による地域貢献、国際交流活動として、これに加え、「新大なんでもスポーツプロジェクト」、「アジア大学スポーツ交流プロジェクト」等がある。

(13)「見えぬ将来像　広がる不安　芸術・スポーツ振興の拠点　新プログラム『早期提示を』」『新潟日報』2015年11月12日。「日報抄」『新潟日報』2015年11月13日。「『ゼロ免課程』廃止に驚き」『新潟日報』2015年11月25日。「新大ゼロ免廃止　学生『人ごとではない』リスク、不安抱え声上

げる」『新潟日報』2016年1月6日。

(14)「新大が『創生学舎』構想　17年4月設置へ」『新潟日報』2015年12月29日。

(15)「『ゼロ免』廃止に危機感——新大生有志らがシンポ」『新潟日報』2016年1月24日。

(16)「新大理系3学部改組　定員80人増」『新潟日報』2016年3月17日。

(17)「教育環境の整備要望　学生有志学長に署名提出」『新潟日報』2016年4月7日。

(18)前掲、「消えてゆく学びの場——学生が視た大学改革」78ページ。

(19)2016（平成28）年度における事例として、岩手大学人文社会科学部人間文化課程「芸術文化専修プログラム」「スポーツ科学専修プログラム」、静岡大学地域創造学環「アート＆マネジメントコース」「スポーツプロモーションコース」、愛媛大学社会共創学部地域資源マネジメント学科「スポーツ健康マネジメントコース」、佐賀大学芸術地域デザイン学部の新設等がある。

〈特集〉教育学部の30年

福井大学における教師教育改革30年の歴史とその省察

森　透（福井医療大学）

はじめに

筆者はすでに福井大学における教師教育改革については2本の論文を公表している[1]。

特に本稿は注（1）②の論文（「福井大学における教育実践研究と教師教育改革―1980年代以降の改革史と教職大学院の創設―」2013年）を前提に書かれていることを最初に述べておきたい。本稿は福井大学における30年の教師教育改革を省察し、同僚性の形成と改革の主体形成といっ視点で、筆者も含めた4名の協働研究者の出会いとその展開をストーリーで語ることにする。学会特集の論文としては異色の書き方と考えられるが、福井大学の改革史を語るにはこれが最もふさわしいと考えたからである。4名の協働研究者の探究とその展開は、周りの様々な方々との関係性の中で産まれることができたと考えている。

今回の特集に執筆の機会を与えていただいたことに深く感謝する。

1．福井大学教育学部の教師教育改革30年の歴史的展開

(1)4人の出会いと同僚性形成

筆者は1985年9月に福井大学に教育史（日本教育史・西洋教育史）担当として着任した。専門は日本教育史、特に自由民権運動の教育史的意義を研究していた[2]。着任時はすでに8年前に寺岡英男が教育方法学担当として着任しており、寺岡の関心は仮説実験授業など民間教育研究団体の教科研究であった。松木健一は4年前

に教育心理学担当として着任し特に臨床的な視点で心理学を研究していた。筆者の着任後の1986年4月に社会教育担当の柳沢昌一が着任する。専門は自己教育の歴史的研究であった。1986年4月から筆者及び寺岡・柳沢は教育学教室で同僚として様々な議論に参加し、一方、松木は心理学教室ゆえに若干遠い存在であったが教育学・心理学・障害児教育の3専攻が一緒の教育科に所属した。私たちは20代・30代の若手教員として教育学部に関する議論に参加していた。

私たちは前述したように専門が異なり独自の授業実践を個別に行っていた。筆者の日本教育史は通史として日本の近代史を教える必要があると考え明治期の自由民権運動期から大正自由教育期へ研究対象を広げたが、そこで出会ったのが大正期に全国的に著名な福井県三国尋常高等小学校（現三国南小学校）の「自発教育」であった。三好得恵校長による自主的・自発的な教育の取組みが存在し米国のヘレン・パーカストも注目して訪問した学校であった。筆者は三好の次男の秋田慶行氏（故人）への聞き取り調査と三国南小学校の資料調査を行った。筆者にとっては自由民権運動への関心と大正自由教育への関心には共通性があり、教育の自由や自主性・主体性を究明し制度史や政策史ではなく実践史でそれらを明らかにすることにあった。大正期の実践には現代に通じる活き活きとした教育的営みがあり、驚きと深い共感を持ちつつ研究を行っていた[3]。

⑵学会発表と附属学校との共同研究

　筆者の研究意欲の背景には４名の協働研究による同僚性の形成があった。福井大学には附属学校園が幼稚園・小学校・中学校・特別支援学校の４校種存在している。私たち４名の専門領域は異なっていたが、学校の現実、子ども達の学びの現実を直視し授業研究の問い直しを行い、子どもと教師の成長・発達を支援するために当時の附属小学校の実験的・先進的な取り組みに共感しつつ学生とともに授業に参加した。特に松木は附属小の永谷彰啓教諭のクラスに長期にわたって入り劇作りの総合実践を追跡・分析していった。これらの取り組みを背景として、柳沢の発案により日本教育学会で1989年と1990年の２回共同発表を行い[4]その後、学会発表の中身を学部紀要に共同論文として公表した[5]。この論文で松木は、附属小学校教諭永谷彰啓と共著で永谷学級の長期にわたる劇作りの実践を「Ⅲ　長期的な教育実践に関する学習─教育過程分析の方法論的検討」としてまとめている。当時私たちは学生と共同で「自主ゼミ」を始め全国の優れた実践を読み、福井大学教育学部附属小学校の実践、さらに全国の総合学習の実践にも関心が広がり長野県伊那小学校との出会いもあった[6]。

　その後、学部教育改革の一環として松木が学生を不登校の子どものところへ派遣する「ライフパートナー事業」を1994年から始め、柳沢・寺岡・森が翌年の1995年から学校五日制の土曜日を活用して大学に小学生を集め学生と子どもたちとの総合活動である「探求ネットワーク事業」を始めた。その後、私たちも含めた複数の教員で共同論文を1999年に学部紀要に公表した[7]。筆者はこの論文の中で、「長野県師範学校附属小『研究学級』と本校（長野師範学校）との共同研究」をまとめた。1983年のNHK特集「ポチのいる教室」で全国放送された伊那小学校は３つの無いもの（通知表・時間割・教科書）で注目されたが、その源流は長野県師範学校附属小の「研究学級」であり、筆者は大正期の淀川茂重の総合学習実践の研究を進めていた。同じく

当時学生の西田昌弘（現・福井県高校教師）は福井大学を卒業し埼玉大学大学院で修士論文を執筆した[8]。

　寺岡は教育方法学が専門で具体的な授業を研究対象とし、柳沢は自己教育史が専門で、特に大正期の長野の自由大学、及びエリクソンの社会心理学の視点からの発達論を研究、松木は臨床的な視点で子どもの発達論を研究していた。このように４名は教育実践における子どもの成長・発達に関心を寄せ、専門分野は異なるが教育現実と向き合い長期にわたる学びの展開とその記録化を大事にしていった[9]。

　他方、1988年に教育学部に新課程（情報社会文化課程）が設置されたが、私たちも含めた複数の教員が新課程向けの授業「コミュニケーション研究」を開講し、新課程の学生と「コミュニケーション」について自由闊達に語り合った。教育の営みに不可欠のコミュニケーションを学ぶことを通して、コミュニケーションにおける「省察」についても認識を深めていった[10]。

⑶授業研究批判と長期にわたる教育実践研究の提起

　柳沢は前掲論文（寺岡英男ほか（1991）「学習─教育過程分析の方法論的基礎研究」）の「Ⅰ　戦後授業研究の展開と学習─教育過程分析の課題」の中で戦後の授業研究史を総括し当時の授業研究の批判的検討を行っている。「現在、福井大学において、現実の学習─教育の過程、その構成─展開に参加しつつ、同時にそこでのコミュニケーションと認識の発展の動態、その要因の分析と再構成を進めていこうとする共同研究が進められつつある」と述べ、柳沢は私たちが附属学校の先生方と共同研究を進め、また全国の優れた実践に注目し実践記録を読み解いていることに触れている。当時の授業研究が一時間、または数時間の枠内で進められていることを批判し、「枠をこえて授業に関わる個々の文脈をより組織的に再構成していこうとする動き」について３つの方向（①教育内容の組織化、②授業を構成していく教師の思考・経験、③授

〈特集〉教育学部の30年　35

業を媒介に持続的に展開していく子どもの思考
過程─文脈を一時間という限定をこえて追跡)
に言及する。最後に富山県堀川小学校と長野県
伊那小学校の実践に注目し、「こうした現状の
中で活性化された省察─研究の場を内部に持続
的に形成してきた学校」であり、「一時限あるい
は単元レベルに止まらずに、一年以上にわたる
子どもの追求のプロセスが実際に保証され、構
築されていること」「その展開が記録化され研
究的に吟味されてとらえかえされていること」
「長いスパンの中で、学習・追求の様式、相互的
な交流の様式が次第に展開していく過程が、記
録の中に描き出されていること」に触れ、同時
にこれらの研究に研究者が長期にわたって参与
することの意味を「共同して授業を創り、その
発展のために記録を集積し、相互に吟味してい
く営みに、研究者も持続的に参加して行くとい
う関わりかたが必要」と力説する。これを実際
に実践したのが前述した松木と附属小教諭永谷
の共同研究であった(「Ⅲ　長期的な教育実践
に関する学習─教育過程分析の方法論的検討」
(前掲論文pp.121-130／pp.149-174))。

⑷戦後の教員養成史の批判的検討

　戦後の教員養成の2大原則は「開放制」と
「大学における教員養成」である。しかし同時に
検討されるべきは「開放制」の内実である。横
須賀薫が戦後の開放制─閉鎖制の対立図式を批
判し「論争の主題となってきた、閉鎖制か開放
制かという制度論のフレームは、教育内容の問
題にふみこまないかぎり、すでに一歩も進展し
ない」と述べる[11]。柳沢は、船寄俊雄(1998)
『近代日本中等教員養成論争史論─「大学にお
ける教員養成」原則の歴史的研究』に触れて、
「教員養成をめぐる決定的な焦点が、教員養成
史研究の中で、いまだに『課題』として提起さ
れる状態に止まっている現実を物語ってもい
る」とし、「開放制論は結果的に教師の『専門
性』とその形成の内実への問いの深化を抑止す
るものとしても働いてきた」とする[12]。柳沢
は、教職の専門性とその形成過程を探究した研

究者として稲垣忠彦をあげ[13]、稲垣の実践研究
を「教師の専門性の機軸を教育実践とそこから
形成される教育科学に求め、その現実的な基盤
を学校における『創造的な教育課程の編成』、そ
のための共同の実践と研究に求める」として高
く評価している[14]。

⑸「あり方懇」批判と3つの教授会見解

　2000年9月から2002年3月までの1年半の間
に私たちが提起して教授会見解を3つ公表し
た[15]。執筆の中心は柳沢であるが、学部として
も教員養成を巡る厳しい情勢と教育学部から教
育地域科学部へ名称変更(1999年4月)したこ
とに伴う新たな課題をも見すえて方向性を明確
にする必要があった。第1見解は2000年8月に
発足した「国立大学の教員養成系大学・学部の
在り方に関する懇談会」(以下「あり方懇」と略
す)への批判から始めている。「教員養成を担う
学部は、『一府県一教育学部・大学の原則』に立
って、惑わず地域に耳を傾け、地域との連携の
中で具体的に何をなすべきか方針を公表し、地
域に問うていくことが求められており、また、
それをすることが責務である。ややもすると単
なる財政問題、あるいは、短絡的な対症療法的
政策になりがちな教育改革を、地域の学校と大
学と行政が協同して進める地域ネットワークの
課題として位置づけ、そして、教育に関連する
職業人の生涯学習機関、つまりは開かれた大学
として提起していくことが、地域における教員
養成学部の使命である」[16]。このように述べて、
「あり方懇」を批判し、「地域」に根ざす教員養
成学部のあり方を明確に提起したのである。3
次にわたる教育職員養成審議会の答申(1997-
1999)、及び日本教育大学協会独立行政法人化
問題検討特別委員会の報告書(2007年7月)に
も触れつつ、「教師の生涯にわたる力量形成を
支え、また教育の実践的諸課題に取り組み、学
校改革を実現していくために、教育系学部・大
学院が、学校・地域とより密接で日常的な往
還、ひいては恒常的な協力関係・共同研究体制
を実現していくことが必要となる」と明確に方

向性を提起している。米国のPDS（Professional Development School　教職専門性開発学校）の取り組みにも触れつつ、大学と学校との連携・協働の関係作りの重要性も強調している。

　半年後の第2見解は、福井大学教育学部の戦後史に触れつつ教育学部から教育地域科学部へと再編された現時点で、「地域に根ざし開かれた教育・学術・研究の拠点としての役割との拡充と発展」を提起している。この中で、「専門職業人のための大学院の拡充」に触れ、「地域の改革を支える研究開発能力を持った専門的職業人の教育（プロフェッショナル・スクール）」の提案を行っている。見解が発表された2001年10月はすでに既設大学院の中に設置された学校を拠点とする新たなコース「学校改革実践研究コース」の試行が始まっていたのである。

　第3見解は2002年3月に、「21世紀における日本の教師教育改革のデザイン―地域の教育改革を支えるネットワークと協働のセンター―」と題して公表した。前述した「あり方懇」の報告書が2001年11月に出されたことを受けて正面からの批判を展開している。「あり方懇」で指摘されている教育系大学・学部の戦後の非主体的な歩みは私たちとしても甘んじて認めざるを得ないが、だからこそ縮小・再編という道ではなく21世紀の日本の教育を主体的に担う教師の在り方、それを輩出する教育系大学・学部のデザインが喫緊に求められているという危機意識で公表したのである。「『あり方懇談会』が選択した、地域から教育系学部を切り離す統合・広域ブロック化の方向を採るか、地域に根ざし地域の教育改革を支える実践的な教育系学部・大学院を実現し、それを開かれたネットワークの中で活かしていく途をめざすか。その選択は、単に教育系学部の問題という以上に、今後21世紀の教師教育、そして教育改革全体の展開を左右するものとならざるを得ない」[17]。そして見解は、「教師教育のモデルの転換」を提起し、「『伝達』『体験』モデルから学校改革の実践・共同研究を通じての生涯にわたる力量形成モデルへ」と転換を求めている。「改革のための共同研究と

専門大学院」の在り方として、新たなコース（「学校改革実践研究コース」）が附属学校を初めとして地域の公立学校との連携・協働関係を結びネットワークを形成していることに触れ、学校を拠点とした教育実践研究のあり方を提起し、同時に学部と大学院がFDを中軸として自己改革し続ける組織のあり方も提起している。

(6)米国の教師教育改革の展開とPDS

　2002年11月に私たち4名は米国のミシガン州立大学訪問、及びウィスコンシン大学のザイクナー教授を訪問した。PDSの具体的事例を調査するためであった。柳沢は「アメリカにおける教師教育改革の展開」の中で、ホルムズ・グループの動向について教育改革を担う主要な力として自らを再構築しようとする96の教育学部―大学院の共同の運動に注目し、「PDSをめぐるホルムズ・グループの第2のレポート『明日の学校』によって、多くのPDSが大学と学校の連携によって作られていく80年代末から90年代前半を、第一サイクルと位置づけるならば、その後90年代後半は、PDSをめぐる諸組織・諸条件の整備が求められ、またPDSをいかに実効あるものとしていくかが問われることになる」と述べる[18]。このPDSへの注目がその後の福井大学における学校を拠点とする大学院構想へ発展することになる。

(7)教職大学院の創設と現在

　前述した3つの教授会見解の中に学校拠点方式の専門職大学院の提起がすでになされているが、「中教審答申」（「今後の教員養成・免許制度の在り方について」2006年）を受けて、2008年4月に教職大学院を創設した。寺岡英男が専攻長となり私たち4名と県派遣の教員、及び新たに採用したスタッフとともに大学・学部改革及び福井県との協働を目指して学校拠点方式の大学院システムを構築していった。職場を離れずに勤務しながら大学院で学ぶこと、研究テーマも学校改革に直接結びつく内容とすること、修士論文に相当する「長期実践研究報告」をスト

ーリーでまとめること、学部卒院生は1年間週3日拠点校でインターンシップを行うことなど、従来の大学院とは大きく異なる教職大学院のシステムを創出していった。2018年3月までの修了生は全部で285名（現職191名、学部卒94名）であり、この間の教職大学院の歩みは注(19)に示す[19]。

2016年度から大学院のコースに新たに「学校改革マネジメントコース」を設置し管理職養成を学校拠点方式で構想し実践している。2017年6月に中部教育学会第66回大会（福井医療大学）のシンポジウム「世界の授業研究の動向から日本の教育を考える」を福井大学教職大学院で企画し実施した[20]。この間、海外の教育（JICA、WALS）をも視野に入れた取り組みも精力的に展開している。さらに2018年4月からは奈良女子大学及び岐阜聖徳学園大学との3大学による連合教職大学院が出発した（研究科長・松木健一）。これからは世界的な教師教育改革を視野に入れつつ、日本の教師教育を更に充実・発展していくことが求められていると考える。

2．現時点での教職大学院の課題

第1には、日本及び世界の教師教育改革を考えるとき、福井大学教職大学院が構築してきた学校拠点の教職大学院のシステム、つまり理論と実践の往還を構造化した省察を軸とした教育実践研究がどのような内実を伴って普遍化・一般化できるのかという課題、第2は、平成32年度からの福井大学教職大学院と既設大学院の統合問題という課題、の2つが考えられる。前者については、中教審答申（2012）を踏まえて「学び続ける教師像」を実現するために福井県との協議をもとにすべての教員が学校拠点方式の教職大学院を経験すること、県の研修との一体化による実践とその再構成による理論化・省察のサイクルを学ぶこと、それを踏まえてチーム学校を実現していくことを目指している[21]。月間カンファレンスや毎年実施している年2回（6月と2月）のラウンドテーブル等で世界的なつながりや全国的なネットワークを構築していくことが大事となろう。後者については国立大学のかなりの大学院が統合問題を抱えているが、教職大学院が教科専門や教科教育を充実する方向を模索している現状を踏まえ、従来の既設大学院で蓄積してきた実践研究の財産を活かし、実践とその再構成による理論化のサイクルを共有しつつ丁寧に協議を積み重ね、新たな実践的な大学院を各大学で構想・構築・創造していくことが重要となると考える。

おわりに

福井大学教育学部及び大学院の30年の改革史を省察してきたが、筆者の立場から率直に描いたストーリーになっている。決して個人的なレベルでの表現ではないと考えているが、そのように受け止められる面があるとするならば筆者の力量のなさでありお詫びしたいと考える。歴史を振り返るということは、その時代に生きた人々の生き様と改革への熱い思いを抜きに語ることはできない。福井大学の改革史は大学のすべての構成員がそれぞれの立場で関わってきた合成群であろう。一人一人の構成員の存在を抜きには語れない歴史が存在しているが、その中でも常に今後の教師教育の方向性を問い続けてきた私たちも含めた改革主体の足跡を描いたつもりである。

注

(1)①森透「教育実践の事例研究を通した教育学の再構築―＜実践―省察―再構成＞の学びのサイクルの提案―」『教育学研究』第74巻第2号、2007年。

②森透「福井大学における教育実践研究と教師教育改革―1980年代以降の改革史と教職大学院の創設―」『教育学研究』第80巻第4号、2013年。

(2)森透「自由民権運動における自由教育論の考察―栃木県の事例を中心に―」『教育学研究』第50巻第3号、1983年。

(3)①森透「教育実践における学習過程の史的研究―三好得恵の『自発教育』の構造とその具体的実

践の検討を通して—」『日本の教育史学』第37集、1994年。

②森透「長野県師範学校附属小『研究学級』の実践分析—探究—コミュニケーションの視点から—」『福井大学教育学部紀要　Ⅳ　教育科学』第49号、1995年。

③森透「長期にわたる総合学習実践の分析—奈良女子高等師範学校附属小学校を事例として—」『教育方法学研究』第25巻、2000年。

(4)①「学習—教育過程分析の方法論的基礎研究—戦後授業研究史における方法論的基盤の展開を中心に—」（報告者は柳沢・寺岡）日本教育学会第48回大会（筑波大学、1989年8月）。

②「学習—教育過程分析の方法論的基礎研究（その2）—附属小学校との共同研究の取り組みを中心として—」（報告者は松木・森）日本教育学会第49回大会（九州大学、1990年8月）。

(5)寺岡英男・永谷彰啓・松木健一・森透・柳沢昌一「学習—教育過程分析の方法論的基礎研究」『福井大学教育学部紀要　第Ⅳ部　教育科学（その1）』第41号、1991年。

(6)①森透・流真名美「福井大学教育学部における共同ゼミナール『学習過程研究』の展開」『日本教師教育学会年報』創刊号、1992年。

②寺岡英男・柳沢昌一・流真名美「学習過程における認識発展と＜追求—コミュニケーション編成＞の展開」『福井大学教育学部紀要　第Ⅳ部　教育科学』第46号、1993年。

(7)寺岡英男・森透・松木健一・柳沢昌一・氏家靖浩「教育改革・教師教育改革と学校—大学の共同研究の展開」『福井大学教育地域科学部紀要　Ⅳ　教育科学』第55号、1999年。

(8)①前掲、森透「長野県師範学校附属小『研究学級』の実践分析—探究—コミュニケーションの視点から—」1995年。

②西田昌弘『大正期　長野県師範学校附属小学校における研究学級の教育実践の展開—淀川茂重　学習論の形成過程を通して—』埼玉大学大学院修士論文（指導教員・森川輝紀）、1993年。

(9)寺岡英男「1970年代における民間教育研究団体の『教材観の転換』をめぐって」『福井大学教育学部紀要』第29巻、1989年。

松木健一「障害分野における関係性からみた教授・学習過程研究の必要性」『教育心理学年報』第19号、1989年。

柳沢昌一「学び合う関係の形成」『叢書生涯学習』第8巻、雄松堂、1991年。

⑩伊藤勇・森透・高木展郎・松木健一・柳沢昌一「コミュニケーション過程における自己省察；その構成と分析—大学教育における授業『コミュニケーション研究』の実践をとおして—」『福井大学教育学部紀要　第Ⅳ部　教育科学（その1）』第41号、1991年。近年、森は学部紀要に「コミュニケーション研究」についてまとめた（『福井大学教育学部紀要』第6号、2015年）。

⑪横須賀薫「『大学における教員養成』を考える」『教員養成　これまでこれから』ジアース教育新社、2006年（初出『教育学年報9』世織書房、2002年）。

⑫柳沢昌一「戦後における『教員養成』論の布置について」前掲、寺岡英男・森透・松木健一・柳沢昌一・氏家靖浩『教育改革・教師教育改革と学校—大学の共同研究の展開』1999年、41-45ページ。

⑬稲垣忠彦「教育実践の構造と教師の役割」『岩波講座　現代教育学』第18巻、1961年。

⑭前掲、柳沢昌一「戦後における『教員養成』論の布置について」。

⑮＜第1見解＞2000年9月14日「地域の教育改革を支える教育系学部・大学院における教師教育のあり方」＜第2見解＞2001年10月5日「地域に根ざし、開かれた教育・学術・研究の拠点としての教育地域科学部のあり方」＜第3見解＞2002年3月15日「21世紀における日本の教師教育改革のデザイン—地域の教育改革を支えるネットワークと協働のセンター」。

⑯「実践的な教職課程の充実に関する調査研究事業」報告資料『21世紀における日本の教師教育改革のデザイン—福井大学教育地域科学部教授会　三つの見解　2000.9-2002.3』（福井大学教育地域科学部、2005年3月、全42ページ）1-9ページ。

⑰同上、21-42ページ。

⑱前掲注⑫、45-60ページ、柳沢昌一「アメリカにおける教師教育改革の展開」1999年。

⑲①福井大学教職大学院紀要『教師教育研究』第1号（2007年6月）～第11号（2018年6月）。
②「ニュースレター」第1号（2008年4月）～第112号（2018年6月）。
③福井ラウンドテーブルの歴史と展開（2001年3月～2018年6月）。
④修了生の『長期実践研究報告』第1号（2003年3月）～第329号（2018年3月）。教職大学院が創設される前の「学校改革実践研究コース」院生の修士論文も含む。
⑤教員免許状更新講習報告書『教育実践と教育改革 各年度報告書』第1号～第10号（2009年～2018年、福井大学大学院教育学研究科・福井県教育委員会）。
⑥森透「学校拠点方式による教師教育—若手教師・院生との協働から学ぶ」千々布敏弥編著『学力上位県のひみつ』教育開発研究所、2017年。
⑦森透「大学と学校のパートナーシップ」日本教師教育学会編『教師教育研究ハンドブック』学文社、2017年。
⑧柳沢昌一「実践と省察の組織化としての教育実践研究」『教育学研究』第78巻第4号、2011年。
⑨ドナルド・A・ショーン、柳沢昌一・三輪健二監訳『省察的実践とは何か—プロフェッショナルの行為と思考—』鳳書房、2007年。
⑩ドナルド・A・ショーン（1987）、柳沢昌一・村田晶子監訳『省察的実践者の教育—プロフェッショナル・スクールの実践と理論—』鳳書房、2017年。
⑪松木健一「臨床的視点からみた教育研究と教師教育の再構築—福井大学教育地域科学部の取組みを例に—」『教育学研究』第69巻第3号、2002年。
⑫松木健一・隼瀬悠里「教員養成政策の高度化と教師教育の自律性」『日本教師教育学会年報』第22号、2013年。
⑬遠藤貴広「実践者の省察的探究としての評価を支える実践研究の構造」『教師教育研究』第6号、2013年。

⑭アンディ・ハーグリーブス、木村優・篠原岳司・秋田喜代美監訳『知識社会の学校と教師—不安定な時代における教育』金子書房、2015年。
⑳『中部教育学会紀要』第18号、2018年6月。
㉑中央教育審議会答申「教職生活の全体を通じた教員の資質能力の総合的な向上方策について」2012年。松木健一「何のための連合教職大学院なのか」福井大学『教職大学院ニュースレター』第103号、2017年10月7日。

〈特集〉教育学部の30年

教員養成学部から一般学部へ
—— 鳥取大学地域学部における教員養成の30年 ——

山根　俊喜（鳥取大学）

はじめに

　鳥取大学教育学部は、1965年に学芸学部を改組転換して生まれた。計画養成の学部として、教員需要の変動に伴い1973年に定員増を行った後、1988年に「新課程」の設置、1995年にはその定員増、そして1999年には新課程を増設して「教育地域科学部」と改称した。この時、目的養成部分の学生定員は70人で、学部定員160人の半分以下の状態に至っていた。

　その後、2001年の「国立の教員養成系大学・学部の在り方に関する懇談会」（「在り方懇」）の報告を契機に、2004年、島根大学教育学部と合意の上、島根大学教育学部は教員養成に特化し、鳥取大学教育地域科学部は一般学部である地域学部（4学科）へと改編転換した。こうした県域を越える教員養成学部の再編は、今日に至るまでこれが唯一の事例である。こうして生まれた地域学部は、大学全体の「機能強化」方針の下、2017年に、理系部分を農学部に移し、1学科3コースに再編する改組を行い、現在に至っている。（**表1**参照）

　小論では、教育学部から現在の地域学部に至る教員養成の30年を、大学院も含めて振り返ってみる。そのさい、上で述べた鳥取大学の特異性を踏まえて、一般学部（地域学部）への改組転換と、地域学部・地域教育学科（現在では人間形成コース）の開放制教員養成を中心に事例を報告し、教員養成の問題点と課題を考えてみることにしたい[1]。

1. 教育学部時代（1965-1998）の教員養成

　1965年、学芸学部を母体に教養部と教員の計画養成を行う教育学部が誕生した。教育学部は、小学校教員養成課程（学生定員70人）・中学校教員養成課程（50人）・養護学校教員養成課程（20人）の3課程（計140人）で組織されることになった。その後、ベビーブームに伴う児童生徒の急増に対応すべく、1973年に小学校教員養成課程の定員が40人増やされ、学生定員は180人となった（国立大学の教員養成課程は2万人体制）。

　その後は、教員需要の減少に伴って、目的養成部分の定員を削減して新課程を設置する方向で改組が進んでいった。まず、1988年には、小学校教員養成課程の定員40人を振り替えて、「総合科学課程」（いわゆる「新課程」。設置1年目は「ゼロ免課程」、2年目からは開放制課程）を設置した（4学科目増、教員2名純増）。ついで1995年には小学校及び中学校教員養成課程から各10人の定員を総合科学課程に振り替え、学部定員の3分の1が「新課程」となった（国立大学の教員養成課程は1万5千人体制）。こうして、教員の目的養成の量的縮小が進んでいった。しかし他方で、自主的な教員養成カリキュラムの改革や、大学院教育学研究科設置などの質的な拡充・高度化も図られていった。

　鳥取大学では、たとえば、教育実習カリキュラム改革の中で、1987年から新科目「教育実践の基礎」（演劇、集団遊び、ものづくりなどを学び、子どもを相手に上演、指導する活動により、

表1 鳥取大学教育学部・教育地域科学部・地域学部の定員と課程認定状況

年		課程・学科・コース／学生定員				計
1965	鳥取大学教育学部	小学校教員養成課程	中学校教員養成課程	養護学校教員養成課程		140
		70	50	20		
1973	小学校課程定員増	110	50	20		180
1988	新課程設置	70	50	20	総合科学課程(ゼロ免→開放制)	180
					40	
1995	新課程20名増	60	40	20	60	180
1999	教育地域科学部に改組	学校教育課程(目的養成) 幼・小・養護・社会・地歴・公民・理科・保健体育・技術・家庭・情報	人間文化課程(開放制) 国語・英語・音楽・美術	地域政策課程(ゼロ免)	地域科学課程(ゼロ免)	160
		70	30	30	30	
2004	地域学部に改組	地域教育学科 幼・小・養護	地域文化学科 国語・英語	地域政策学科 社会・地歴・公民	地域環境学科 理科	190
		50	45	50	45	
2009	地域文化学科に芸文コース設置、定員変更	49	48	49	44	190
2017	地域学部を改組	人間形成コース 幼・小・特別支援	国際地域文化コース 国語・英語	地域創造コース 社会・地歴・公民		170
		55	55	60		

注)総合科学課程は、1988年度はゼロ免、翌年から開放制養成(社会、数学、理科)

子どもと関わる身体と技能の獲得を目指すもの。広義の教育実習事前指導と位置づけられた)を開発実施した。そして、カリキュラムの系統化を目指して、カリキュラムマップの作成なども行われた。また、1988年には対応する教員組織をもたない小学校教員養成課程の学生指導と専門性を深めることを目的に、「専修制度」（ピーク制の一種。小学校の8教科及び教育・心理の9専修に2年生から所属。専修の科目6単位を必修化）を創設した。

1990年には教育実践研究指導センターが設置され、学部と附属学校との往還型カリキュラムの開発、その一貫として教育実習の分割実施と早期化、事前・事後指導の体系化等が図られ、附属学校や地域の学校との共同研究も推進された。

また、1994年には教育学研究科が設置され、2000年までに中学校の全教科の専修と障害児教育専攻が整備された。この研究科では、山陰地域の特色を出すために、必修科目として「環日本海文化論」という課程認定を受けない科目が設けられた。教職大学院を範型とする今日からみると、考えられない科目設定だといえよう。

なお、この間、1995年には教養部が廃止となった。人文社会系の教員を中心に29人の教員が教育学部に分属することになり、教員は115人以上にまで増加した。

2. 教育地域科学部時代（1999-2003）の教員養成

教員需要のさらなる減少を背景に、1999年、鳥取大学教育学部は「教育地域科学部」へと改組転換した（国立大学の教員養成課程は1万人体制）。全体の入学定員を20人削減した上で、小・中・養護学校の各教員養成課程を廃止、統合して、教員の目的養成を行う「学校教育課程」（定員70人）と開放制養成を行う「新課程」である「人間文化課程」（定員30人）を新設、「総合科学課程」（開放制）を「地域科学課程」（定員30人、ゼロ免）と「地域政策課程」（定員30人、

ゼロ免）に分割して全4課程に再編した。こうして、目的養成部分（「学校教育課程」）は定員の半分に満たない状態になった。このため、学部の性格としては、教員養成の課程と地域系課程をもつ「複合学部」と自己規定することになった。

このうち学校教育課程は、人間教育コース（定員20人：教育学、心理学、障害児教育学の3選修）と教科教育コース（定員50人：言語・社会系、理数系、技術・生活系、表現スポーツ系の4選修）の2コース制で、教職課程については、幼稚園、小学校、養護学校、中学校・高等学校の社会、地歴、公民、理科、保健体育、技術、家庭、情報の課程認定を受けた。人間教育コースでは、養護学校2種免許の取得も卒業要件とした。

中学校・高等学校の国語、英語、音楽、美術については、人間文化課程（国際言語文化コース、芸術表現コースの2コース制）で課程認定を受け、開放制養成を行うことになった。ただし、開放制の課程ではあるが、ほとんどの学生が教員免許を取得することを想定して、教育関係の科目を卒業要件科目に入れたカリキュラムを作成した。こうして、教員養成に関していえば、開放制の新課程を併せてようやく「フル装備」という状態に陥った。

この改組に伴う学部組織の重要な変化として、中学校教員養成課程の教科別の教員組織が解体したことが挙げられる。新学部では、複合学部と自己規定したこともあり、4つの課程に対応する形で、課程毎に専任の教員が貼り付く形をとることとなった。学校教育課程は人間教育講座（教育学、心理学、障害児教育学の教員）と教科教育講座（教科教育学の教員）が教育上の責任をもち、教科専門の教員は学校教育課程以外の3つの新課程に対応することになった。教員養成を重視する立場からは、教科教育講座に少数でも教科専門の教員を配置すべきとの意見があったが、実現しなかった。こうして、教科専門の教員は、新課程の教育が中心任務となり、教員養成は副次的任務になっていった。こ

のことが、つぎの地域学部という一般学部への改組の制度的かつ心理的基盤となったと思われる。

3．地域学部（一般学部）への改組（2004）と開放制教員養成

「あり方懇」の提言を受けて、鳥取大学も、教員養成の担当校を目指すのか、それとも一般学部へと改組するのかの選択を迫られることになった。

鳥取大学では2001年9月から2002年2月にかけて、学部内の検討委員会で基本方針を検討した。鳥取県における教員需給推計や採用状況（鳥取県では新卒者の正規採用は殆どなく、講師を数年勤めてようやく採用されるのが常態であった）の検討、就職状況等を含む学部の教育研究の現状等を検討した結果、教員養成担当学部となることは困難と結論した。そして、地域系新課程のコンセプトを発展させて、「地域」の公共的課題の解決を目指す地域学の教育研究を通じて地域の持続的発展を担うキー・パーソンを養成する、地域系の一般学部（地域環境、地域文化、地域政策、地域教育の4学科）へ改組することが適当と判断した。

教員養成に関しては、教員は地域の人づくりのキー・パーソンであることから、小学校教員を含めて開放制課程で教員を養成することは当然という論理で、新学部でも課程認定を受けることを目指した。小学校の教員養成課程については、課程認定行政上、教員養成を主たる目的とする学科等でなければ認定を受けられないこともあり、認定を受けられないのではないかという懸念もあった。しかし国立の一般大学でも神戸大学など前例もあったので、新学部のコンセプト上必然という態度で臨むこととなった。

その後、委員会のメンバーを拡大して詳細をつめ、改組の原案がまとめられ、5月には教授会での合意を得た。

学部内部での合意形成と並行して、大学内及び大学外の関係者（県、県教育委員会、同窓会等）との協議、調整が行われた。このうち、県

〈特集〉教育学部の30年　43

教育委員会とは、小学校、養護学校の養成課程を開放制課程で維持し、中等学校についても可能な限りの教科について開放制の養成を行って、地域のニーズに応えることで合意を得た。

島根大学との正式な協議は2002年2月に始まり、3月には、鳥取大学の教員養成課程学生定員70人を島根大学へ、島根大学の新課程学生定員100人を鳥取大学へ移すという内容の協定を結んだ。その後、教員の希望により、鳥取大学から島根大学へ3人の教員が、島根大学から鳥取大学へは1人の教員が異動することとなった。

総じていえば、この改組方針について学内、学外とも表立った大きな反対はなく、地域問題化することもなかったといえる。改組の委員でもなかった筆者などからみると、あっけないほどだったといってよい。その理由の一つは、改組の必要性や新学部の理念を、このように変えたいという主体的意思として、データを踏まえて丁寧に説明したこと、そして教員養成機能を最大限維持することにあったと思われる。

なお、この頃は、国立大学の独立法人化を控えていた時期であった。学内で大きな抵抗なく進められた背景には、教員定員を相当に絞った提案だったことも挙げられよう。この改組は、改組前104人いた学部教員を75人にまで削減するものであった。学部外へ「供出」した定員の多くは、学長管理定員として、この頃以降に設置されるアドミッションセンターやキャリアセンターなど各種センター等のポストとして利用されることになった。

こうして、2002年5月以降文部科学省との協議に入り、課程認定についても特段の指摘もなく、その後2004年度の地域学部設置が決まった。

4．鳥取大学及び鳥取大学地域学部における教員養成

(1)地域学部の誕生（2004）と全学体制による教員養成

【地域学部と教員養成】地域学部は、地域の公共

的課題を、環境・文化・政策・教育という4つの視点から研究教育し、地域の持続的発展を担うキー・パーソンを養成するという目的で設置された（学位は地域学）。言い換えると、地域学部は、地域づくり（自然・文化・社会の創造的再生産）とこれを支える人づくり（地域づくりの担い手の創造的再生産）の教育研究を目的とする学部である。こうした目的を達成するため、地域環境学科（学生定員45人、教員14人）、地域文化学科（学生定員45人、教員14人）、地域政策学科（学生定員50人、教員14人）、地域教育学科（学生50人、教員25人）、の4学科と附属芸術文化センター（教員7人）が設置されることになった。なお、2005年には、当初予定どおり、地域教育学科に保育士養成コース（定員10人）が設けられた。さらに2009年には、地域文化学科にアートマネジメントなどを学ぶ「芸術文化コース」（定員4人）が設置され、これまで主に社会貢献と研究活動を任務としてきた芸術文化センターの教員がその教育にあたることになった。なお、地域教育学科の教員定員は、当該学科での保育士養成及び課程認定に必要な教員数のほか、他学科、他学部の中等学校教員免許の課程認定に必要な教員数などを積み上げた数値と説明されている。

改組時の経緯をみても分かるように、地域学部は「地域学」を研究教育する一般学部であり、開放制制度の下で専ら教員養成を中心に行う「隠れた」教員養成学部ではない。カリキュラムでは、学部共通必修科目として「地域学入門」（1年次）、「地域調査実習」（通年2単位。2017年改組後は「地域調査プロジェクト」通年4単位。学科、コース毎に実施）（2年次）、「地域学総説」（3年次）を設けている。また、十数の国公立大学で地域系学部懇談会を組織して情報交換を行ったり、共同の地域フィールドワークを実施したりしている。

既述のように教員養成は、地域の人づくりのキー・パーソンの養成の一環として位置づけられている。「それぞれの特色ある学問を修めながら教員の資格を取得する」[2]という開放制の

理念に基づき、地域環境学科で理科、地域文化学科で英語、国語、地域政策学科で社会、地歴、公民、地域教育学科で幼稚園・小学校・特別支援学校の教職課程を設けてきた。

この10年（2008年度-2017年度）の卒業生（年平均192人）をみると、教員免許取得者は年平均66人（卒業者の34%）、教員として就職した者は同26人（卒業者の14%、免許取得者の40%）といったスケールとなっている。ちなみに、教育地域科学部時代4年間の卒業生の平均値をみると免許取得者87人、教員就職者31人であった。この時代と比較すると地域学部では免許取得者が20人程度（24%）、就職者が5人程度（16%）減じている。採用状況などが異なるので単純な比較は出来ないとはいえ、開放制養成へと転じたわりには、免許取得者、就職者ともさほど減じていないとみることもできよう。

学科別に＜免許取得者（率）、教員就職者（率）＞の年平均値を挙げると、地域政策＜5人（10%）、1人（2%）＞、地域教育＜43人（84%）、20人（40%）＞、地域文化＜11人（23%）、3人（6%）＞、地域環境＜7人（15%）、3人（6%）＞となっている。

【全学体制による教員養成】地域学部への改組に伴い、教員養成に関しては、全学的に対応することによりその機能を最大限維持し、地域のニーズに応えることとした。地域学部で出せなくなった教員免許のうち、数学は工学部、技術は農学部（のち工学部）で課程認定を受けた。しかし、音楽、美術、保健体育、家庭については対応する「学科等」がないため、教職課程を設置できなかった。

また、附属学校は、学部附属から大学附属となり、統括組織として附属学校部が設置された。これに伴い、附属中学校は農学部、工学部の教育実習生を受け入れることになった。大学附属となってからも、2006年には国公立の特別支援学校として全国初となる専攻科を設置するなど、ユニークな取り組みを行ってきている。

【教員養成の統括組織】改組に伴い、学部附属「教育実践総合センター」は、大学附属の「生涯教育総合センター」に改組された。

大学全体の教職課程については、当初、教育実習を附属学校部が、その他は各学部がその運営にあたっており、教職課程全体のカリキュラムのコントロールについては、実質的に地域学部が担っていた。責任体制を明確にすべく、2007年に大学全体の教職課程を統括する組織として、生涯教育総合センターに「教職教育部門」が設けられた。ここで、教員養成カリキュラムの開発、教員養成等に関する調査研究、教育実習・介護等体験のための学内調整、教員志望者の学修・就職等の支援、学校ボランティアの派遣等の業務を行うことになった。その後、2012年、鳥取大学における教職教育の位置づけを学内外に明確にする意味もあって、この部門を中心に大学付置の「教員養成センター」（教員3人、客員教員1人、特任教員1人）が発足し、これまでの業務を発展させると共に、教員免許状更新講習、附属学校や教育委員会との連携などを含め、全学の教職関係業務の統括を行うことになった。

(2)地域学部地域教育学科（現人間形成コース）における教員養成

①地域教育学科の教育研究理念とカリキュラム

地域教育学科は、地域における人づくりのキー・パーソンを育成する学科として出発した。学科の教育研究のコンセプトとして設置時に合意した内容は、①「学校」「教育」だけでなく、産育、保育、養護などケアの側面を含んだ「人間形成」全体を問題にする（「発達福祉」）、②学齢期に限らず、人間の誕生以降生涯にわたる発達を問題にする（「生涯発達」ないし「生涯学習」）、③これらを「地域」という空間と社会関係の中でトータルに把握し、地域の教育を計画・実践・評価する（「地域教育」）という3点であった。この理念を示したのが【図1】、この理念とカリキュラムの関係を示したのが【図2】である（両図とも山根が作図）。学校教育だけでなく、産育、生涯学習、地域教育という各領域で必修科目を設定しているのが大きな特徴であ

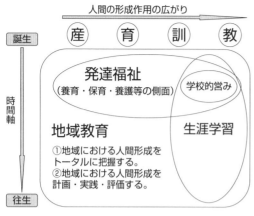

図1 地域教育学科の構想

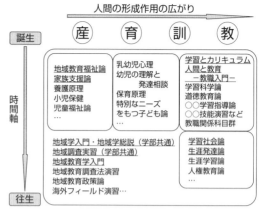

図2 地域教育学科のカリキュラム
注）科目は例示、下線は必修科目

る。また、1年次から4年次にわたりゼミを中心とした少人数教育を展開している（1年次は入門ゼミ、2年次〜4年次は分野別の専門ゼミ。2017年改組後は、2年生ゼミと地域調査実習を統合して、通年4単位の地域調査プロジェクトとした）。

②地域教育学科における教員養成

学科のコンセプトの上では学校教育は相対化されている。しかし、現代社会において学校と学校教育、そして教員が地域の教育において果たす役割は強大である。人づくりのキー・パーソンの第一として教員を想定し、加えて、保育士その他の児童福祉関係職、社会教育関係職など学科のコンセプト①〜③に関わる職を想定している。こうして、地域教育学科では、幼稚園、小学校、特別支援学校教員の養成を行うと共に、保育士の養成コースを設置している（入学後2年次に分属）。なお、幼稚園・小学校・特別支援学校教諭とも、学科の卒業要件内単位で修得可能だが、免許取得を卒業要件とはしていない。

地域教育学科の教員養成理念は、地域学及び地域教育学からの要請と現代の教員養成の課題を統合しようとしたものである。具体的には、学科のコンセプトである「発達福祉」「生涯発達」「地域教育」といった幅広い視野をもちつつ、発達科学や学習科学に関する専門性と得意分野を有し、地域と共にある学校の一員として、教職人生を通じて「絶えず研鑽と修養」に励むことができる。そのような基礎的資質をもった「のびしろのある」教員の養成を目指している。

③教員免許状取得状況及び就職状況

地域教育学科における教員免許状取得状況と就職状況を、2008年度-2017年度の年平均値でみておこう。既述のように、この間平均43人（84％）が教員免許状を取得して卒業している。学校種毎の取得状況をみてみると、幼稚園23人、小学校31人、中学校9人、高校7人、特別支援学校21人となっている。保育士資格が取得できることもあって幼稚園免許の取得者がかなり多い。また、他学科・学部の科目履修による中等学校の免許取得を優先する者もいて、その分小学校免許取得者が少なくなっている。免許取得者のほぼ半数が特別支援学校免許を取得していることも特徴といえる。ただし、近年では、幼児教育指向から中等教育指向にシフトしつつあり、他学科の科目履修が増えるためか、特別支援学校免許の取得者が減少する傾向にある。ちなみに2008年度-2012年度卒業生（前半5年間）と2013年度-2017年度卒業生（後半5年間）の平均値を＜前半→後半＞の形で挙げてみると、幼稚園＜29人→18人＞、小学校＜30人→32人＞、中学校＜7人→11人＞、高等学校＜5人→8人＞、特別支援学校＜28人→14人＞となっている。

卒業後の進路状況を2007年度-2015年度卒業生までの総計でみると、教員40%、保育士20%、公務員・団体職員7％、一般企業20%、進学が13％となっている。保育士も含めると、卒業生の約6割、就職者の7割が教員免許に関わって就職していることになる。

④地域教育学科と全学の教員養成との関わり

改組の経緯もあって、地域教育学科は学部、大学全体の教職課程に深く関わっている。

まず、他学科・学部の中等学校の教職課程における教科教育法を含む教職に関する科目のほとんど全てを、教員養成センター教員と共に提供して、全学の教職課程を支えている。

また、大学全体の教員養成カリキュラム等の開発を、教員養成センターと協力しながら行ってきている。この間、たとえば、鳥取大学教職教育の到達目標分析（スタンダード開発）(2009)、教職ポートフォリオ開発 (2010)、教育実践演習の授業開発 (2011)、また、鳥取大学が行う教員免許状更新講習の全体枠組みの開発などを行った。

さらに、教員養成学部時代と同様、附属学校との共同研究にも積極的に関わっている。たとえば、2014年度から始まった文部科学省の特別経費事業「附属学校部と連携した連続性のある子どもの育ちと学びの学際研究」（2016年からは、機能強化経費「機能強化促進分」に係る鳥取大学の「戦略」の一部）、及びこの研究を推進するために設置された地域学部附属の「子どもの発達・学習研究センター」には、学科教員の多くが関わっている。

(3)鳥取大学大学院における教員養成、教員研修

大学院については、2007年に教育学研究科（学生定員42人）から地域学研究科（同30人）へと改組転換した。そこには、地域教育学科を基礎とする地域教育専攻（同15人、学位は教育学）と他の3学科を基礎とする地域創造専攻（同15人、学位は地域学）の2専攻が設けられた。地域教育専攻では、教育学研究科の学校教育専攻

と同様、幼稚園、小学校、中学校・高等学校の各教科及び特別支援学校の課程認定を受け、地域教育学科からの進学者だけでなく、他学科及び他学部出身の教員希望者、鳥取県及び附属学校の教員を継続的に受け入れてきた。

その後、2017年、農学、工学、地域学の各研究科を統合して「持続性社会創成科学研究科」を設置したことに伴い、地域学研究科地域教育専攻は地域学専攻（学生定員20人）、人間形成コースの（同10人）となった。この課程認定にあたっては、基礎となる学部で認定を受けている学校種、教科しか認定しないという運用となっていたため（例外は教職大学院）、人間形成コースでは中等各教科の専修免許の取得が不可能になり、とくに教員研修での貢献に関わってその役割が縮小されることになった。なお、2016年島根大学が教職大学院を設置（学生定員17人）した。そのさい山陰地方をカバーする教職大学院として、サテライトを鳥取県中部の倉吉市に設置し、鳥取県の現職大学院生を受け入れている。

現職教員の研修に関しては、従前同様現職教員の研究生を受け入れ、加えて、2009年からは、履修証明制度による特別な課程「LD等専門員養成研修プログラム」を実施し、県派遣の現職教員（毎年4名）に専門的研修を行って「LD等専門員」を養成している。

(4)島根大学教育学部、鳥取県教育委員会との関係

島根大学教育学部との間では、地域学部改組後は正式な協議は行っていない。鳥取大学は一般大学へ転身するが、開放制課程による教員養成は続けることを表明し、実際そのようになっているのだから、山陰地域の教員養成や教員研修についての協力や役割分担など、協議すべき課題もあったと思われるが、互いに不干渉という状態が続いている。

両大学と鳥取県教育委員会との関係についてみておくと、島根大学教育学部は、改組直前の2004年2月に、鳥取県教育の充実に資するため

の連携協力の覚書を、翌年2月には鳥取県教委から島根大学教育学部へ派遣する教員の任用に関する確認書を交わしている。

鳥取大学は遅れて2006年8月に「教員の資質能力の向上に関する事」を含む連携協力の協定を結んでいる[3]。教員養成学部時代は、鳥取県教育委員会と学部との協議会が開催されていたが、この協定後は、たとえば高大連携など、これまでの協議の範囲を超えた議題で、年1回、鳥取大学との協議会がもたれている。なお、協定締結の翌年の2007年2月には、鳥取県教育委員会を中心に、県内の大学、短期大学、県の小・中・高の校長会をメンバーとする「鳥取県教育の自立を考える会」が結成され、「鳥取県教育の自立を目指して」というシンポジウムが開催されている（その後、自然消滅した）。

おわりに

地域学部への改組時には、教員養成に関しては「機能」さえ維持されていればよいという意識や、教員養成学部を「範型」と考え、もはや「不完全な教員養成学部・学科」でしかありえないという意識が存在していた。今も消滅してはいないだろう。小論を要するに、こうした中、開放制課程でも（あるいは、だからこそ）、一般大学・学部なりの養成理念を明確にした目的的な養成は可能だし、そこで「すぐれた」教師を養成することも可能だという信念のもと、与えられた条件の中で模索を続けてきた、ということである。さいごに、30年を振り返る中で、一般学部で教員養成に携わる者として感じたことを記しておきたい。

(1)地域学部への改組後、規制緩和の社会的趨勢の中で、2005年に教員養成分野の大学等設置・定員抑制方針が撤廃された。この後教員養成分野への私立大学の参入が相次ぎ、小学校一種の教員養成課程をもつ私立大学は50校（2005年）から176校（2015年）へと増加した。教員養成大学卒業者の占有率が比較的高い公立小学校の採用状況をみてみると、採用者に占める教員養成大学卒の比率は2001年の59％から年々減少

し2016年には33％にまで低下し、逆に一般大学卒の比率は33％から59％にまで増加して、占有率が逆転している。この間採用数は約5千人から1万5千人にまで急増しているが、この増加分のほとんどを一般大学卒業者が吸収することになっている[4]。このように「計画養成」は、政策的にも実態としても放棄されて「自由で競争的な環境」に放り込まれた状態とみることができる。教員養成は教員を「計画的」に養成する国立教員養成学部を中心に語られてきたが、一般学部を含んだそのあり方の検討がますます求められてきているといえよう。

(2)こうした、「自由で競争的な環境」の中での質保障の問題がある。教職課程に係る唯一の規制は課程認定である。課程認定では、これまでも、学習指導要領を根拠に、窓口指導を含めて、科目名やシラバスの内容にまで、チェックがかかってくる状況があり、学問の自由あるいは規制緩和という観点からいっても如何なものかと思っていたが、このたびは教員養成コアカリキュラムが制度化されて、さらに教育内容に規制が強まってきている。この間、「教職実践演習」に関わる教職の専門職基準（「教職スタンダード」など）の設定などは、各大学が自主的に行ってきた。こうした方向こそが目指されるべきではないのか。過度な規制は、開放制養成のもと、個性的な教員の養成を目指す桎梏になる。ポスト計画養成後の質保障のあり方の検討が求められている。

(3)地方大学としては、開放制養成であっても、「地元」の教員養成に対する期待にどう応えるのかという問題がある。地域学部設置のさい、県教育委員会と教員養成の制度的あり方について合意してはいた。しかし、県教委の肝いりで「鳥取県教育の自立」を標榜する会がもたれたり、教員採用状況が持ち直してきてからは、県教委筋からは折に触れて、受験倍率の低下や採用者における鳥取大学出身者のシェア低下が、鳥取大学出身者の受験者増の期待を含意して語られたりしてきた。鳥取県教育委員会は、鳥取大学と島根大学教育学部とは個別に必

要な協議を行っている。鳥取大学と島根大学教育学部は、独法化後ということもあって、改組時以降は教員養成に関する特段の協議を行ったことはなく、互いに「我が道」を歩んでいる。県境をまたぐ再編といった事態にあって（今後そのようなことがあるかどうか不明だが）、地元の要請に応えるためには、三者間での情報共有と相互理解の上に諸施策を検討することが重要だろう。

注

⑴小論と同様の課題に関する以下の二編の文章をすでに発表している。事実経過や論点などに重複する点があることを断っておく。また、小論では各種の学部内の資料を使用しているが、非常に煩雑になるのでいちいち出典を示さないこと、小論は地域学部の公的な見解といったものではなく、事実経過の記述を含め文責は一切筆者にあることも付記しておく。

・山根俊喜「鳥取大学地域学部における教員の養成と採用」『地域教育学研究』4-1、2012年。

・山根俊喜「教員養成学部から改組した『一般学部』における教員養成の課題―鳥取大学地域学部の場合―」『教育学研究ジャーナル』14、中国四国教育学会、2014年。

⑵文部省『学制百年史』759ページ。

⑶鳥取県「高等教育機関との連携協力に関する協定」。http://www.pref.tottori.lg.jp/256111.htm 参照。

⑷文部科学省「公立学校教員採用選考試験の実施状況について」各年。

参考文献

・鳥取大学『鳥取大学五十年史』鳥取大学創立50周年記念誌編集・刊行委員会、2001年。

・臼井嘉一『開放制目的教員養成論の探究』学文社、2010年。

・渡部明男「教員養成カリキュラムの改善に関する研究」『鳥取大学教育学部研究報告　教育科学』31-1、1989年。

・渡部昭男「開放制による一般大学学部における教員養成の特色―鳥取大学地域学部及び神戸大

学発達科学部の試み」『日本教育大学協会研究集会発表概要集』2011年。

〈特集〉教育学部の30年

大阪教育大学の場合
── 教養学科発足と消滅のポリティクス ──

長尾　彰夫（大阪教育大学名誉教授）

1．師範から学芸大学への苦悩

　戦後のいわゆる「教育改革」の過程において、教員養成機関は師範学校から高等教育機関である大学へと移行することになったのだが、そこでは様々に、そして多くの問題を抱えていた。その一つは師範学校での教員をいかにして大学の教員（教授・助教授等）としていわば再任用していくか、という問題であった。

　大阪第一師範学校と大阪第二師範学校を合わせての大阪学芸大学の発足と開学は1949年（昭和24年、以下年号はすべて西暦とする）であるが、教授陣の全体的な整備は1951年度から52年度にかけてのこととされている。この間の状況については山崎奈々絵『戦後教員養成改革と「教養教育」』（2017、pp.203-206）に譲るが、大阪学芸大学の場合、「大学設置委員会」での審査は非常に厳しく、学内では審査に不満を持つ者のための「苦情処理委員会」なるものも設置されたという。

　私が着任した当初、そうした審査を実際に受けたという教員も在職されており、その審査をめぐって学内には異常ともいえる緊張に包まれていたといった話を聞くことがあった。審査に合格しなければ職を失うことにもなるのだからそれはそうであろう。しかし、しっかりと「業績」を積んでおかないと職を失うことにもなりかねない、といった大学の文化的風土、教員の潜在的な意識構造は、トラウマのようにその時刷り込まれたのかもしれない。

　戦後の教員養成改革の大きな柱は、大学における教員養成であったことは周知のところである。しかし、師範学校から一足飛びに大学に昇格した学芸学部・大学においては学問的ないわゆるアカデミズムのレベル、力量は決して十分とは言えなかったのである。そうした大学・学部がまず目指そうとしたのは、大学と言われるにふさわしい、学問的でアカデミックな研究と業績の蓄積であり、教員養成に対して情熱やエネルギーを傾けることではなかったのである。それは非難されるようなことではなく、教員養成大学が背負わされていた宿命的ともいえる負の遺産として、まずは認められるべきことであった。

2．学名変更問題

　大阪学芸大学は1967年、大阪教育大学と名称を変更する。こうした名称変更は、1966年から全国のすべての学芸学部・大学において一斉になされることになったのだが、その背景には、「高等教育の多様化、種別化」政策があった。そうした政策的背景の分析については、他論稿に譲るが（例えば山田昇『戦後日本教員養成史研究』1993、雲尾周「1960年代における旧師範学校系大学の展開過程」『「大学における教員養成」の歴史的研究』2001、TEES研究会等）、要するにそれは、新たな大学間格差の導入、拡大、固定化としてあった。全国的な名称変更は1966年に一斉になされたのであるが、大阪学芸大学と秋田大学学芸学部のみが1967年にずれ込んでいる。名称変更は各大学・学部が自発的に望んだというよりは、文部省の政策的意図による行

政指導として行われたのであるが、大阪学芸大学の1年間のずれ込みには、いささか特殊な要因があった。文部省からの学名変更要請に対し、それを察知した学生の中から「学名変更反対」との声が強く起こることになったのである。

学生の意識からすれば、大学間格差の新たな導入政策に対して反対というのは、十分にあり得ることであった。というのも、当時単科の教員養成大学はすべて大学入試での二期校であり、何かにつけて大学間格差の存在を肌身に感じてきている学生たちにとっては、「学名変更反対」は、むしろ当然のことでもあった。そうしたところから、多くの学生が名称変更を決定しようとしていた教授会に押しかけ実力的な阻止行動に出ることとなった。当時の教授会は教授のみで構成されていたのだが、教授会はそうした学生に対応することが出来ず、その結果、名称変更は全国的に足並みをそろえることが出来ず1年遅れることになったのである（以下、大阪教育大学への名称変更以降は「本学」と記する）。

しかし、この1年の遅れという「混乱」の事態の中で大学は大きな変化を見せることになった。というのは、教授のみの教授会が助教授、講師にまで拡大され、いわば「大衆教授会」となり、ある意味での「民主化」が図られることとなったのである。こうして誕生することになった新たに民主化された大衆教授会がその後の大阪教育大学の在り方にどうかかわることになったのか、その評価は複雑と言わざるを得ない。ただ、一つ言えることは「大学における教員養成」といった場合、その実態、中核は、大学における自律的な自治能力の成立を前提としているのだが、それはあくまでも教授会自治に過ぎないということである。

いささか結論を先取りしていうならば、教員養成は、だれにとってのいかなる教師の育成、教育を目指そうとするのか、そこで養成されようとする教員とは、だれにとってのいかなる利益や被害と結びつくことになるのか、そうした

教員養成政策をめぐっての政治的な権力関係、つまりポリティクスの問題は避けて通れないのである。そうした教員養成をめぐるポリティクスにおいては教授会自治を根拠にした大学における教員養成論といったものは、大きな制約と限界を持っているといわざるを得ないのであろう。

3．統合問題と教養学科の発足

教育学部や学芸学部の多くは、戦前の師範学校を母体としている場合が多いのだが、単科の大規模校では、いくつかの師範学校を寄せ集めて、一つの大学とすることが通例であった。東京学芸大学、愛知教育大学等はそうであったが本学においても、大阪第一師範（天王寺師範、大阪府女子師範）と池田師範を母体とする大阪第二師範が合わさって大阪学芸大学、そして大阪教育大学となってきたのである。それ故本学は天王寺分校、池田分校、平野分校の3つのキャンパスに分かれたタコ足大学としてスタートしてきた。そのことの中で3キャンパスを一つにするという統合問題は積年の課題とされてきたのである。

ところが、本学ではこの統合問題はすんなりとは進まぬ大問題となってきた。本学教授会は1965年に「大阪万国博覧会跡地を第一候補地として移転統合をする」との方針を決定したのだが、1970年にそれが不可能となり、翌1971年「柏原旭ヶ丘を第一候補とする」との原案を教授会決定したのである。これは現在の本学の所在地なのであるが、この柏原キャンパスの開校記念式典が行われたのは1992年の5月なのである。この間実に20年近くも本学の統合問題は揉めに揉めることとなった。この混乱の原因の中心にあったのは統合地柏原の立地条件があまりにも悪いということであった。

現在、本学には3基のエスカレータを備えているが、階段にして341段の高台にある。しかも通学のための電車駅も当時はなく、おおよそ統合地としての条件を満たすものではなかったのである。その外にも数多くの悪条件が次々と明

〈特集〉教育学部の30年 51

らかにされてくることの中で、柏原統合はいわば暗礁に乗り上げた形となった。こうした中で文部省は大いに頭を悩ませ、本学は最大の問題大学とされることになった。その中でついに会計検査院が、統合地の用地買収をしておきながら、いまだ統合計画が進まないのは「税金の無駄使い」であるとの不当事項の指摘を行い、本学は文部省の一部では廃校もやむなしとの声すらあったといわれるような状態となった。

確かに、極めて立地条件の悪い土地を十分な調査もせずに統合地として決定したのは本学教授会である。しかしその決定を認可し予算を付けたのは文部省である。その点では、文部省に何らかの「責任」があったのは否めないところであり、本学の統合問題が土地購入の経緯にまでさかのぼって問題にされることは避けたいところではあった。そんなことでは廃校になりますよと言いつつも、何とか柏原に統合してほしいというのは、文部省のある種の「本音」でもあったろう。一方、本学においても、これ以上に問題を拗らせ、長引かせるわけにもいかないことはわかっていても、このまま移転統合を進めていくには、長年の「悲願」ともされてきた統合の結末としてはあまりにも夢と希望がなさすぎる、何とか統合を契機とした、発展の可能性を見つけ出したい、ということであった。

そうした中で、一つの教育学部の中に課程と学科が同時に存在するといった極めて例外的な教養学科が認められていったのだが、そこにその利害関係にかかわってのポリティクスの存在を予想することはそれほど困難なことではなかろう。ただしそうした事の経緯は一切文書化されておらず、また、記録にも残されてはいない。もっとも、最近の加計学園の獣医学部設置の経緯とやり取りからして、こうしたやり取り、経緯についてはむしろ記録等を残しておかないというのが、「行政的な常識」なのかもしれないのだが。

4．教養学科の実際

教養学科の成立、発足の学内的な背景、要因

としてはそれが統合問題の解決と深く結びついていたのだが、それは本学に固有のいわば特殊事情であった。しかし、単にそれだけではなく全国的な規模での教員養成の入学定員にかかわっての見直し、再編問題があった。1980年代の後半、全国的な規模での教員採用数の大幅な減少が見られてきたのである。大阪の場合、1975年には5,000人以上の規模であった教員採用試験合格者数は、1988年には300人まで激減したのである。

こうした中で教員養成学部等の入学定員の見直しの要請がなされ（1986年、臨時教育改革推進会議答申）、教員以外の職業分野への進出を想定した新しい課程（いわゆるゼロ免課程）の設置が政策的にも進められていくことになった。東京学芸大学、愛知教育大学といった都市部の単科の大規模校はいずれも新課程の設置に踏切っていく中で、本学の教養学科の発足があったことは間違いない。

本学の教養学科は1988年、405人の学生数（全学生数1,080人）と、127人の教員数（全教員数329人）の規模を持ってスタートしたのだが、その学生数の出所の中心は、小学校教員養成課程からの240人の振替、特別支援関係養成課程の40人の削減、特別教科（数学、理科、音楽）教員養成課程の計90名の廃止、等となっていた。そしてその教養学科の教育組織は以下のような7つの専攻と15のコースからなるものであった。

専攻	コース（括弧内は学生数）
人間科学	生涯教育計画論(20)
	人間行動学(20)
	発達人間行動学(25)
文化的研究	日本・アジア言語文化(20)
	欧米言語文化(20)
	社会文化(25)
数理科学	(40)
自然研究	物質科学(30)
	生命科学(15)
	自然システム(15)
情報科学	(40)
スポーツ・健康科学・	スポーツ(25)

生活環境	健康科学(25)
	生活環境(10)
芸術	芸術学(10)
	音楽(45)
	美術(20)

　ところで、本学の教養学科発足の一つの背景には、1958年より導入されてきている学科制があった。これは学内措置によるものであったが、小学校課程、中学校課程といった課程制ではなく、国語学科、数学科、社会科学科といった学科によって入試と学生の所属区分を行うというものであった。こうした事は、課程という教員養成のための学生組織ではなく、ある種の学問的、研究的な組織分類の中で学生を教育することにより、大学としての学問的研究体制の維持、強化を模索しようとするものとなっていた。教員の所属分類も当然学科によってなされていたのであるが、当時の教員の発言はしばしば「本学の研究水準は、京大、阪大に比べても遜色ないものを目指している」というものであった。

　こうした本学の教育・研究の文化的な傾向、風土といったものは、明らかに脱教員養成であり、アカデミズムへの傾斜を強く持つものであった。こうした傾向にある種の拍車をかけることになったのは、教員養成課程における大学院教育学研究科（修士課程）が、学校教育・国語教育・社会科教育・数学教育・理科教育・英語教育の各専攻に設置されたことである。この大学院設置は1968年であり、東京学芸大学の1967年に次ぐものとなっていた。教員養成大学における教科立ての大学院（修士課程）設置の政策的意図と実際がどういうものであったかはここでは触れないとしても、多分にそれは「失敗」でありそれ故、1978年から始まる新構想の大学院大学（兵庫教育大、上越教育大、鳴門教育大）の設置があり、2008年から始まる教職大学院の設置となっていったのであろう。それはともかく、いち早く本学に設置された大学院教育学研究科は、本学にあった脱教員養成大学、アカデミズム志向への弾みをつけることになったこと

は確かである。

　加えて新しく設置された教養学科にも大学院が設置されていくことになった（1993年総合基礎科学専攻・定員12名、健康科学専攻・定員10名、1994年国際文化専攻・定員12名、1995年芸術文化専攻・定員6名）。教養学科は言うまでもなく課程ではなく学科である。その上に立てられた大学院は教育学部内のものとはいえ教員養成の「足かせ」を受けることなく、学問性、アカデミズム志向の強いものとなっていい。実際、教養学科大学院の卒業生の多くは、研究者や他大学のドクターコースへと進む者も少なくなかったのである。

　いささか前後するが、教養学科の発足に際してはさらに大きな本学の「夢と希望」を膨らませるような構想があった。それは遠からぬ将来、教養学科を学部に昇格させようという構想であった。しかしながら教養学科のその後の歩みは、二学部構想どころではない逆境の中に置かれていくことになる。

5. 大学教育の転換と教養学科

　教養学科の発足は統合問題をきっかけにしてのかなり偶発的要素によるものであった。しかし、その背景としては脱教員養成を目指して学問的アカデミズム志向を潜在的要求として持ちつつも、そこに明確な理念、とりわけ教員養成改革への視点は希薄であり、リベラル・アートによる教員養成という戦後教育改革の抽象的な理念の域を出るものではなかった。そして、教員養成分野に限らず、教養教育、一般教育そのものについての向かい風が強くなっていったのである。

　大学審議会は「大学教育の改善について」の答申を1991年に行いそれに基づいて大学設置基準の改正（大綱化）を行う。この設置基準の大綱化は一般教育と専門教育の区分の廃止をもたらし、その結果各大学では教養部の廃止が相次ぎ、教養教育の大幅な後退が進むこととなった。その結果2001年の段階では、教養教育を中心にする教員組織が明確に設置されている国立

〈特集〉教育学部の30年　53

大学としては、東京医科歯科大学、東京大学教養学部、広島大学総合科学部、それに本学の教養学科の4大学のみとなっていたのである。

しかしその一方では、教養教育を重視すべしとの声もあった。2000年の「大学審議会答申」（「グローバル化時代に求められる高等教育の在り方について」）の中では、改めての教養教育への注目がなされ、2002年の「中教審答申」（「新しい時代における教養教育の在り方について」）の中では、専門教育の枠を超えての「グローバル化や科学技術の進展など社会の激しい変化に対応し得る統合された知の基盤を与える」ものとしての教養教育の重要性が指摘されることにもなっていた。

本学の教養学科創設20周年記念シンポジウムにおいて基調講演を行った浦野光人氏（ニチレイ代表取締役会長、経済同友会副代表。当時）は、「『解のない時代』に期待されるリベラルアーツ教育」との演題の下で企業・経営者の視点から見てのリベラルアーツ教育の重要性を強調することにもなったのである。

大学教育の全般的な在り方からして、当時進められつつあった、一般教育、教養教育の軽視の政策的な妥当性、正統性がどのようなものであったか。それはわが国における高等教育、大学教育政策の問題として十分に検討されるべき事かもしれない。しかし、単科の教員養成大学の中に例外的に多くの特殊事情を持って成立してきた本学の教養学科の中から、大学教育政策の在り方全体を視野に入れての論陣を張り、その存在を正当化し確保していくだけの力量は残念ながらなかったといわざるを得ない。教養学科は2016年その幕を閉じることになるのだが、その遠因の一つは、いや、より根本的な要因は、わが国における大学教育政策の転換、変質にあったといわなければならない。しかし、本学の教養学科の存続に対して、結果的には大きなダメージをあたえることになったのは、2001年の「国立の教員養成大学・学部の在り方に関する懇談会報告書・今後の国立の教員養成大学・学部の在り方について」であった。

6．「あり方懇報告」と教養学科

上記の報告書は、文科省（2000年の省庁再編以降文部省は文科省となった）に設置された懇談会であり、中教審等といった法令的背景を持つものではなかったのだが、「あり方懇報告」としてそれ以降の教員養成政策に大きな影響を持つことになった。

「あり方懇報告」は2001年になされたものであるがその前提には、1998年から行われた全国の教員養成課程の入学定員の5千人削減問題があった。この5千人削減問題の大きな契機となったのは教員養成大学・学部の卒業生に対する教員就職率の低下であった。それは1987年度から始まった教員養成課程の学生定員を教員以外の人材養成の「新課程」に振り替えることと合わせ、教員養成課程の学生総数が「一万人体制」と言われるものとなった状況下での報告書であった。「あり方懇報告」は教員養成大学・学部の再編・統合といった大きな課題の提起をも含んでいたが（この再編・統合プランは、結果的にはさしたる成果をうみださなかったのだが）、その内容の一つは、「新課程の位置付け」をどうするかにあった。「あり方懇報告」では新課程の位置付けについてはかなり慎重な言い回しが見られるものの、結論的方向としては新課程の設置によって「教員養成の専門学部としての性格があいまい」になっており、「教員養成への求心力を失わせ」ることになり、「教員養成学部の組織として設置しておくことが適当かどうかを検討すべき時期に来ている」とするものであった。

その後の新課程と言われるものは、基本的に廃止・縮小の方向に進んでいったことは周知のところではあるが、そうした方向を示すことになったのは、この「あり方懇報告」であったといえよう。そしてその方向性は、一方で教員就職率の低下の中で学生数の削減を行いつつ、同時に「教員養成を目的として教育研究活動を展開する学部」、「教員養成の専門学部」としての性格をより明確にし、確立していこうとするも

のであった。こうした中で新課程は大きな岐路に直面することになるのだが、本学の教養学科の対応はかなり独自のものとなっていた。

本学の対応としては、まず本学の教養学科は単なる新課程ではなく、学部化を目指しての学科であることを再確認し、よって教員養成の専門学部を目指すという志向性は相変わらず希薄なものとなっていた。本学では教養学科設置以前は小学校養成課程の学生定員は590人であったが、教養学科の設置により345人に減少し、2000年の5,000人削減の中では290人へと削減することになった。「あり方懇報告」での教員の目的養成をめざしての専門学部化の中心は、小学校教員の計画的養成にあったにもかかわらず、である。

教員養成の専門学部化といった場合、課程制をとる教員養成大学のおいては、その焦点は小学校教員養成課程の問題とならざるを得ない。それは開放制の教員養成では当然の事である。中学校の教員養成においてはむしろ教員養成以外のいわゆる一般大学をも含めた課程認定の問題となる。ただ、教員養成の在り方が教員養成大学の在り方（専門学部化）の問題ではなく、開放制の下での課程認定の在り方とされていくのは、2005年の教員分野における抑制方針の撤廃以降のことであり、教員養成問題は規制緩和の下での市場的競争原理のもとにおかれていくことになる。このことは教員養成における開放制の新たな今日的な役割、機能として検討されるべきこととなっていよう（長尾彰夫・2013、「教師教育改革のポリティクス分析—教員養成大学の在り方を通して—」『教育学研究科』第80巻第4号、2013年、参照）。

ともあれ、「あり方懇報告」は、教員養成大学のある種の新しい方向を模索しようとするものであったが、本学においてはそうした方向性はほとんど影響を受けるものではなかった。というより影響を受け止めようとする基盤、風土といったものが希薄なものとなっていた。教員養成課程を軸にした教員養成の専門学部化ということに対しては、小学校教員養成課程の学生定員の減でもって応えようとし、そのことの中で教養学科の学内での位置はむしろ相対的な比重を重くした感があり（教養学科の学生定員は発足当時のままの405名であり）、その中で学部化への夢を自己増大させていったのである。一つの学部を創るなどということはそれこそ「首相案件」でもない限り、そう簡単に実現するものではない。事実、文科省からは、学部化などということは百年経っても無理であるといった声すら聞かれたのである。そうした中で、本学の教養学科は単なる新課程ではない、単科の教員養成大学の中で初めての複数学部を持った大学を目指すといった「見果てぬ夢」を逆風の中で掲げつづけようとしてきたのである。その点では、本学は文科省の教員養成大学政策に「従順ならざる大学」となっていたのである。

7. 法人化と教養学科

本学の教養学科のみではなく、教員養成大学・学部はもちろんの事、全国の国立大学の在り方に決定的ともいえる大きな変化をもたらしたのが、2004年より始まった国立大学の法人化であったことは今更多言を要するところではあるまい。法人化の狙いは、各大学の自主性・自律性を尊重し、大学の個性化を図るというものとはされていたが、その実態は年々なされる運営費交付金の削減により大学の財政は大きな圧迫、ダメージをうけることとなった。とりわけ外部資金の獲得は、教員養成大学・学部においては極めて困難であり、また、財政支出の大半が人件費となっている教員養成系大学・学部においては運営費交付金の毎年の削減は、大学の教育研究条件の低下、劣化へとつながっていった。ちなみに、法人化当時、本学の教員数は321人（教養学科は123人）であったが法人化後の2018年現在、全教員数は254人（教養学科は81人）へと激減してきている。

こうした中で、文科省から示されるわずかばかりのプロジェクト経費等の獲得に教員養成大学は向かわざるを得ないのであるが、そうした競争的資金は政策誘導的資金に外ならず、競争

〈特集〉教育学部の30年　55

的資金の獲得を目指そうとするならば、文科省の政策に従順にならざるを得ないといった構造が生み出されてきたのである。その意味で法人化は各大学の自律性、自主性の尊重、拡大とは全く逆の作用、結果をもたらすことになっているのである。

ともあれ、こうした法人化の中で「従順ならざる大学」としてあった大阪教育大学も、その従順の度合いを強め、「従順にならざるを得ない大学」へとの変化を余儀なくされてきつつある。こうした中で本学の教養学科は2016年に約30年に渡るその歴史を閉じ、2017年より学生定員を55名減らした上で「教育協働学科」として「再生（ReBorn）」していくことになったのである。2017年以降の教育協働学科の内容は以下のようなものとなっている。

（教育協働学科）		（350人）
教育心理科学		40人
健康安全科学		35人
理数情報	理数情報	40人
	自然科学	60人
グローバル教育	英語コミュニケーション	30人
	多文化リテラシー	45人
芸術表現	音楽表現	40人
美術表現		10人
スポーツ科学		50人

「教育的な視点から学校・家庭・地域・社会と連携協力し、多様な教育課題の解決を図れるような存在を目指す」という教育協働学科がどのような発展を見せていくのか、その多くは今後の課題とされるところであろう。しかし、「従順ならざる大学」の象徴的存在ともなっていた教養学科が、教育協働学科へと改組されたことには、「限られた資源の中で、エビデンス」に基づいて「教員養成機能を確実に高め、我が国の学校教育全体の質の向上をリードする」（「教員需要の減少期における教員養成、研修機能の強化に向けて」文科省有識者会議報告書2017・3）といった、新たな教員養成機能の強化といった政策的要請への対応があったことは明らかなところであろう。

8．教員養成大学に未来はあるのか

本学の教養学科の歴史は、苦難の内にというか、見果てぬ夢の中で30年の歴史の幕を閉じることになった。法人化以降教養学科は独自の教授会を持ち、学内的にはより自律的な研究教育体制をとることになってはいた。また、卒業生の20パーセント近くは毎年教職の道に進み、それ以外の就職率も悪くはなかった。「あり方懇報告」の中でも指摘されているように、教養学科（新課程）では「多様な進路希望に応える」ことや、「教員に求められる幅広い知識や教養」を提供するといった「高評価」を受けることにもなっていたのは確かなところではあった。何より一つの教育学部の中に、教師以外の選択肢を持つ学生、教育研究組織の存在は、教職というものを多様な選択肢の一つとして相対化してとらえることによって、学生や大学の文化的風土の豊かさへとつながる契機となりえていたのである。しかしながら、教員養成政策としては「専門性の高度化」の名の下でのある種の「師範大学化」が進行しつつある。

もっとも、教員養成大学の中には師範学校へ回帰することへの批判、恐れ、劣等感等々は今なお少なくはない。そこには学生や大学の研究と教育、そしてその文化的風土の画一性、偏狭さ、硬直性に対する本能的ともいえる嫌悪感や反発があるのかもしれない。ただし、そうした本能的ともいえる漠然とした嫌悪感、恐れ、劣等感等々に寄っている限り、教員需要の減少期の中で、教員養成大学のより目的大学化、ある種閉ざされた形での専門職業人大学化を目指そうとする教員養成政策を批判し、それに対抗する教員養成大学の内実を創りだしていくことは、リアルな現実認識からすれば凡そ不可能に近いのである。

大急ぎで、結論的な言い方をすれば、教員養成の画一化、パターン化、そして今日的な教育政策に順応していく教員の促成的養成を目指す教員養成政策の展開の中で、もし教員養成大学の未来の中に一筋の希望と未来を探すならば、

それはもはや余儀なくされてきている「師範大学化」の中で、そこで養成されようとしている教師とは、だれにとって、どのような利益や被害をもたらすような教師なのか。一体、「師範大学化」されようとしている教員養成大学において養成される教師とは、現在、そして未来のわが国の教育の在り方をどのようにとらえ、その中で如何なる役割を果たそうとしているのか。そうしたことを自らが教育にかかわる教師としての一つの権力行使の在り方の問題、つまり自律的、自覚的なポリティクスにかかわる問題としてとらえ直していけるような力量を持った教師の養成をいかにして可能にしていくのかである。かつての師範学校に対する批判と反省の根源は、実はそうしたポリティクスへの無自覚に対する反省と批判にこそあったことを再度想起しておくべきなのであろう。

　本学における教養学科の30年にわたる、苦悩に満ちた「従順ならざる大学」としての歴史と経験が、教員養成大学の新たポリティクスを切り拓いていく中で再度蘇ることがあるのかどうか、刮目して待ちたいと思っている次第ではある。

参考・引用文献

(1)山田昇『戦後日本教員養成史研究』風間書房、1993年。

(2)TEES研究会『「大学における教員養成」の歴史的研究』学文社、2001年。

(3)山崎奈々絵『戦後教員養成改革と「教養教育」』六花出版、2017年。

(4)日本教師教育学会『どうなる日本の教員養成』学文社、2017年。

(5)長尾彰夫「教師教育改革のポリティクス分析」『教育学研究』第80巻第4号、2013年。

(6)大阪教育大学120周年記念誌編纂委員会『大阪教育大学120年のあゆみ』1994年。

(7)大阪教育大学教養学科『教養学科創設20週年記念誌』2008年。

(なお、文科省等からの報告書及び大阪教育大学広報関係誌等については注記を一切省略した。)

〈特集〉教育学部の30年

東京学芸大学における教師教育の30年

田中　喜美（東京学芸大学名誉教授）

はじめに——問題意識と観点

　1949年戦後日本の教員養成は、「大学における教員養成」と「開放制教員養成制度」を原則として開始された。それは当時、世界最高水準の教員養成を目指したものであった。

　そして、それからほぼ70年を経た現在、特に1990年代以降、フランス、ドイツ、アメリカ合衆国、韓国等々、少なくない国家や地域で、大学院修士課程修了以上の教育研究が、初等・中等学校・特別支援学校等の教員になる必須の基礎要件になってきた[1]。

　しかし日本では、「大学における教員養成」は、2018年度であっても、大学院修士課程修了を必須の基礎要件にはしていない。この点で、日本の「大学における教員養成」は大きく遅れをとっており、克服しなければならないと考えられる。

　では、日本における教員養成は、どうして、いつから、遅れをとってしまったのか。

　筆者はこの問題に対して、大まかに次のようにみてきた。すなわち日本では、1987年10月ニューヨークでの「ブラック・マンデー」を契機に、日本政府・日銀が株式市場介入をしたが、実体経済における新規技術の導入・普及を内包しないバブル景気だったため、1990年初頭から地価や株価の急落が始まり、それまでのバブルが崩壊した。そして次には「失われた20年間」ともいわれた21世紀にわたる長期不況が続き、さらにグローバルゼーションの急展開による大企業の多国籍化、ならびに、それに伴う大企業

の内部留保の増大と労働者層収入の相対的減少が進んだ。

　そして、こうした土台の上に、この30年間、大学、中でも国立大学には、教育研究費の効率的利用と教育における有能な人材の選抜的育成—中心は大学における学部学生さらには大学院学生に移行—が求められ、また、国立大学の任務として、企業の開発と研究とを補完・支援する研究が要求されてきた。見方を変えれば、それは必要度が「低い」と評価される分野と人材への教育研究費の節減を意味しており、日本政府による予算的な便宜を受けられない分野の教育研究の質的低下をもたらしているとみられる。

　こうした中で、教師教育の位置は明らかであろう。

　さて、本小論は、以上の問題意識と観点から、個別の国立大学における教育学部、具体的には、東京学芸大学（以下、学大と略す）における教育学部等の動きを、1988年度から2017年度までのここ30年間—筆者が学大に勤めた期間と大きく重なる—を中心に、一連の教育史的過程として分析することを目的とする。そして、当該諸時期において、学大にとって主要な問題になったと考えられることを取り上げ、順次、検討をしたい。

1．大学院博士課程をめぐって

　1980年代後半の大学教育政策としては、教養部の廃止等があったが、学大にとっては、教養部がなかった等、それらは直接的には、問題に

はならなかった。

　また、1988年12月、教育職員免許法が改正され、修士学位を基礎要件とする専修免許状が新設された。これに対して学大では、専修免許状の新設は教育専門職に階層化と差別をもたらす等の意見はあったが、大勢は教員の専門職化を促進させるとして受け入れた。

(1)大学院博士課程問題の経緯

　この時期の学大の主たる問題の１つは、大学院博士課程設置に関することであった。

　1966年度、学大は、日本の最初の教員養成系学部の上に設置された大学院修士課程を、４専攻で発足した。そして、全12専攻が設置された翌年の1974年度から毎年、博士課程設置の概算要求がなされた。一時期中断（1981年度〜84年度）はあったが、1985年５月に新しい「東京学芸大学大学院博士課程構想」が作成され、概算要求が重ねられた。やっと1992年７月に、1993年度概算要求が博士課程設置のための調査費要求となった。

　ここまでが第一段階といえ、20年間近く掛かった。その理由は、ある意味単純だった。それは、1966年学大に修士課程ができた時、大学設置審議会教育学・保育部会の規定で、「教員養成系大学（学部）におかれた大学院は、当分の間、修士課程のみとするのが適当である。」と定めたからであった。設置審の他部会等にこの類の規定は見当たらなかった。だから、教員養成系大学・学部へのある種の差別ではないか、という声もあった（尚、最終的には1995年５月15日大学設置審議会総会で上の規定の全面削除がなされた）[2]。

　しかし、すぐに第二段階が待っていた。

　その第１は、1992年９月に文部省が、教員養成系大学院博士課程構想は、単独の大学の積上げ方式ではなく、３年課程の独立研究科としての連合大学院を構想すべきであることを、蓮見音彦学長に伝えたことであった。その意図等をめぐり学内では様々な見方が出された。しかし、結局は、３年課程の連合大学院を構想して

いくことになった。

　第２は、学大は、いくつの大学との組織を編成するか、いかに専門分野の関係を構想するか等々、問題は沢山あった。議論と折衝の結果、「東京学芸大学は、埼玉大学、千葉大学、横浜国立大学の協力をえて、東京学芸大学大学院連合教育学研究科（博士課程）を設置することを図る」（教授会資料）ことが決まったのは1993年10月13日であった。

　第３に、最終局面の1995年７月に文部省が、学大など４大学が提出した「東京学芸大学大学院連合教育学研究科（博士課程）構想」に対して、①「教育学研究科」から「学校教育学研究科」への変更、②学生定員を「30名」から「20名」への削減変更を要請し、４大学は、苦渋の末、それらを受け入れた。これには、兵庫教育大学連合大学院が「学校教育学研究科」であり、学生定員が「24名」であったことと無関係ではなかった。

　こうして1995年12月23日、1996年度政府予算案に「東京学芸大学大学院連合学校教育学研究科（博士課程）」の設置が載り、内示があった。事実上の決定であった。

(2)特徴

　1996年４月に連合学校教育学研究科博士課程の設置、学生募集と入学試験、入学式等を行い、教育研究活動が始まった。そして、2015年度に同博士課程は20周年を迎えた。

　この博士課程の特徴は、第１に、教科教育学を中心にしていたことである。

　既設の教育学研究科博士課程は教育学や教育心理学を中心に位置づけていたが、教科教育学は弱く、事実上、教科教育の研究は民間教育研究団体等に負ってきた。こうした問題状況を、一方に置き、他方で、伝達方法的な教科教授法として狭く理解されがちな教科教育学の克服を目指した。「人間と教育との関係において文化資産をどのように再構成するかという視点、また、そのためには現行の教科枠をも相対化できるような力が求められている。そういったこと

〈特集〉教育学部の30年　59

に対応する教科教育学概念の枠組みとして『広域科学としての教科教育学』を掲げた」[3]。

第2に、研究者養成を主たる任務としていたことである。

本研究科の緊急の必要は、教科教育学をはじめ学校教育の最前線の問題領域に関わる研究者の養成にあり、学位はEd. Dではなく、Ph. Dである。現職研修機能は、当面、修士課程の拡張充実において期待されるべきであるとした。

第3に、複合的な学生指導体制をつくったことである。

学生の指導体制は、学生が希望する主指導教員の他に2名の副指導教員が選定され、協力して指導することにした。この3名は領域（教科教育・教科専門・教育科学）や大学を異にする組み合わせにした。特に広域科学の原理からして領域間の協力が重要になった。

20余年間経て、これらの特徴は、若干の修正は必要ではあるが、順調に機能してきた。

⑶20年間の実績等

まず、入学定員数が、1996年度から2014年度まで20名だったものが、2015年度から30名に増加した。やっと4大学による設置構想にあった入学定員数が実現したといえる。

所属教員は、4大学で当初270名前後であり、その内、約半数が学大の教員であった。

これに対して学生について、1996年度から2015年度までの類別数は、課程修了が279名、単位修得満期退学が114名、退学が21名、計414名であった。いいかえれば課程学位授与が279名であり、課程学位授与率は67.4％であった。最初の5年間（1998年度〜2002年度）の課程学位授与率が45.1％だったので[4]、次第によくなってきたといえる。

そして就職先・就職率について、常勤就職率が77.8％に対して、その中で大学等の研究職就職率は60.6％であった[5]。これに大学等の非常勤講師を加えると、74.4％になる。

したがって、研究者養成を主たる任務とした本学の大学院連合学校教育学研究科（博士課程）は、その目的を概ね実現していた、といえよう。

2．学部組織の変化──教育系と教養系 として新たな出発──

この時期における学大のもう1つの問題は、人口の変動・出生率の低下によって、1982年度の児童・生徒数をピークにして、そこから21世紀も一貫して下降線を辿る中、学大の学部卒業生の教員への就職率が、全体の学部学生定員（1,215名）に対して、1985年3月卒約41％、翌86年3月卒39％等と低調となり、何らかの対応が迫られていた。

一方、1986年6月、臨時行政改革推進審議会が、国立大学の「医・歯学部及び教員養成学部等の入学定員については、速やかに見直しを行う」とし、これを受けて、文部省の「国立の教員養成大学・学部の今後の整備に関する調査研究会議」が、翌87年に、①教員養成系大学・学部の入学定員の一部を他学部・学科等へ振り替える、②教員養成課程の定員の一部を教員以外の職業分野へも進出することを想定した課程等を設置して振り替える、とした。

学大は、具体的には、原則として、学部学生定員全体は変えずに、1988年度から、従来の5つの教員養成課程を「教育系」と呼称して、学部定員の一定部分を、「教養系」として、「芸術課程（G類）」、「情報環境科学課程（J類）」、「国際文化教育課程（K類）」、「人間科学課程（N類）」として新設した。その内訳は、G類が音楽、美術、書道、J類が教育情報科学、自然環境科学、文化財科学、K類が日本研究、アジア研究、欧米研究、国際教育研究、N類が生涯教育、心理臨床、総合社会システム、生涯スポーツから成り立った。

これらの「教養系」は、教員免許状の取得を卒業要件にはしないが、しかし、これら全課程は、課程認定をした。それは、「開放制教員養成制度」のもとでは当然であった[6]。

そして全国の国立大学における教員養成課程の学生定員を削減し、1986年度から2005年度の

間に、20,080名から9,740名へと半減以上に削減する中で、学大は、「教育系」と「教養系」の比率を、大まかにいえば、70対30から55対45へと変えることを基本に、様々な問題に積極的に対処していった。

その際の基本的観点は、学大の名称である「学芸」（liberal arts）の思想と役割であったと考えられる。liberal artsとは「自由学芸」ともいわれ、自由な精神をもち、批判的な知性を育成すること等が語られ、それらを目的とした大学（例えば、アメリカ合衆国における「教養大学」＝liberal arts college）は、現実の役割として、中等学校における教員の養成であった。こうしたところから、「教育系」と「教養系」の関係を、教育学部という1つの組織の中で運営する役割を説明していったと思われた。

また、実際にも、初等・中等学校・特別支援学校等を職場とする者が、教員ばかりでなく、学校カウンセラーやソーシャルワーカーと総称される社会福祉活動に関わる専門職等々が急速に必要になってきており、その意味で、「教養系」における各課程の可能性は、学校教育では、ますます重要になってきていた。

他方、これに関連して指摘すべきは、教授会のこと—普段は「全学教授会」と呼んだ—である。会場としては芸術館を使用することが多く、年3回程度は常時開き、それ以外で必要があれば適宜もった、学長・教授・助教授・専任講師が全員参加する学大における「審議する最高の機関」（昭和39年3月9日規則第1号）であった。通常300名以上の教員が、学長等の学大の執行部と直接議論を闘わせ、議決をする審議会であり、学長の提案が否決されたり、修正されることも少なくなかった—筆者は、学大に赴任したのは30歳代であったが、その前職場の金沢大学では、このような制度はなく、学大は、一般教員と学長との距離が近く、良い制度である、と感じていた—。

3. 東京学芸大学から東京学芸大学法人へ

しかしながら、2003年「国立大学法人法」が成立し、翌2004年度に学大をはじめすべての国立大学が法人化すると、それまでの学大らしい固有の文化や制度が急速に薄れ、全く異なる大学組織の性格に変わっていった[7]。

2004年度からの14年間における国立大学に関する動向の1つの顕著な傾向は、自立的な運営等を実現すべき国立大学法人になったにもかかわらず、「大学の教育研究に対する国民の要請にこたえるとともに、我が国の高等教育及び学術研究の水準の向上と均衡ある発展を図る」（国立大学法人法第1条・目的）のではなく、これまで以上に、国立大学に対して、行政官僚制、特に国立大学の事柄であるので、それらを所管する文部科学省（以下、文科省）による行政官僚制の性格が非常に、また、荒々しく強まっていった、といえる。

確かに、学大でも、例えば、学長の他に、理事4名、監事2名、学外委員6名で構成する最重要な組織である経営協議会など、形式は整った。しかし、その内容は、経営協議会や教育研究評議会等の決定よりも、政府の装置としての文科省による行政官僚制の影響力が強く、一国立大学の議決、特に当大学にとって重要性がある議決ほど、文科省との協議において、文科省によって大学の議決の再検討や事実上無視されることが少なくはない。

そして各大学は、毎年度1％削減等を含む高等教育財政により予算とその配分を文科省の管理の上に、「国立大学運営費交付金再配分」という制度も、文科省が握ってきた。それは縦軸に110％以上、100％以上～110％未満、90％以上～100％未満、90％未満の4段階、横軸に地域貢献、全国的な教育研究、世界で卓越した教育研究の3群のマトリックスを描き、まず各国立大学に、それぞれの特徴を打ち出しながら群を決めさす。3群は、地域貢献55大学、全国的な教育研究15大学、世界で卓越した教育研究16大学であった。そして、ある一期間の各大学による成果の競争を、実質、文科省が握っている。

つまり見方を変えれば、学問としては短期間の成果を挙げることを基本にし、国立大学は、

〈特集〉教育学部の30年　61

限られた運営資金をめぐる大学間競争の制度を通して、常に加速し続けさせられる。

単科の11校の教員養成大学では、学大だけが全国的な教育研究で、10大学は地域貢献の群であり、そして昨年度実施された評価結果は、大阪教育大学だけが100%以上〜110%未満であり、残り9大学、学大、北海道教育大学、宮城教育大学、愛知教育大学、京都教育大学、兵庫教育大学、奈良教育大学、鳴門教育大学、福岡教育大学が90%〜100%未満、さらに上越教育大学が90%未満という査定をされた。

学大は、常に、同じ評価であった。そのため、2018年度における大学教員の教育研究費は、十数万円である、と聞く。

4．教員免許更新制と免許状更新講習の実施

こうした国立大学法人化の中、2007年6月に「教育職員免許法及び教育公務員特例法の一部を改正する法律」が成立し、教員免許更新制と免許状更新講習が新設された。

その制度は「普通免許状に係る所要資格を得た日の翌日から起算して10年を経過する日の属する年度の末日を経過した者に対する普通免許状の授与は、その者が免許状更新講習の課程を修了した後文部科学省令で定める2年以上の期限内にある場合に限り、行うものとする。」（同法第1条2）とあった。要するに、その内容は、これらの要件を満たした者に限り、教員免許状の有効期間をもう10年延長するというものである。つまり、この制度の主たる側面は、「教育職員」という公的資格（qualification）に有効期限を設けた点にあった。教員以外の公的資格において、有効期限のある職業の資格があるだろうか。

しかし当時の議論は、「教育職員」という公的資格の有効期限の問題ではなく、教員免許更新制の趣旨をめぐり、教育改革国民会議・教育再生会議の「不適格教員を排除するための仕組みの1つ」に対して、中央教育審議会の「教員としての必要な知識と技能の保持」での論争として展開され、基本的には、後者の論理において

まとめられてしまった。

そこで学大は、「教員免許更新制は、教員を専門職として実質化させるという点からみるならば、制度化の方向性としては評価できない問題点を少なからず含むものである。しかし……それが国家制度として実施することが決定された現段階においては、教員免許更新制の実態が、『教員としての必要な知識と技能の保持』の方向になるよう、免許状更新講習の充実を図っていくことが、大学としての対応のあり方である。」[8]と決定した。

そして2008年8月〜9月に予備講習を試行、それを踏まえて次の「平成21年度免許状更新講習に関する基本方針」[9]を2009年5月に決め、免許状更新講習を実施してきた。

「(1)免許状更新講習は、教員養成の基幹大学としての本学の役割に鑑み、学部教育および大学院教育と並ぶ第3の教育事業として位置づけ、大学全体として取り組む。

(2)受講者は中堅および経験豊富なベテラン現職教員等であるので、免許状更新講習の内容編成や実施にあたっては、原則として大学院教育レベルとし、かつ、受講者の問題関心や学校現場がかかえる諸問題の解決等に資するものになるように努める。

(3)……平成21年度の実施規模に関しては、本学が対応できる受講者数の最大値を想定して準備にあたる。具体的には、免許状更新講習の必修部分『教育の最新事情（12時間分）』については、クラス規模の上限を100名として5,000人の受講者、選択部分『教育内容の充実等（18時間分）』については、クラス規模の上限を50名として3,000人の受講者を想定する[10]。

＊東京都の毎年の講習受講対象者は、10,000人と予想される。

(4)大学院教育学研究科に所属する専任の教員は、負担の公平さを確保する等の観点から、原則として、一人6時間（＝4コマ）以上の講習を担当する。

(5)免許状更新講習の担当者には、担当する講習の所要時間数や受講者数に応じた適切な手当て

等（＝特殊勤務手当てとして時給8,800円＋α）を支給する。」の内容である。

これらの講習には、学大の大学教員の約300名が講師となり、実態的にも上記(3)で予想した受講者数を十二分に確保していった。また対面方式では参加が不都合な受講資格者のために、双方向での情報交換が可能なe-ラーニングを活用した講習を、学大・金沢大学・愛知教育大学、一私学の4大学によって5,000人規模の受講者数で実施してきた。

このように、教員免許更新制は、学大にとって、大学の新しい社会貢献の1つであり、その成果は、大きく、かつ、重要であった、と考えられる。

ただし、近年、学大の財政逼迫により、大学教員数を20％程度削減することが現実のものになり、上のような「基本方針」の内容で実施することが困難になっている。

5．教職大学院およびそれと大学院修士課程との関係と変化

(1)教職大学院の設置

国立大学法人化の中のもう1つの動き、すなわち教職大学院の設置に関する課題である。

2006年7月中央教育審議会（以下、中教審）が「今後の教員養成・免許制度の在り方について」を答申し、2007年12月に専門職大学院設置基準が改正されて、教職大学院設置基準が成立した。さらに、その後3年半の2011年8月中教審によって、「教職生活の全体を通じた教員の資質能力の総合的な向上方策について」を発表し、「教職大学院における取組は……高度専門職としての教員の育成システムを確立する上でのモデルを提供していることは疑いのないところ」であり、「当初の目標として掲げられた『教職課程改善のモデル』としての役割を果たしつつある。」と自讃した。

一方、学大における教職大学院は、制度発足の2008年4月に設置されたが、その出発は、満を持し、十分な準備を整えた上でのものであったとは言い難かった。中でも、教職大学院の施設については、調査が入るたびに、常に問題を指摘される対象だった。

しかし、それでも数年経つと、教職大学院を担当する実務家教員10名を含む18名の大学教員集団および入学定員の30名を常時越えた大学院学生集団とが、「大学院での新しい教員養成・研修システムを創る」という目標を目指し、教育研究に邁進した。そして、附属小金井の幼稚園・小学校・中学校に囲まれた土地を購入し、2012年度から順次複数年かけて教職大学院棟ができあがった。また、学生定員も、30名から40名へと増加された。

教育研究の内容と形態も、①協同性を基調にして教育活動を創成する力量を育むべき課題研究を軸に体系化された教育課程、②創成研修と名付けた1年半にわたる教育実習およびその場である連携協力校での大学教員・学生・現場教員による継続的な協議会、③ルーブリックを含む評価システム、④現職教員とストレートマスターとのメンター＝メンティー制度等、学びを支える協働システム、⑤これら総体による理論と実践の往還を図る教育研究活動、⑥大学院学生たちによる大学院における授業評価と教育課程評価およびそれらに対する大学教員による応答と改善等による教育課程経営[11]を新たに創り出してきた。

また、これらの背景の1つには、18名の教職大学院教員の多くは、学大における施設・センターに所属していた中堅以上の大学教員の配置換え、および実務家教員であり、相対的に、学部・大学院修士課程・大学院博士課程に関わる大学教育への教育ノルマが、それほど大きくはなかった、といえる。そして、その分、教職大学院教員は、新たな大学院の教育に集中していった。

(2)大学院修士課程と教職大学院専門職学位課程との関係

大学院修士課程は、既述したが、1966年度に「学校教育専攻（8名）」、「数学教育専攻（8名）」、「理科教育専攻（18名）」、「英語教育専攻

〈特集〉教育学部の30年　63

（6名）」の4専攻で発足し、その後、専攻が増設されて、1970年代半ばに12専攻の体制が整った。（　）内は入学定員。

　それから、1992年度には、1988年度に新設された教養系の学生の卒業時を迎えて、それらの課程に対応する15講座を、既設12専攻に組み入れた。

　さらに1997年度、専ら夜間に教育を行う「総合教育開発専攻」（多言語多文化教育、環境教育、教育カウンセリング、情報教育の4コース）の新設、および従来の12専攻に昼夜開講制を開いた。

　2018年度の現在、「教育学研究科」の中に「修士課程（279）」と「専門職学位課程（40）」の2課程が置かれた。

　「修士課程」の中には、学校教育専攻（12）、学校心理専攻（26）、特別支援教育専攻（16）、国語教育専攻（25）、英語教育専攻（10）、社会科教育専攻（32）、数学教育専攻（10）、理科教育専攻（32）、家政教育専攻（10）、技術教育専攻（6）、音楽教育専攻（18）、美術教育専攻（18）、保健体育専攻（18）、養護教育専攻（6）、総合教育開発専攻（40）が置かれていた。

　他方、「専門職学位課程」には、1つの専攻である教職実践創成専攻（40）、すなわち、学大の教職大学院が置かれていた。

　そして、「修士課程」と「専門職学位課程」（教職大学院）の関係は、量的には、学生定員でいえば、約7対1であり、圧倒的に「修士課程」の学生たちが多く、また、歴史の長さでいっても、「修士課程」は約50年に対して、「専門職学位課程」は10年である。「修士課程」の方が、夜間課程や昼夜開講等々、様々な経験を積んできている。

　さらに両課程の質的関係は、良い意味で無関係である、という点にあった。それぞれの良い条件や資源等を生かして、それぞれの発展の展望を描ければよいと考えていた。

おわりに

　筆者が、学大を退職して2年経った2018年春、学大が大学院修士課程と教職大学院に関する大きな改変をすることを聞いた。すべての教科教育の全専攻を修士課程から教職大学院に移す等、率直に言って、理解できない点が多くあった。3点だけ列挙する。

　第1に、例えば学大の大学教員数が、1990年代から2003年度までは約380名であったが、法人化の中、2004年度から一貫して減り続け、2018年度は約15％減って326名になった[12]等、学大が縮んでいる中、この改変は危険であり、慎重でなければならない。

　第2に、教科教育全専攻を教職大学院に移した場合、修士課程の30単位が学大教職大学院の46単位になるが、修士を指導する教員はすでに学部教育をかなり重く担当しており、第1の問題と絡んで、こうした大学教員の負担が限度を越えることが考えられる。

　第3に、大学院博士課程の目的は「広域科学としての教科教育学」を中心にしているが、教科教育全専攻を教職大学院に移すのは、明らかに不合理である。ただし同時に、ここまで文科省の行政官僚制が強まったことを示している。そこで近年成果を挙げている学部・大学院を通して行う「新教員養成コース」等を工夫して、博士課程を展望できるルートを多様に確保することが必要であると考えられる。

注

(1)技術教育や工業教育に関する研究は田中喜美研究代表者（課題番号18203037）『技術・工業教育の教員養成プログラムの評価システムと学生の能力実態に関する国際比較』平成18年度～平成21年度科学研究費補助金（基盤研究A）研究成果報告書、2010年。

(2)田中喜美「教員養成に携わる大学教員の養成―国立教育系大学院博士課程設置の意義と課題」『日本教師教育学会年報』第9号、2000年、49-54ページ。

(3)原聡介「第二章　大学院・専攻科のあゆみ」『東京学芸大学五十年史　通史編』東京学芸大学創立五十周年記念事業後援会、1999年3月31日、

242-243ページ。

⑷田中喜美「教育学系連合大学院における博士課程」『日本の科学者』Vol. 38、No.5、2003年5月、249ページ。

⑸東京学芸大学大学院連合学校教育学研究科『創立20周年記念誌―連合大学院20年の歩み』東京学芸大学大学院連合学校教育学研究科、2016年11月、98-99ページ。

⑹岡本洋三『開放制教員養成制度論』大空社、1997年。

⑺B. バーンステイン著、久冨善之他訳『〈教育〉の社会学理論』法政大学出版局、新装版2011年、天野郁夫『国立大学・法人化の行方』東信堂、2008年等に学んだ。

⑻田中喜美「教員免許更新制と免許状更新講習にいかに対応すべきか―東京学芸大学での取り組み―」2008年度夏季研究協議会教務運営協議会資料、2008年8月2日。

⑼免許状更新講習委員会「平成21年度免許状更新講習に関する基本方針」2008年5月、各学系教授会資料。

⑽免許状更新講習の実施経験を積み重ねてきたとき、免許状更新講習の選択部分は18時間ではあるが、実際は、一人が6時間＝4コマの内容をそれぞれ異なる3種類の内容を受講して18時間になり、一人の受講者が、それぞれ異なる内容を異なる大学で受講するケースも多くあるので、表現は「選択部分……については、クラス規模を20～50名として9,000人の受講者を想定することを原則とする」とした。

⑾田中喜美「巻頭言『東京学芸大学教職大学院年報』創刊号の発刊に寄せて」『東京学芸大学教職大学院年報』第1集、2012年、1ページ。

⑿1986年度～2018年度の各『東京学芸大学　職員名簿』のデータ。

〈特集〉教育学部の30年

弘前大学の場合

福島　裕敏（弘前大学）

1. はじめに

　最近、新制大学発足七十周年史の編纂作業に関わるなかで、あらためて『弘前大学　五十年史』を読む機会を得た。そのなかで「教育学部の現状と将来」について、次のように述べられていた。

　…（略）…大学もまた「改革」の嵐の真っ只中にある。とくに「少子化」による児童・生徒の急減が重なった教育学部の場合、一段と厳しいものがある。私たちがこれまで経験してきた改革は、いずれも規模拡大・拡張の方向のものであった。しかし今は違う。「拡大から縮小へ」の方向である。それは、未だかつて経験したことのない事態である。さらに、独立行政法人化、公務員の大幅な定員削減、自己評価等々、大学の改革・改造につながる諸問題が目白押しである。いつ果てるともしれない「改革」は、今、始まったばかりなのである[1]。

　この20年余り、弘前大学教育学部では、まさに「拡大から縮小」への転換が迫られ、「いつ果てるともしれない『改革』」への対応を迫られ「続けてきた」。そこで、本稿は、まず「縮小」の様相について概観し、その上で過去3回にわたる改革の概要について論じ、今後の課題と展望について考察することとする。

2. 弘前大学教育学部の変遷

(1)課程等の変遷と学生数の変化

　弘前大学教育学部は、青森師範学校と青森青年師範学校を母体とし、1949年に創立した地方総合大学である弘前大学の一学部として設置された。同時期に、旧制弘前高等学校と、青森医学専門学校・弘前医科大学とが、それぞれ文理学部と医学部として併合されている。現在では、文理学部を母体とする人文社会科学部、理工学部、農学生命科学部と、医療短期大学部を前身とする医学部保健学科を含む5学部から構成されている。

　表1は1960年以降の学部定員等の変遷を示したものである。教育学部発足当初は四年制の学部と二年制課程の分校（1960年廃止）を有していたが、その後1965年に養護学校教員養成課程、1968年に特別教科（看護）教員養成課程(2000年医学部保健学科に統合)、1966年に国立養護教諭養成所（1980年廃止）、1973年幼稚園教員養成課程（2000年廃止）、1978年に養護教諭養成課程が、相次いで創設されている。小学校教員養成課程、中学校教員養成課程の定員は、1965年から1997年まで、それぞれ170名、90名と変化はなく、上述した諸課程が新設されるごとに定員増となり、1978年から1997年まで定員370名体制を維持してきた。

　しかしながら、2000年にその定員は240名にまで減少し、特に小学校教員養成課程・中学校教員養成課程の定員は半減され、それぞれ学校教育教員養成課程の一専攻となった。なお、中学校専攻では推薦入試を除いては一括入試となったため、従来の「専修」に代えて学校教育・発達心理と各教科の「選修」が置かれた。代わって、生涯教育課程が新設され、健康生活、芸

表1　課程・専攻、入学定員の変遷

1960～		1965～ ※		2000～			2011～			2017～			
総定員	265	総定員	370	総定員		240	総定員		240	総定員			170
課程	定員	課程	定員	課程	専攻	定員	課程	専攻	定員	課程	専攻	コース	定員
小学校	155	小学校教員養成	170	学校教育教員養成	小学校教育	85	学校教育教員養成	学校教育	35	学校教育教員養成	初等中等教育	小学校	85
中学校	110	中学校教員養成	90		中学校教育	45		教科教育	95			中学校	55
		養護学校教員養成	20		障害児教育	15		特別支援教育	15		特別支援教育		10
		養護教諭養成(78～)	40		養護教諭養成	25		養護教諭養成	25	養護教諭養成			20
		幼稚園教員養成(73～)	30	生涯教育	健康生活	15	生涯教育	健康生活	15				
		特別教科(看護)教員養成(68～)	20		芸術文化	20		芸術文化	20	※1998・1999年を除く			
					地域生活	35		地域生活	35				

術文化、地域生活の3専攻がおかれることとなった。

　2016年には生涯教育課程は募集停止となり、その定員は人文学部の減員80名とあいまって、理工学部・農学生命学部の定員増に充てられた。また、養護教員養成課程と特別支援教育専攻の定員がそれぞれ5名減となり、残る定員は初等中等教育専攻の小学校コースと中学校コースとに振り分けられた。小学校コースの定員は2011年の小学校教育専攻と同数だが、中学校コースについては同時期の中学校教育専攻に比べて10名増となっている。それは、教科の大括り化を避け、入試を全教科の免許に対応する専修ごとに実施するためであった。

　大学院については、1994年に大学院教育学研究科（修士課程：以下、修士課程）が新設され、それに伴い1966年に設置された教育専攻科が廃止された。2001年までに教科教育専攻にすべての教科の専修が、また2006年には臨床心理学分野がつくられた。2013年には、定員が42名から32名に減少し、2016年に臨床心理学分野の募集が停止された。2017年に同研究科に教職実践専攻（専門職学位課程：以下、教職大学院）が設置されたことにより、修士課程の定員は16名に半減し、2020年には募集停止になる方向で進んでいる。教職大学院には、青森県教育委員会から派遣された現職教員を対象とするミドルリーダー養成コースと、学部卒院生を対象とする教育実践開発コースとがつくられ、各定員8名、計16名となっている。なお、2020年には特別支

援と教科教育に関するコース等の設置が予定されている[2]。

　この他、附属施設として、1988年に教育実践研究指導センターが設置され、2000年に教育実践研究部門と教育臨床研究部門からなる教育実践総合センターに改組された。ただし、2013年には5名いた専任教員のうち、助手1名は教員養成学研究開発センター専任教員に、残る4名は関連する分野の講座に配置換えとなっている。また2005年から5年間、文部科学省の特別教育研究経費により教員養成学研究開発センターに専任教員2名が配置された。しかし、2010年以降は、上述の助手1名以外は、兼任教員・協力教員によって運営されている。また2016年10月には大学全体の学内共同教育研究施設等の一つであった教員免許状更新講習室が教育学部に移管されている。

(2)教員数の推移と教員人事をめぐる改革

　1989年以降の教員数の推移は図1のとおりである[3]。教育学部の教員定員が90名を超えたのは1980年以降であるが、修士課程が設置された1994年とその翌年を除くと、総じて90名台前半で推移している。教養部が廃止された翌年の1998年には108名となるが、国立大学法人発足時の2004年には定員と同数の98名に減少している。

　教員数は2006年から5年間ほど90名を下回る形で推移していく。それは、2006年の「簡素で効率的な政府を実現するための行政改革の推進

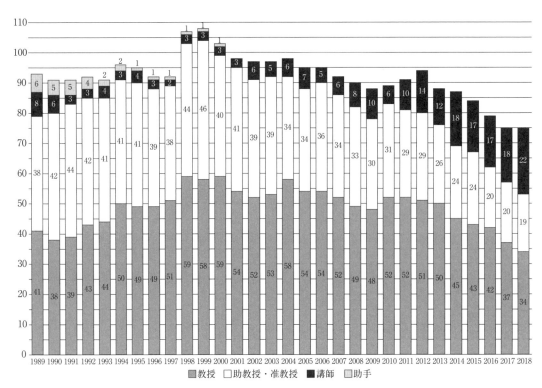

図1　教員数の推移（1989〜2018年度）

に関する法律」にもとづき「国立大学法人弘前大学総人件費削減に関する基本方針」が出され、2005年の人件費を基準として2011年までに8％（含む、全学調整分2％）の削減が求められたことによる。各学部は、定められた人件費総額の範囲内で教授・准教授・講師等の定員を定め、大学本部の承認を得て教員の補充などをおこなうこととなり[4]、この時期には、退職者の補充の先送り、あるいはかれらの特任教授としての採用などによる対応がなされていた[5]。

教員数は2012年には94名にまで回復するが、それは2010年に学部ごとに定められた定員にもとづく管理に変更されたことによる。同年には教育学部の定員は教授59名、准教授26名、講師10名の計95名（除く外国人講師、教務職員）と定められ、その範囲内で採用・昇任などの人事が可能となった。2013年3月の通知でも、これと同数の定員が示されたが、あらたに学部長は補充計画書を作成し、学長の承認を受けて人事をおこなうこととなった。

しかしながら、2013年以降、教員数は再び減少へと転じ、2016年には80名を下回り、2018年現在75名となっている。その背景の一つとして、2013年6月に「今後の国立大学の機能強化に向けての考え方」が出され、学部再編、教育研究院の設置、教員人事の一元化などに向けた改革が急速に進められる中で、人事が事実上の「凍結」となったことが挙げられる。また、2015年10月に後述する「教育研究院」が発足し、以後、人事については、そのもとに作られた学系、最終的には学長を長とする全学人事委員会のもとで管理されることになり、そこで定められた学部ごとの各年の人件費ポイントにもとづきおこなわれるようになった。同時に学部再編、教育研究院の設置、教員人事の一元化などに向けた改革に伴う一応の終着点を2019年4月とし、この間の採用・昇進などの人事は「ミッションの再定義」に関わる教職大学院の設置や小学校教員養成の強化などに関わるもののみとなった。その結果、2019年度の教育学部の教員数は

72名（教授29名、准教授25名、講師18名（助手1名を除く））[6]と定められたが、法人化時に比べると教員数は4分の3にまで減少し、講師の割合は4分の1にまで上昇している。

3．学部改革の変遷

弘前大学教育学部では、上述した「拡大から縮小へ」と向かう学部体制の変化の中で、以下の三度にわたる学部改革をおこなってきた。

⑴教員養成カリキュラムの抜本的改革と教員養成学研究開発センターの設立[7]

第1の改革は、2001年11月に『今後の国立の教員養成系大学・学部の在り方について』（以下、『在り方懇報告書』と略す）への対応を契機とするものであった。『在り方懇報告書』を契機に、北東北（青森・秋田・岩手）3県の教育学部の再編・統合問題について話し合う『北東北3大学教員養成系学部長懇談会』が開催された。その中で学部基本構想委員会は『教員養成系学部の再編統合に関する構想試案』（以下、『構想試案』と略す）を練り上げていった。2002年5月には「教員養成担当大学の学部となり、北東北3県の教員養成と教育の諸問題に対し、責任を全うすることをめざす」ことが示され、同年7月には弘前大学教育学部が教員養成に責任をもつため、新たな学問領域である「教員養成学」を推進する組織として「教員養成学研究開発センター」を設置することが、そこに明記された。同年9月には『構想試案』の別紙資料「カリキュラム作成の基本方針と開設科目のねらい」[8]が出され、その方向性は同年11月の学部教授会において承認されている。

結果として、上記の再編・統合はなされなかったものの、以後『構想試案』にもとづき、学部改革が進められ、2003年10月には「教員養成学」構想にもとづき「教員養成学研究開発センター」が学部内措置として設置され、2005年4月からは5年を時限とする文部科学省特別教育研究経費による2名の専任教員を擁する学部附属施設となった。以後、同センターを中心とし

ながら、2004年度入学者を対象とした新カリキュラムが実施され、その基本的な枠組みは現在まで継承されている。

このカリキュラムは「≪児童生徒に働きかけ、その反応を読み取り、働きかけ返す力≫をもち、かつ臨床との往還の中で自らの知識・スキルを検証―開発していく≪自律的発展力≫を持つ教育プロフェッショナルとして卒業生を送り出す」という理念にもとづき、教員養成カリキュラムの抜本的な改革を目指すものであった。様々な試行錯誤のもとに、最終的には以下の三つを特色とするカリキュラムとなった[9]。

①教員養成カリキュラムの体系化

学生たちが「自己形成科目群」で身につけた知識技能を「学校臨床科目群（教育実習関連科目）」で試し、そこでの到達点と課題をふまえて、「教員発展科目群」において学び直すことができるカリキュラムデザイン。

②教育実習関連科目の体系化・充実化

1年次の授業観察、2年次の学校生活全般への参加実習、3年次の附属学校における2週間の集中実習とその前後にそれぞれ児童生徒観察と授業実施とを目的に実施されるTuesday実習、4年次の公立校における年間20日以上おこなわれる学校サポーター実習と2週間集中の研究教育実習、これらを通じて段階的に学校現場を経験する実習体系。

③教職実践演習科目群の開発

教員発展科目として、必修の教職実践演習のみならず、その前後に置かれた教職実践基礎演習と教職実践発展演習を通じた、3年次教育実習事後指導終了後から卒業までの教職実践についての継続的学習。

このカリキュラム改革では、「学校臨床」という言葉にみられるように教員に求められる専門性を、児童生徒との相互行為を通じたかれらの発達支援に求め、そうした臨床経験の機会である教育実習を1年次から系統的に配置し、また3・4年次では長期・継続的な実習にすると同時に、これらの教育実習（特に3年次の教育実習）で大学での学修において培われた力量を試

〈特集〉教育学部の30年　**69**

し、その後の大学での学修を通じて自らの力量を発展させていくことをねらいとするものであった。ただし、大学では理論／学校現場では実践という従来の二分法は根強く、教育実習の増加・長期化による大学における学修の阻害や学校現場への順応を求める「実践的指導力」への傾斜という批判が少なからずあった。実際、上記②③については、教員養成学研究開発センターを中心として「教育学」「教科教育」担当教員の協力をもとに進められたこともあり、学校における教育実践との距離感が大きい「教科専門」の教員にとっては関わりづらいカリキュラムとなっていた[10]。また「教育学」「教科教育」は「学校教員養成課程」、「教科専門」は「生涯教育課程」といった暗黙の分業体制が敷かれていたことも、「教科専門」担当の「離反」を招きやすい要因となっていた。ただし、『在り方懇報告書』とそれに伴う北東北3大学の再編・統合問題の経験もあり、これら改革に対する表だった批判は少なく、その後、改革プランは教員養成学研究開発センターを中心にしながら、試行錯誤を重ねながら、その内容と体制とを整備しつつ具体化されていった。

⑵組織体制の整備

　第2の改革は、学部組織の改編を中心とするものであると同時に、先の改革における教育実習関連科目の体系化・充実化を通じた「実践力」の強化に加えて、「専門力」の強化を目指すものであった。

　2000年度入学者から中学校教育専攻では、その大幅な定員減のため、教科ごとに入学者選抜をおこなうことが困難となった。実際、2012年度以降は、各選修が推薦入試において2名ずつの入学者を選抜すること以外は、前期・後期ともに中学校教育専攻として一括して選抜し、入学後に各選修に所属する形がとられた。このことは、学年による各選修の人数の不均衡（特に国語・社会・英語への傾斜）や、入学時から卒業時までの体系的指導の困難をもたらした。この体系的指導の困難は、小学校教育専攻について

もあてはまり、2年次はじめまでに卒業研究の指導教員（あるいは講座・教室所属）が決まるが、あくまでも所属する研究室が決まるのみで、関連分野の単位履修はあくまでも教員による履修指導、あるいは学生の自主性に委ねられていた。

　こうした問題を解消するため、学校教育教員養成課程においては、2011年度入学者から小学校教育専攻と中学校専攻に代えて、学校教育専攻と教科教育専攻との区分となり、講座・教室毎に専修を設け、専修毎に入試をおこなうこととなった。その結果、入学時には所属する講座・教室が決定していることとなり、教員組織と学生組織との一致が図られたほか、専修毎に基礎科目（必修）と発展科目（選択）とが開設され、従来に比べてより体系的な指導をおこなうことが可能となった。

　それ以外にも、学部組織の再編が進められ、2011年には、附属教育実践総合センターが改組となり、あらたに整備された教育実習部門、教育実践演習部門、教育支援研究部門のいずれかの部門に、教育学部の全教員が兼任・兼担・協力教員の形で関わることとなった。また2012年には、同センター内に教育実習をはじめとする大学の修学に不安を有する学生などに対する支援をおこなう「学修支援部門」が設置されている。この他、2011年には教職支援室が設置され、小・中学校校長経験者から教員採用試験をはじめとする教職キャリア形成に関する指導助言を得られる体制が整備された。

　これら一連の改革は、学生組織と教員組織との一致を通じた4年間の学部教育に責任をもつ体制の整備への動きといえ、附属教育実践総合センターの改組もその一貫として位置づくものといえる。この既存の学問区分を基軸とする学生＝教員組織の再編は、学生・教員双方に満足感を一定程度与えるものであった。それゆえ、学部全教員の附属教育実践センターへの関与も大きな抵抗なく実施することができたし、また教職支援室の設置も、そうした学問を基軸とした組織再編を補完とするものとして容認された

部分も少なくないように思われる。一方で、こうした再編は、学生の教科を中心とした教職アイデンティティ形成を助長することとなり、教科指導に尽きない広範な役割を担う実際の教職への離反、とりわけ全教科を担当する小学校コースへの離反を招くことにもなった。実際、5割を超える学生が中学校コースに所属することとなり、特に教科教育専攻ではその割合は7割以上にのぼった。また教員採用率についても、2011年度入学者の64.8%（進学者・保育士除く）に対して2013年度入学者では59.4%と5ポイント減少している。残念ながら、次項で述べるような理由から、この改革の検証が十分になされることなく、さらなる改革へと向かうことになったが、小中の区別を超えて各講座・教室が学生の教育に対して責任をもつ体制が構築されたという点では一定の意義を有するものであったと考える。

(3)教員養成の機能強化と地域協働型教員養成

第3の改革は、文部科学省の国立大学改革を契機とするものである。2013年6月に「今後の国立大学の機能強化に向けての考え方」が、同年11月には「国立改革プラン」がそれぞれ出され、ミッションの再定義、学部・大学院の定員の見直し、教育研究組織の再編、人事・給与システムの改革、ガバナンス改革などといった大学全体の改革が急速に進められていった。ミッションの再定義を通じて、「弘前大学の教員養成分野は、青森県教育委員会等との連携により、地域密接型を目指す大学として、義務教育諸学校に関する地域の教員養成機能の中心的役割を担うとともに、青森県における教育研究や社会貢献活動等を通じて我が国の教育の発展・向上に寄与することを基本的な目標とし、実践型教員養成機能への質的転換を図るものとする」とされ、それに伴い、以下の改革がなされた。

①教員養成への特化と教職大学院の設置

2016年度入学者から生涯教育課程が廃止となり、学校教員養成課程と養護教諭養成課程の二課程のみとなった。また教職大学院が2017年に開設され、修士課程は2020年から募集停止とされた。このような教員養成への特化は、「ミッションの再定義」を機とする改革の「既定」路線とされ、教授会でも大きな議論を呼ぶことはなかった。

教職大学院の設置は、この時期の改革の目玉といえ、これを契機として、青森県教育委員会をはじめとする教育委員会との連携強化が図られた。2014年には青森県教育委員会と大学との間に教職大学院設置協議会が設置され、2015年2月には「国立大学法人弘前大学と青森県教育委員会との連携に関する協定書」が締結されている[11]。また、教職大学院の実務家教員2名は県教育委員会との交流人事となっているほか、年2回の教職大学院教育研究協議会は、県教育委員会、県総合学校教育センター、および近隣6市町村の教育委員会の協力のもとに開催されている。この他、教職員支援機構の支援を受け、青森県教育庁・青森県総合学校教育センターとともに、ミドルリーダー養成に関するプログラム開発を2017年からおこなっている。

またカリキュラムについても、青森県教育委員会から寄せられた「各学校内の『中堅教員』を対象に、健康教育・環境教育・インクルーシブ教育、及び、児童生徒の主体的な学びを支える授業・学級・学校づくりといった重点課題に対して、理論・実践両面における専門的知見を教育実践に移行できる教育実践力をもち、学修の成果を広く教育現場に還元し、学校内外での研修の中心を担うリーダーの育成を修士レベルで行うこと」[12]という要望が意識されている。うち「あおもりの教育I（環境）」「あおもりの教育II（健康）」が両コース院生対象の必修科目とされ、医学部医学科、人文社会科学学部、理工学研究科、農学生命科学部、学内共同施設である北日本新エネルギー研究所、白神自然環境研究所の協力により実施されている。

②小学校教員養成の機能の強化と中学校全教科の教員免許への対応

2016年度入学者から学校教員養成課程では、

これまでの「学校教育専攻」と「教科教育専攻」とが再編統合され「初等中等教育専攻」がつくられ、そのもとに「小学校コース」と「中学校コース」とが設けられた。小学校コースの定員は2000年度入学者と同じ85名とされ、「ミッションの再定義」において示された「小学校教員養成の強化」と第3期中期目標期間中に青森県における小学校教員採用試験合格者占有率50%の確保が目指された。また小学校教員志望の強い学生確保のため、2018年度入試から同コースではAO入試（センター試験を課す）が導入されている。さらに、2015年から学部内に各講座・教室の代表からなる小学校コース運営室がつくられ、1年次の基礎ゼミやクラスアワーなどの学生指導や入試などを学部全体で対応していく体制が整備された。

一方、中学校コースについては、すべての教科に関する専修を設け、専修ごとに入試を実施する体制がとられている。また、小学校コースと中学校コースの各専修のもとに、以前の「専修」に対応する「サブコース」が設置され、学生は2年次から各サブコースに所属し、それぞれの必修科目と発展科目を履修するとともに、指導教員のもとで卒業研究に取り組むことになっており、これまでの学生組織と教員組織との一致のもとに組織的・体系的な指導をおこなう体制が保持されている。

③地域協働型教員養成

ミッションの再定義においては、「地域貢献型」の一学部として「地域連携機能の強化」を図ることも目指された。学部段階では、地域との連携にもとづく実習や地域課題を視野に入れたカリキュラムが導入された。2013年度から実施されてきた近隣地域における学習ボランティアや公民館活動支援等をおこなう「地域コラボレーション演習」が、2016年度入学者から1年次の必修（2年次以上は選択）科目とされ、青森県の教育課題に対応した「環境教育概論」「健康教育概論」「インクルーシブ教育概論」も必修化された（ただし、後二者は科目名の変更）。教職大学院では、上述したことに加えて、県内の

学校・教育委員会による教員研修に教職大学院教員とともに関与する実習がおこなわれている。この他、2014年から近隣6市町村の教育長と大学関係者からなる中南地区連携推進協議会が発足し、医学部との協働により「健康教育」「インクルーシブ教育」に関する研修会などがおこなわれている。

④教育研究院の設置と教員養成部門の設置

2015年10月から部局の壁を越え、全学一体として機能できる体制を構築するため、教員組織を教育研究組織から分離した「教育研究院」が設置された。その目的として「学問継承への対応」「教育の閉鎖性や硬直性の是正」「教員人事の一元化」が挙げられているが、財政難による教員数削減が強く意識されている[13]。それにより、各学部の教員は、学問分野にもとづく学系・領域のいずれかに所属することとなったが、教育学部教員のほとんどは人文社会科学部長を長とする「人文社会・教育学系」「教育・芸術領域」に属している[14]。また、教員人事の諸手続は、学系会議を経て、最終的に学長を長とする全学人事委員会の承認を得ることとなった。

一方、この「教育研究院」のもとには、学系・領域とは別に、教育学部長を長とする「教員養成部門」が設けられ、他学部との連携・協力をもとに教育学部における教員養成の機能強化と他学部の教員養成の充実を図る体制が整備された。教員養成に関わる全学部の教員はこの部門に所属することとなり、そのもとに教職課程認定を受けている各学部（医学部は保健学研究科）の代表1名からなる教員養成部門会議が置かれた。この他、2010年に教育学部を除く学部の教員養成に関する実務に係わる事項を検討する全学教員養成担当実施委員会が組織されており、教育学部から4名（教育実践総合センター長、同センター教育実習部門長、同教職実践部門長、学務委員長）が関わっている。

これら一連の改革を通じて、新たに地域との連携を視野に収めながら、教員養成という「機能」を果たしていくこととなった。教職大学院

の設置は、これらの改革の方向を象徴するものともいえる。その際、ミッションの再定義において強く求められた小学校教員養成に責任をもつ組織体制があらたに整備され、中学校教員養成についても全教科への対応を可能とする体制が維持され、さらにサブコース制の導入により組織的・体系的な学生指導体制も維持された。また「教員養成部門」の設置により、他学部との連携・協力をもとに教育学部における教員養成の機能強化と他学部の教員養成の充実を図る体制も整備された。

しかしながら、これら一連の改革は以前に比べると消極的な対応となっている感は否めない。その理由として、すでに生涯教育課程の廃止や教職大学院の創設は改革の「既定」と示されていたこと、また「国立大学改革プラン」にもとづく大学全体の学部・研究科の再編や組織改革と連動しており、学生数や教員数の確保などにかなりの労力を費やさざるを得なかったことが挙げられる。

一方、こうした体制が可能となったのは、大学が掲げる「人材育成の視点」の第1の項目として、「しっかりとした教員養成」が位置づけられ、大学側からの一定の理解と協力が得られたことが挙げられる。実際、教職大学院の設置に先だって専任教員の採用が認められ、最終的には学部の定員とは別にあらたに専任教員14名（うち3名の研究者教員は学部から再配置）の採用が認められたこと、また教職大学院の創設を契機として、青森県教育委員会をはじめとする教育委員会などとの連携が強化されたこと、特に中学校コースに全教科に対応した専修を立てることが可能となったことは、青森県教育委員会からの要望書によるところが大きい。さらに、より重要なことがらとして、この間の改革において蓄積された「溜め」があったことを指摘しておきたい。実際、教員養成において「実践力」の強化が一貫して強調されるなかで、平静を保ってそれに対応することができたのは、2004年のカリキュラム改革とそれを支える体制基盤の強化が図られてきたことによる。また

「環境教育」「健康教育」などの地域の教育課題への対応については生涯教育課程の科目や学部独自科目が既にあったこと、地域連携強化への対応についても2003年の教育実践総合センターの地域連携部門の設立、2008年から始められた県内の公立学校等に講師派遣をおこなう教育力向上プロジェクトなどの蓄積があったことが挙げられる。

4．おわりに

この間、弘前大学教育学部は、そこに働く2つの異なる磁力の中で、「大学における教員養成」に対する責任を果たそうとしてきたと考える[15]。

一つは、「機能強化」に代表される「外的要請」への対応である。「在り方懇」以降、学校現場の実状に即した教員養成の在り方が強く求められ、近年では教職大学院を中心として地域のニーズを踏まえた現職教員の教育・研修の機能も求められてきており、大学における教員養成の「実践基盤性」[16]の強まり、「研究基盤性」の後退が懸念される。一方、大学全体においては「教育研究院」の創設にみられる、既存の学問領域にもとづく教員組織の再編が進められてきている。そのことは時に「ミニ総合大学」と称される教育学部にとっては、教員組織と教育研究組織との間でのアイデンティティの分裂、ひいては教員養成を軸とする学部への帰属意識の低下を招く可能性があり、ひいては教育学と芸術・体育以外は他学部の教員が担当することとしていた「文理学部運営要領」（1962年廃止）の復活を招きかねないものである。実際、現在多くの教育学部教員が所属している＜教育・芸術＞領域という名称はそれを暗示しているようにも思われる。

「実践力」「専門力」「地域連携型教員養成」といった改革のキーワードは、こうした学外の要請への対応を求める＜遠心力＞と学内の学問領域による再編という＜求心力＞という弘前大学教育学部に働く磁力への対応ともいえる。そうした状況下において、実際の教職が抱える困難

〈特集〉教育学部の30年　73

や課題に、研究基盤性をもとに学内外の研究者や附属学校園を含む学校・教育委員会と協働しながら取り組み、教員養成学部としての「責任」を果たしていくためには、あらためて教員養成を「機能」としてではなく「(研究)領域」として捉え[17]、「教員養成学」を統合の軸として教育学部の責任を果たしていくことが重要と考える。一方で、「在り方懇」当時の議論を知る人も少なくなり、そこで自覚された「責任」が共有されている訳でもなく、また拡大から縮小へと向かい、中期目標や教員業績評価にもとづく各組織・個人の「生き残り」が厳しく問われる状況にある。それゆえに、あらためて「教員養成学」を統合の軸として、実践的に追究していくことが今強く求められていると考える。

注

(1) 『弘前大学五十年史　通史編』1999年、285ページ。

(2) 修士課程の募集停止と特別支援・教科教育コースの設置は、教職大学院設置計画書に明記された。

(3) ただし、定数外とされる外国人講師・教務職員から助手に転換した者、教員養成学研究開発センター専任教員、特任(准)教授等、および教職大学院専任教員14(教授8、准教授6)名を除く。

(4) 附属学校園の教員についても同様の対応が求められ、附属教員の若年齢化がこの時期進んだ。

(5) この時期採用されていた4〜5名の特任(准)教授を含めると教員数は90台前半での推移となる。

(6) 72名の算出にあたっては、教科に関わる講座については、小・中教科教育法担当者各1名と教科専門担当者3名との5名体制が基本とされた。なお、この教員数をめぐる大学本部と交渉中の2014年11月に文部科学省「大学院に専攻ごとに置くものとする教員の数について定める件の一部を改正する告示」が出され、これまで教員数の根拠としてきた修士課程の教員数に関する規制が緩和された。

(7) 詳細は、遠藤孝夫・福島裕敏編『教員養成学の

誕生』(東信堂、2007年)を参照のこと。

(8) 詳細は『弘前大学六十年史　通史・資料編』(2009年、256-276ページ)を参照のこと。

(9) 詳細については、福島裕敏「弘前大学教育学部における教員養成改革の挑戦」(三石初雄・川手圭一編『高度実践型の教員養成へ』東京学芸大学出版会、2010年、63-76ページ)を参照のこと。

(10) ただし、3年次のTuesday実習、特に中学校におけるそれは、教科教育担当者と教科専門担当者とによって担われてきた。

(11) 2008年に弘前大学教育学部と青森県教育委員会との間にはすでに連携協定が締結されている。

(12) 青森県教育委員会「教職大学院の設置に関する要望書」2016年2月26日。

(13) 弘前大学「教育研究院について」2017年。www.hirosaki-u.ac.jp/wordpress2014/wp-content/uploads/2015/01/h29kyouikudaigakuin.pdf(2018年8月10日閲覧)

(14) 現在、「教育・文化」領域以外に所属している教員は10名にのぼる。

(15) 以下の拙稿もあわせて参照されたい。「国立大学教育学部における教員養成を取り巻く現状と課題」『東京学芸大学教員養成カリキュラム開発研究センターニュースレター』第18号、2016年。

(16) 久冨善之編『教師の専門性とアイデンティティ』勁草書房、2008年。

(17) 横須賀薫『教師養成教育の探究』評論社、1976年。

〈特集〉教育学部の30年

最近30年の高等教育政策の批判的検討

光本　滋（北海道大学）

はじめに

編集委員会から、最近30年間の高等教育の批判的検討をしてもらいたいとの依頼を受けた。おおむね、臨時教育審議会の審議が終結してから（最終答申1987年8月）今日までの期間ということになる。教師教育と直接に関わるのは初等中等教育政策であり、高等教育政策は並立する政策領域に過ぎないと考える向きもあるかもしれない。だが、大学における教員養成をはじめ、高等教育の動向は教師教育と深くかかわっている。さらに、高等教育政策の内容や手法は初等中等教育政策にも応用されている。高等教育の問題を検討することは、教師教育の今後を展望する上で意義を持つといえるだろう。

本誌の他の論考で詳しく検討されているように、この30年間は、教師教育にとって重大な意味を持つ改革が行われてきた時期でもある。改革は急速かつ大胆である。のみならず、教師教育が保持すべき理念やめざすべき方向を否定するものとなっているように思われる。こうした点については、すでに、本誌の既刊号で言及されている。例えば、水本徳明は、近年の教師教育の改革が大学教師の専門職性を否定する方向に展開してきたことを指摘し、その原因になっている文部科学省による大学法人の支配を転換する改革の方向を構想する必要があると説いている[1]。また、油布佐和子は、文部科学省の政策が、さらに上位に位置する首相官邸、財務省の議論に左右されている現状があるにもかかわらず、教員養成にかかわっている大学教員の間

に問題意識が希薄であることに警鐘を鳴らしている[2]。

筆者も勤務校での経験などから、水本・油布らの指摘に共感するものである。同時に、それらの問題は、教師教育以外の広範な分野においても共通しているものと考える。したがって、教師教育の問題を解決しようとするならば、大学における教員養成を他の分野並の自律性を持つものにするだけでは不十分である。大学の自律性の構造を問い直し、その問題を克服していかなければならない。そのためには、高等教育政策が大学の自律性を利用しながら展開してきた構造を理解すること、そして、ついには大学の自律性を圧倒するに至った近年の展開過程を把握することが必要である。

なお、高等教育は大学に限らない。日本の学校制度上は、大学（短期大学・大学院を含む）のほか、高等専門学校（専門課程）、専修学校（専門課程）も高等教育である。しかしながら、紙幅の都合と、教師教育との関連を意識して書いたものであることから、本稿では、大学のみを扱うことにする。

1. 高等教育政策の構造

高等教育政策について検討する際に考慮しなければならないことは、大学が持つ自律性である。一口に大学の自律性といってもさまざまな側面があることに留意しなければならない。

まずは大学の自治と呼ばれているものがある。大学自治の起源は、中世ヨーロッパに発祥した大学の団体自治であったというのが定説で

ある。この時代の大学は、同業者の組合（ギルド）ともいうべき存在で、学生・教師は勅許を得た大学に所属することにより、課税や移動の制限など世俗的な制約を逃れることができた。ただし、彼らには近代市民社会に認められるような人格的な独立はなく、団体の規範に従属していたといわれる。

このような大学の姿は、近代国家成立以降変化する。市民的自由を人権として保障する体制が成立したことにより、学問を行うことや自らの思想を表明することは、大学に属する者の特権ではなくなった。英国では、大学は実態としては社会の支配層と強く結びついており、依然として特権的な場であったものの、社会に奉仕すべきであるという考え方が広まった。一方、ドイツでは、大学は国家の庇護の下、高度な研究を行う機関としての性格を強め、特権的な自治を持つものとされるようになった。

各国・社会の状況に応じて状況はさまざまであるものの、大学が自律性を持たなければならない根拠は何かということが基本的な論点である。この点に関しては、今日まで努力と模索が続けられているが、大学の自律性は、学問の自由が基本的人権を守り発展させるという教育の基本的な使命を果たすために発揮されねばならないということは、国際的な合意となっている[3]。

さて、国際的な動向に照らすと、日本における大学の自律性の状況は独特のものである。それは、欧米を範としながら国家主導により近代化を行ってきた国の高等教育の運命的な事情によりつくられてきたものということができる。すなわち、日本における大学の自律性は、帝国大学が国家との抗争において獲得してきた教授会の教員人事権、および学長人事権を中核とし、戦後の法制によりその制度化がはかられた。創設期の私立大学の理念や戦後改革期における大学民主化運動の中で主張された大学自治論には、大学の自律性を市民的自由とつなげて理解しようとする面が認められるなど、歴史的には見るべきものは決して少なくない。とはい

え、全体としては、日本における大学の自律性は、先の教員人事権および学長の人事権を中心とするものであり、特に「重要事項」の審議権を持つ教授会の自治が突出していたことは否めない。

ともあれ、このような大学自治の存在は、高等教育政策を行う上でも無視できない事情となってきたこと、それゆえ、大学自治をいかに利用するか、あるいは、無力化するかが有力な政策当事者である政府や経済界の関心事となってきた。そして、それが具体的かつ本格的に展開したのが、この30年だったということができる。

ところで、ここで付言しておかなければならないことは、政府が政策を実施する場合、直接の実施者が政府である場合を除き、多かれ少なかれ、自律性を持つ個人や組織の協力を必要とするということである。このような意味で、高等教育政策だけが特殊な課題に直面していたわけではない。

さて、大学自治の存在は、高等教育政策にとってどのようなものだったのだろうか。全国的な大学の規模、分野別の配置などの計画立案に関しては、文部科学省（2001年以前は文部省。以下、いちいち断らない）が中心的な役割を担ってきた。しかしながら、組織のあり方を決めるのは大学であるため、立案した計画がその通りに実現するとは限らない。このことは、国が設置者である国立大学に関してもあてはまる。法律上、国は組織の規模等を決定する行政上の権限を持っている。だが、国立大学には、大学の研究・教育の自由を保障するために同時に、教員人事権に加えて、重要組織の設置改廃に関する審議権が認められていた。このことにより、国は行政組織を一方的に改廃することはできず、組織を通じての政策の実施は制約されていた。したがって、政府が新規の政策を実施しようとすれば、その手段はほぼ組織の新増設に限られていた。公立大学・私立大学に関しては、国はこれらを行政的に統制する権限を持たない。設置認可により規模・分野などを規制す

76　日本教師教育学会[年報第27号]

ることはできるものの、抑制的なものにとどまる。また、いったんつくられた大学を改組させる術はないに等しい。

このように、政府にとって全国的な高等教育政策を実施することは困難であった。1960年代の工学部の整備計画、1970年代の医科大学整備計画、新構想大学の設置などは代表的な高等教育政策であるが、いずれも国立大学の新増設によるものである。しかしながら、1980年代以降、国立大学の組織の新増設はほぼ不可能になった。このため、既存組織の改廃（スクラップアンドビルド）を本格的にすすめることが、1980年代の高等教育政策の課題として意識されるようになったのである。

ここで、日本における大学の自律性の問題点を指摘しておかなければならない。大学が組織の自律性を保ったことが、学問の発展に少なからず寄与したことは間違いない。安定した身分保障の下、研究・教育に打ち込めることは大学教員という職業の大きな魅力であり、しばしば、このようなあり方は高等学校までの教員にとっても理想だとされた。しかしながら、大学自治のあり方が、組織の閉鎖性や独善性につながったことも事実だろう。それは教授会が教員人事権を握っていたせいだといわれることが多いが、一面的な批判であるように思われる。教授会が行う教員人事が閉鎖的になっていった理由は、講座制に代表されるように、教員ポストの配置が固定的であり、研究・教育の発展に伴い組み替えることが困難だったこと、大学がカリキュラム編成や財政上の権限を持っていなかったことと合わせて考えなければならない。

もちろん、大学組織に自由を与えれば、自動的に大学教員が専門職性を発揮し、社会から負託されている責任を果たすようになるわけではない。とはいえ、それらが強制によって実現されるものでないことは明らかである。大学には個別組織にとどまらない研究・教育の組織化、社会との関係を発展させるさまざまなとりくみを行う自由がなければならない。社会の側にもまた、大学との関係を取り結ぶさまざまな自由

が求められる。そうした方向へ展開しえなかったことは、日本における大学自治の最大の問題だといわなければならない。

2．高等教育政策の展開

(1)改革エネルギーの転用

1980年代、政府と大学の双方が日本の高等教育の構造的特質を変えることを望むようになった。

まず政府側である。政府は、経済界の人材養成の要望への対応、および国家財政の節減の観点から、高等教育の再編をたびたび構想してきた。しかしながら、先に見たような構造があったことに加えて、政治社会的状況がこれを許さなかった。この状況の突破をはかったのが、「戦後政治の総決算」を掲げて首相になった中曽根康弘であった。彼のリーダーシップにより設置された臨時教育審議会により、高等教育の構造を変革する突破口がつくられることになる。臨教審は四次にわたる答申の中で、「個性重視」「生涯学習体系への移行」などを掲げ、教育全般の改革を提起した。その基本は、諸規制を撤廃して教育を多様化し、教育の受け手の選択の自由を拡大することにより、社会のニーズを反映した教育を行っていくというものであった。

こうした考え方は高等教育に関して強く打ち出された。背景には、高等教育の拡大の要求の高まりや国際情勢の変化がある。財政支出抑制の方針を堅持しながら、18歳人口が第二のピークを迎える1992年までに多くの進学希望者の要求に応える高等教育を創出するためには、既存の組織の転換を推進することが有効だと考えられた。1983年にASEANを訪問した中曽根は、経済大国化した日本がアジア諸国との関係において国際的な責任を果たすために、「留学生10万人計画」を策定・実施することを宣言した。この政治的メッセージは、単に留学生を増やすだけでなく、経済の国際化に対応した大学改革をすすめるために発せられたものである。

他方、大学側にも、組織改革を行うための自律性拡大を望む声が起きつつあった。動機はさ

まざまであるが、特に国立大学において、施設設備の不足や老朽化が拡大しているにもかかわらず、国家財政支出の抑制が続けられていたことは深刻な問題であった。関係者の間には、基礎・先端的学術研究、外国人留学生の受入れ・国際交流、大学院の充実など、政策に対応した改革を行うことにより、国が公財政支出の抑制を続けている状況を打開しようとする動きが生まれた。また、一般教育の担当教員と学部に所属する教員との間にあった格差の是正も長年の課題であった。当時の国立大学の体制では、格差是正も改組によるほかなかったことから、それを可能とする制度改革が望まれたのである。

このようにして、政府の思惑と大学側の要求が一致するところとなり、大学改革の気運が高まることになった。そして、政策の焦点は大学組織の改組・転換となる。その方向を示したものが、臨時教育審議会答申（「教育改革に関する第三次答申」1987年4月1日）であった。高等教育の「自由化」「個性化」「高度化」を進めるために、「規制緩和」と「民間活力の導入」を行うという方針であった。

臨教審が示した方向は、後継の審議会である大学審議会において具体化されていった。よく知られている通り、大学の改組に特に大きなインパクトを与えたものは、1991年の大学設置基準の「大綱化」である。「大綱化」の結果、教養部などで一般教育を担当していた教員の多くが学部に所属することとなった。このことは国立大学の教員養成系大学・学部のあり方にも大きな影響を与えたが、経緯と結果の詳細は本誌の他の論考に譲ることにし、ここでは問題点を指摘するにとどめる。

臨教審・大学審の路線による大学改革は、大学院大学、大学院重点化、新規名称を持つ研究・教育などを誕生させた。これらは、政府が推進する高等教育の「多様化」「高度化」「国際化」などのねらいに沿ったものであった。同時に、それらは大学内部の要求にもある程度合致していた。このように、1990年代の改組は、大学内部のエネルギーに依拠しながらすすめられ

た。その結果、改革が学内組織間の格差是正に一定の範囲で寄与したことは間違いない。また、大学の連合による博士課程の設置など、関係者の要求も一部実現された。

しかしながら、これらの改革には看過することのできない問題があった。それは、改革がもっぱら教員個人と個別組織にとっての問題の解決を優先していたことである。国立大学の改組が進行する中でも、国家公務員の定員削減がすすめられていた。そのため、国立大学も定員削減にとりくまなければならなかったが、そのほとんどは事務職員・技術職員であった。また、教員の中では助手の削減と助教授・教授へのポストの振替えが行われた。これらは、大学の人的構成をいびつにするものであったが、教員当校費の獲得という内向きの事情が優先された結果にほかならない。さらに、博士講座を持つ特定大学は校費増額のために「大学院重点化」に踏み切った。改革は、大学間の序列・格差の構造を崩すものではなかった。

このように教員個人と個別組織の論理を優先する姿勢は、大学教員の専門職性の発揮と、それを保障する大学の自由の形成とは背馳するものであった。しかしながら、大学は全体として、この問題を克服することができないまま、続く2000年代以降の大学改革にすすんでいくことになった[4]。

(2)政策のトップダウン化

2000年代に入り、トップダウンの政策が大学にも及ぶようになる。政策のトップダウンは、1990年代の「科学技術立国路線」により、科学技術関連予算の重点投資のための体制により行われるようになったものである。その下で、産学連携の推進（国家公務員の兼業の解禁、産学連携組織の立ち上げ）、大学院の定員拡大（大学院重点化）、研究者の流動化（教員任期制）などが展開されてきた。

さらに、政策をトップダウンで推進し、各省庁が担当する政策に貫徹する体制がつくられることになる。1997年、橋本内閣は行政改革会議

最終報告をまとめ、中央省庁等を再編するとともに、府省横断的な政策と財政計画を立案するために、総合科学技術会議を司令塔とし、経済財政諮問会議において重点政策を予算編成に結びつける体制をつくりあげた。ここで2001年に文部科学大臣が示した「大学（国立大学）の構造改革の方針」、通称「遠山プラン」は、経済政策の文脈でつくられた目標を国立大学全体に対して政府が数値目標を示した点で画期的であった。

ただし、この段階では、政府は国立大学に目標を示しても、その達成へ向けて大学を動かす政策手段をほとんど持っていなかった。この手段の一つを与えたのが、国立大学の法人化である。法人化は国立大学に対する政府の統制力を生み出す数々のしくみを備えているが、国立学校特別会計時代の一般会計からの繰入れを運営費交付金にしたことはとりわけ大きなものであった。このことにより、政府は巨額の裁量経費を手にし、以後、その配分を通じて大学を統制することが可能になったのである。その結果、2000年代中盤以降の改組は、各種補助金に誘導されたものになる。

補助金の多くは、新規組織を立ち上げることや補助金の交付終了後も事業を継続することを申請条件としている。そのため、大学は実施計画をつくり、既存組織・事業の改廃を約束させられることになる。もちろん、大学は応募しなければ縛られることはない。しかしながら、国立大学法人は運営費交付金の毎年の減額という、いわば兵糧攻めにあっており、既存組織が自由に使うことのできる資金は枯渇しつつある。このことが各大学を補助金獲得に駆り立てる動機となっている。実際には、補助金を獲得しても、それは紐付きであるため、既存組織の財政状況が好転するわけではない。各大学は、対象事業を利用して、既存組織で不補充となった教員の担当科目を代行させたり、プロジェクトを推進して科研費獲得につなげ、間接経費を稼ぐといった涙ぐましい努力を続けているのが実情である。私立大学の中には、経営的には政府の補助金に頼らずとも十分にやっていくことができる大学も少なくない。しかしながら、近年は補助金の採択が大学の格上げにつながるとの思惑から、事業の実施や資金獲得以外の理由から応募する大学も増加している。

さらに、2011年の財務省と文科省の合意以降、大学改革を計画化し、基盤経費の支出や認可とも結びつけていく方針がとられるようになった。2012年度政府予算の編成過程において早くも、国公私の大学の枠組みを超えた「連携協力システムの構築」をつくり、その中で個々の国立大学の「個性や使命の明確化」を図り、「学内の教育研究組織の大規模な再編成」を行うという基本方向が合意されている。これらをまとめたものが2012年6月の「大学改革実行プラン」である。このように重要な政策文書が中央教育審議会を経ることなくつくられたことは、高等教育政策の基本方針の決定権が財務省に握られていることを意味する。

(3)高等教育の目標・プロセスの管理

2000年代後半以降、文部科学省は、それまで主たる政策手法であった改組に加えて、大学教育の目標・プロセスの管理に乗り出した。これも発端は1991年の大学設置基準の「大綱化」である。

「大綱化」により、大学学士課程の修了要件は単位数（124単位）のみとなった。このことにより、新制大学の発足以来、全大学に共通に置くこととしていた「一般教育科目」「外国語科目」「保健体育科目」の名称がなくなった。名称の消滅という点では「専門科目」も同じであったが、これ以降、各大学では、従来一般教育などに区分されていた科目の廃止が急速に進んだ。この動きは、教育課程編成の問題よりも、学内の格差是正問題に端を発していたことはすでに見た通りである。

大学設置基準の「大綱化」は同時に、「一貫した体系的な教育課程の編成」、および「自己点検・評価」を努力義務とした。大学に、授業科目毎の内容だけでなく、教育課程の体系性とそ

〈特集〉教育学部の30年　79

の効果にも責任を持つことを求めたのである。このような方向を実質化するためには、大学が協力して、各分野の教育課程の評価（アクレディテーション）を行っていく必要がある。1990年代は、大学の教育課程の評価に関するさまざまな模索が行われた時期であった。このとき中心的な役割を果たしたのは、日本の高等教育界における唯一のアクレディテーション団体であった大学基準協会だった[5]。

ところが、1990年代後半、政府の行政改革の議論が行われる中で、国立大学の組織再編を行うために評価を行う必要があるとして、新たな評価機関が組織化されることになった。その結果、国立大学の定員を集めて編成されたのが大学評価・学位授与機構である。

2004年、小泉政権の構造改革政策の下、大学の設置認可の規制が大幅に緩和されたことを受け、「事後評価」のしくみとして認証評価制度が導入された。認証評価は、大学をひとまとまりのものとして評価する機関別認証評価と、専門職大学院の課程を中心に評価する専門分野別評価の二本立てとされた。大学基準協会、大学評価・学位授与機構は、評価機関として認証された。

この時期までの政策もさまざまな問題をはらんでいた。とはいえ、教育の目標・プロセスを管理する主体はあくまで大学であった。ところが、2006年の教育基本法「改正」と、その後展開する教育の「質保証」政策により、流れは一変する。すなわち、文科省は「学士課程教育」の目標を示すとともに、それをめざして大学が教育課程、教育内容、教育方法を不断に見直しするしくみづくりをすすめていった。

2008年の中教審答申（「学士課程教育の構築について」2008年6月中間まとめ）は、すべての大学が、「知識」「技能」「態度」「創造的思考力」から成る「学士力」の形成を目標として、「学士課程教育」における学位授与の方針（ディプロマポリシー）、教育課程編成・実施の方針（カリキュラムポリシー）、入学者受入れの方針（アドミッションポリシー）を明確にし、それら

を統合的に運用するよう共通理解をつくること（FDにより徹底）、計画・実践・評価・改善（PDCA）のサイクルを確立することを求めた。さらに、学生の学習時間の増加を「教育の成果」と見なし、単位制度の厳格な運用、シラバス、GPA、キャップ制など、学生に学習させるしくみを整備すべきとした。

これらのしくみは高等教育の質を高めていく上で有効なものであるか、必ずしも関係者の間の合意はつくられていない。2012年の中教審「質的転換答申」作成のプロセスにおいて、「中間まとめ」に対して寄せられたパブリックコメントでは、学習時間を増やすことを目標とすることには否定的な意見が大半であった。にもかかわらず、これらは学校教育法施行規則・大学設置基準の改正により順次制度化されていくことになる。大学は、「入学者の数」「収容定員及び在学する学生の数」「卒業又は修了した者の数並びに進学者数及び就職者数その他進学及び就職等の状況」「授業科目、授業の方法及び内容並びに年間の授業の計画」「学修の成果に係る評価及び卒業又は修了の認定に当たっての基準」を刊行物、インターネットなどにより広く周知を図らなければならないとされた。また、「教育上の目的に応じ学生が修得すべき知識及び能力に関する情報を積極的に公表」することも努力義務化された。これ以降、国立大学法人に対する運営費交付金と後述する法科大学院に対する補助金を定員充足率に応じて増減するようになる。認証評価は、各大学の自己点検・評価の結果が教育の質の向上に活用され機能していること、教育研究等に関する基本的な情報の整備・公開、認可後に法令遵守しているかを確認するものとされた。

このようにして、文科省は「学士課程教育」の「質保証」と称する体制を法令上の根拠を持つとして整えた。それまで、大学教育の目標・プロセスを自律的に決定してきた大学は、それらを法令に従って行わされる存在だとされたのである。これは、「教育は、不当な支配に服することなく、この法律及び他の法律の定めるとこ

80　日本教師教育学会［年報第27号］

ろにより行われるべきもの」（16条）と定めた「改正」教育基本法の規定を、法律で定めさえすれば「不当な支配」にはならないとした拡大解釈に基づく政策だといえるだろう。

この間、中教審は、大学教育が学生の自主的な学習をうながすものになっているか、カリキュラムに内容の重複や不整合が多くないか、学生の負担は適切なものか、などの検討を進めていくことが必要だという問題提起を行ってきた。ところが、中教審答申は結論として大学教育を体系的なものにすることを求めながら、プログラムの管理を学部・学科などの組織と切り離すとした。このことは、大学の教育組織の意義を不明確にするものであり重大な問題をはらんでいる。以後、答申の内容は着々と制度化され、大学の種別化をはじめとする政策展開の足がかりとされている。

そして、大学の授業のシラバスの書き方、成績評価の方法、単位数に見合った授業時間数の確保の徹底といったレベルから、大学の意思決定のしくみ、個別大学の研究・教育組織のあり方、そして大学が生み出す「成果」に至るまで、すみずみまで監視され、評価と資源配分の調整が徹底されている。従来、これらは政策的にはほとんど関心を持たれないか、関心を向けられることがあっても、大学の裁量に属することがらとして不問にされていた事項である。2000年代後半以降、「質保証」と称する一連の政策が展開されるようになり、大学は急速に教育の自由を失いつつある。

⑷専門職化の名による統制

大学教員と大学組織が自律性を失う中で、専門職化の名による組織改革が行われている。高等教育は各分野における高度な専門教育を行うものであるから、当然のことながら、専門職養成とも深くかかわっている。しかし、日本では、大学の教育課程が専門職養成と対応する分野は多くないのが実態であった。

その理由は、基本的に社会における専門職の状況による。専門職に関する古典的な定義によれば、専門職とは、自律性、利他性など精神性とともに、責任をもって職を遂行するための技術・知識の内容・水準を定め、制度化し、かつそれらを自律的に発展させていくことができる。いいかえるならば、職業に関する学問を行う団体自治を形成している存在である。専門職は古来の日本にもないわけではなかった。しかし、近代的専門職が基本的に欧米を範とし、かつ国家主導により形成されてきた歴史的経緯から、日本における専門職は、団体自治を形成することはあっても、大学における養成を必須とするものとはならなかった。戦後、アメリカの制度を範としてつくられた大学院制度が、長らく大学の研究者養成以外の面で需要の乏しい状態であったのも、そのためだといえるだろう。

このような中で、専門職大学院が2004年に発足することになった。学位、設置基準、教育課程に関する認証評価がすべて既存の大学院とは別立てのものであった点で画期的な制度である。

専門職大学院は法科大学院を発足させるためにつくられたといっても過言ではない。法科大学院成立の背景となった司法制度改革には、弁護士の増員による人権保障、司法制度への参加を通じた国民統合、訴訟の迅速化による多国籍企業の訴訟リスクの軽減など、異なる論理からの要請が込められていた。特に、法曹人口の大幅な増加は、「日米規制改革および競争政策イニシアティブに基づく要望書」において米国が求めたものである、総じて、専門職大学院は、日本社会の内在的な要求が乏しい中でつくられた、社会的基盤の脆弱な制度であった[6]。

このような状態は、発足から十数年を経た今日でも基本的に変わっていない。この間、多くの専門職大学院がつくられた。2017年度の専門職大学院は全国に122大学173専攻ある。文科省はこれを大きく8分野（法科大学院、教職大学院、ビジネス・MOT、会計、公共政策、公衆衛生等、臨床心理、その他）に分類しているが、法科大学院と教職大学院、および臨床心理を除いては学位名称が一本化されていない。課程認定を行う認証評価機関が設立されていない分野

〈特集〉教育学部の30年　81

すらあるのが実態である。法科大学院と教職大学院は専門職大学院の二大分野である。しかしながら、教職大学院は発足直後から、法科大学院も2010年代に入り定員割れが深刻化している。専門職大学院の発足が専門職養成に貢献しているとは言い難い。

しかしながら、高等教育政策上のインパクトという点で、専門職大学院がもたらしたものは小さくはない。それは、教育プログラム単位の評価を制度化したこと、国公私立大学を通じて入学定員の充足率に応じて補助金を増減するしくみを導入したこと、の二つである。これらは、教育の目標・プロセスの管理を全分野において行っていく際の橋頭堡とされた。

3．政策の帰結──全国・地域単位の大学再編

2009年以降、与野党間で2度の政権交代が行われた。しかしながら、政策のトップダウンは変わっていない。高等教育政策の中心的課題は、人材育成と社会貢献とされ、その達成のための組織改革が全国・地域規模で推進されている。そのために、政府は、高等教育が育成する人材を、大きく「グローバル人材」「各分野の専門的人材」「地域課題を解決する人材」に3分類し、大学を含む高等教育機関に、それぞれが育成する人材像を示すよう求め、それにふさわしい研究・教育等を行うように公的資金の配分を通じた「支援」を強化している。

国立大学に対しては、政府は2016年度からはじまる第3期中期目標期間より、運営費交付金の一部（1.0～1.6％）を捻出させ、個別に提出させた「ビジョン」「とりくみ」に対する評価に応じて再配分している。この再配分は、おおむね先の3分類に対応する「世界トップ大学と伍して卓越した教育研究を推進」「分野毎の優れた教育研究拠点やネットワークの形成の推進」「地域のニーズに応える人材育成・研究の推進」の3グループにわけて行われている。さらに、2017年度、文科省が特定の指標を満たす大学を対象に、別立ての中期目標を与えるとともに、

固定資産の運用や民間資金の受託等に関する規制を緩和するなどの例外措置をとる「指定国立大学法人」制度の運用が開始された。現在のところ、東京大学・京都大学・東北大学・名古屋大学・東京工業大学が指定を受けている。

私立大学に対しては、毎年の「私立大学等改革総合支援事業」の中に、「グローバル化」「産業界・他大学などとの連携」「地域発展」といった、やはり3類型のメニューが設けられた。それぞれに対して、200～300校の申請があり、採択率は40％前後である。さらに、共通の補助金である「国公私立大学を通じた大学教育再生の戦略的推進」の中にも、「グローバル人材」の育成等をはかることを目的とした「スーパーグローバル大学創成支援事業」、情報技術人材育成を行う「高度技術人材育成事業成長分野を支える情報技術人材の育成拠点の形成」、地域的な人材育成をめざす「地（知）の拠点大学による地方創生推進事業（COC+）」などが含まれる。「第5期科学技術基本計画」（2016年1月）は、めざすべき未来社会を「超スマート社会＝Society 5.0」と表現し、その実現を、日本を「世界で最もイノベーションに適した国」にすることを通じてはかるとした。「計画」を実現するための投資戦略としてまとめられた「統合イノベーション戦略」（2018年6月）は、大学をはじめとする研究組織の「研究生産性」を高め、成果である知識・技術を産業化することにより「社会実装」し、国際モデルとして世界に示すとして、政策の主要な目標と施策を掲げる。大学改革もこの中に位置づけられており、主要施策として、大学連携・再編の推進、年俸制・任期制の拡大、科研費の若手への重点化などが並ぶ。

今日の高等教育政策は、これまでさまざまな理由により大学進学を断念していた層を対象とするものになっている。2017年12月、閣議決定された「新しい経済政策パッケージ」は、「高等教育無償化」を掲げた。教育費負担の減額や奨学金給付の対象となる大学の要件として、実務型教員の比率や外部人材が理事会を構成していることを挙げている。専門職大学をはじめとす

る改革を資金面からバックアップすることをねらったものと見てよいだろう。2018年6月の「骨太方針」では、低所得世帯（非課税世帯および非課税世帯に準ずる世帯）を対象とした授業料に対する経済支援と給付型奨学金の創設を柱とする高等教育に公的資金投入の方針を盛り込んだ。具体的には、国立大学の場合、授業料全額と入学金を免除、私立大学の場合、年間授業料への支援（非課税世帯の場合70万7千円を上限）、入学金に対する支援（同25万3千円を上限）を国が行う。奨学金は、食費や住居・光熱費、課外活動費、施設整備費（私立大学）などを対象にする予定である（2020年度から実施予定）。

この間、文科省は、中教審大学分科会将来構想部会において「高等教育の将来像」の検討を行い、その結果を中間まとめ（「今後の高等教育の将来像の提示に向けた 中間まとめ」2018年6月14日）として示した。「中間まとめ」は、めざすべき社会の方向として、国連の「SDGs」「Society 5.0」「人生100年時代」「グローバリゼーション」「地方創生」を並べ、それらに対応するために高等教育の改革を推進するという。その基本方向は、学習者の「主体的な学び」の質を高めるシステムを構築し、文系・理系の区別にとらわれない共通教育と、それを基礎とする専門教育を行うというものである。

研究・教育をいずれも投資の観点から位置づける政府方針は、高等教育政策にも貫徹している。例えば、「高等教育の将来像」は、学問の自由は国際的に認められた観念であると述べているが、それは国力の源泉であるという観点から重要だと述べるのみである。高等教育への投資も同様に、人的資本形成の観点からのみ意義があるとされ、高等教育が人間性を発達させる権利であることは言及されていない。

2017年度から「私立大学等改革総合支援事業」の補助金メニューに「プラットフォーム形成」が加えられた。同事業の目的は、「各大学の特色化・資源集中を促し、複数大学間の連携、自治体・産業界等との連携を進める」ことであ

る。この「プラットフォーム」は、中教審の議論において、国公私立を対象とするものに拡大され、制度化へ向けた検討がすすめられている。地域を単位として、産業振興などの視点から高等教育に関する計画を策定し、複数の大学間で定員をシャッフルしていこうとするものである。同じく地域の関係者の協力によりカリキュラムを形成・実施していく専門職大学は法令の整備を終え、2019年度から発足予定である。

「高等教育の将来像」はさらに、国立大学法人の統合を推進している。2018年に入り、名古屋大学と岐阜大学が法人統合の協議に入ったとの発表が行われた。帯広畜産大学・小樽商科大学・北見工業大学の三大学も法人統合をめざしている。統合によりスケールメリットを産み出し、大学の「機能強化」をはかるとの触れ込みである。このように、現在の高等教育政策は、大学に対するすべての公財政支出を人材育成や社会貢献の内容に応じたものにしていこうとしている。法人統合も、システムの共有や調達コストの削減にとどまらず、研究・教育組織の統合へと進むことだろう。その結果、現在、既存の組織から教員ポストを吸い上げ、自然科学や工学を軸とした学部等の新設や改組が行われていくに違いない[7]。

おわりに

政策のトップダウン、組織再編の強要など、今日展開している高等教育政策は、教員養成系大学・学部においては、はるか以前から行われてきたものであった。最近30年に限るなら、1987年からの新課程設置、1998年から2000年にかけてのいわゆる5000人削減による入学定員の削減がそうである。同じ動向は法人化以降も続いている。2013年の「ミッションの再定義」においても、教員養成系大学・学部は、工学部、医学部とともに先行3分野とされた。のみならず、「ミッション」の内容を独自に定める余地はほとんど認められず、数値目標のみを空欄にしたテンプレートを埋めることを強要されるなど、不当な介入を受け続けてきた。教員養成系

大学・学部に対する差別と支配、それは中教審答申などの行政文書が好む表現を用いるならば、政策の変化という「流行」の中にあって、温存され続けてきた「不易」ともいうべき問題である。

このように、教員養成系大学・学部が行政から不当な支配介入を受けてきたことは、大学関係者の間では周知の事実である。にもかかわらず、それはまるで他人事のように受け止められてきた。2015年6月の「国立大学法人の組織及び業務全般の見直し」に関する大臣決定は、見直しの対象とする組織として人文・社会科学系と教員養成系を併記していた。ところが、文科省の方針に批判的な見解であっても、そこでは教員養成系の問題に触れるものはほとんどなかった。狭い範囲の要求を満たすために、他の分野や組織を切り捨てたり、とりこんで改革の原資にしてきた結果、大学全体が自律性を失ってきたことは、本文で見てきた通りである。それでもなお政策に追随することは、大学と学問の死滅を招くだろう。

大学と学問をなくして、教師教育だけが栄えることはありえない。そして、大学を正気に帰らせるために最も必要なものは、人間を育てることと学問を発展させることを統一的に追求してきた教師教育の視点ではないだろうか。

注

(1)水本徳明「教育システム作動としての教師教育と教師教育改革」『日本教師教育学会年報』第19号、2010年9月。

(2)油布佐和子「教員養成政策の現段階──首相官邸、財務省、財界によるグランドデザイン──」『日本教師教育学会年報』第24号、2015年。

(3)ユネスコ「高等教育教員の地位に関する勧告」（Recommendation concerning the Status of Higher-Education Teaching Personnel）1997年11月11日、第25回ユネスコ総会採択。

(4)文部（科学）省は、国立大学の研究・教育組織については、講座（実験・非実験・臨床）・学科目（実験・非実験）・課程に、事務組織について

は、部・課の有無等により区分してきた。こうした事実上の格付けは、大学の組織の整備、運営費交付金の配分、事業の採択など、政策のあらゆる面で今日も利用されている。

(5)大学設置基準協会は1947年に結成された、日本で最初のアクレディテーション団体である。1990年代の大学評価に関する研究と実践の成果は、多数の報告書・書籍にまとめられ、公刊されている。青木宗也著『大学論 大学「改革」から「大学」改革へ』エイデル研究所、1996年、など。

(6)2010年代に入り、法科大学院制度に関する制度趣旨に照らした総括に加えて、制度趣旨自体の反省が行われるようになった。Jones Colin P. A.「法科大学院制度で『法を愛する』法曹は養われるのか」『同志社法学』63巻5号、同志社法学会、2011年、「特集 誰のため、何のための法曹か──法科大学院と法曹養成制度をいま、問い直す」『法と民主主義』474号、日本民主法律家協会、2012年、遠藤直哉「法科大学院制度の漸進的改革 形式的合法性と実質的合法性の統合」『法社会学』02月、有斐閣、2016年、など。

(7)この間の高等教育政策と大学改革の動向については、以下の文献を参考にしていただきたい。細井克彦・石井拓児・光本滋編『新自由主義大学改革』東信堂、2014年。光本滋『危機に立つ国立大学』クロスカルチャー出版社、2015年。細井克彦『岐路に立つ日本の大学 新自由主義大学改革とその超克の方向』合同出版、2018年。

日本教師教育学会年報
第27号

2

〈研究論文〉

〈研究論文〉

管理職進出における女性教員の努力と連帯についての一考察
—— 1990～2010年代初め　大分県日教組女性組合員の場合 ——

佐藤　智美（大阪大学大学院）

1. 問題設定

戦後も低迷状態が続いていた日本の公立小中学校の女性管理職進出は、1990年代から21世紀初めに大きな増加期を迎えた。しかし、女性教員比率と女性管理職比率の格差は依然として大きい。また、上昇の著しかった小学校の女性校長比率も、2005年以降10年間の上昇幅は1％未満と停滞状況が続いている（図1）。

2020年までに教頭以上に占める女性比率30％を掲げた第三次男女共同参画計画成果目標の達成率は、2015年時点で15.7％でしかなく、同年11月第四次成果目標では、2020年までに20％以上達成と下方修正された。さらに、女性管理職を増やす方策として、管理職昇進のための各種研修に女性枠を設けること[1]等が示された。また2016年の「教育公務員特例法等の一部を改正する法律」では、任命権者に、校長及び教員の資質に関する育成指標や研修計画の策定が義務付けられた。

管理職の育成も行政主導が強化される方向が今後予想されており、果たして女性管理職進出が促進されるのか、またどういう女性管理職が創出されるのかなどの疑問も指摘されている[2]。

今後の女性管理職増加の方向を探る視点からも、1990年代以降の上昇期の要因について再検討することは重要である。

本稿の目的は、上昇期の増加要因を学校組織におけるジェンダー平等をめざす女性教員の努力や連帯、彼女たちの支援団体として存在した教職員組合女性部や女性管理職組織との連携の視点から、とらえ直すことである。

これまで、女性管理職増加の背景として、国際的なジェンダー平等の動向に追随する形で1990年以降本格化した国や地方自治体による男女共同参画施策や法整備等が、主として指摘されてきた。

例えば、池木清は2000年に地方紙で女性登用促進に対し、「各県教委幹部の男女共同参画に対する意志と実行力が問われている」[3]と語り、さらに女性管理職割合25％を掲げた福井県や男女共同参画審議会答申重点課題トップに学校長・教頭への女性登用を掲げた長野県の躍進を紹介している[4]。田口（2011）も、女性管理職が多い県には教育委員会や審議会、公務員管理職の女性登用率が高い、と男女共同参画施策との相関性を指摘し[5]、また杉山他（2005）は、富山県の女性管理職比率の高い背景として、40

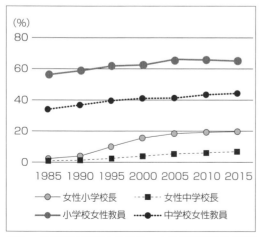

図1　全国小中学校女性校長・女性教員比率の推移
（「学校基本調査報告書」より、筆者算出）

歳以上は誰も受験できる試験制度に言及している[6]。

また、従来の女性管理職キャリア研究では、学校管理職への昇進は、河上（2014）が「既成エリートによる庇護移動」[7]と述べるところの、上司管理職（ほぼ男性）をメンターやゲートキーパーとして、特定のキャリアパスを経験し昇進した女性管理職が、主として描き出されてきた[8]。

果たして、1990年代以降輩出した女性管理職はこうした道筋をたどった女性教員ばかりであろうか。1990年代以降の学校現場の変容や、女性教員自らが管理職志向を形成し、道を切り拓いたプロセスや努力について、これまで十分に言及されてきたであろうか。

戦後も長い間、女性教員は、見えにくい「システム内在的差別」[9]下に置かれてきたが、彼女たちは常に差別を被る客体としてあったわけではなく、不平等な学校組織の配置や慣習に対して、変革をめざして闘ってきた主体でもあった。

こうした視点における、未だ十分には描かれていない姿が、女性管理職進出においても明らかにされる必要がある。

また、女性管理職の支援団体として、「女性校長会」の存在が指摘されており[10]、「女性校長会」およびその他の支援団体についても、さらにその活動内容が明らかにされるべきであろう。

日本最大の教職員団体である日本教職員組合（以後、日教組と記述）女性部は、1947年設立当時から、女性教員の権利拡大や地位向上を掲げ、運動を全国的に組織してきた。女性管理職の上昇期である2000年度第88回定期大会運動方針には、「あらゆる場への女性の参画、男女の自立と平等、ジェンダー・フリーの推進」が掲げられ、具体的に代議員や執行委員への女性参画が挙げられたが、学校管理職への参画は言及されていない。同組合『婦人部30年史』、『女性部50年のあゆみ』にも言及はない。

しかし、地方教育委員会（県教育委員会と市町村教育委員会の両者を合わせ指す。以後、地教委と記述）と人事交渉や権利交渉を行う都道府県教組レベルでは、事情を異にしている。

筆者が、2000年に47都道府県教組女性部長を対象にアンケート調査（郵送・回収率85%）した結果では、25%（10県）が管理職進出を女性部運動方針に掲げ、20%（8県）が、「運動方針ではないが、人事交渉では女性の管理職登用を要求している」と回答している[11]。つまり45%と半数近い都道府県教組女性部が管理職進出に何らかの関与をしていたことがうかがえる。

また、日教組女性部が掲げる「男女の自立と平等、ジェンダー・フリーの推進」では、1976年に始まった「女子教育もんだい」が1990年代に「両性の自立と平等をめざす教育」と改称され、「隠れたカリキュラム」の見直しなど、ジェンダーにとらわれない教育や学校づくりが、女性組合員を中心に学校現場で推進されてきた。こうした取組は、女性教員の管理職志望に何らかの影響を及ぼしたと推察される。

本稿では、上記の日教組女性部による取組を総称して「ジェンダー平等教育」と呼び、また「女性校長会」、「退職女性教育管理職の会」、「日教組女性部」[12]などを、まとめて「女性教員支援団体」と呼ぶことにする。

以上の視点に立ち、1990年代以降明白な増加が見られた小学校女性校長に注目し、特に女性比率の急上昇を示し、「女性教員支援団体」の存在も明確な大分県を取り上げ、管理職進出への努力と連帯の姿、上記団体との連携について、女性教員の「語り」を通して明らかにしたい。

2．大分県における「女性教員支援団体」の取組

2.1 研究対象地大分県について

対象地とする大分県は、図2に見られるように、1990年代～2010年初めにかけ小学校女性管理職比率が急上昇した都道府県の一つである。1990年～95年には、同県の女性比率は全国平均より低かったが、1995年～2005年間で女性校長は6.1%から37.3%へ、女性教頭は18.5%から42.5

％へと飛躍的に増加した。
　2012年以降、女性管理職比率は下降している。

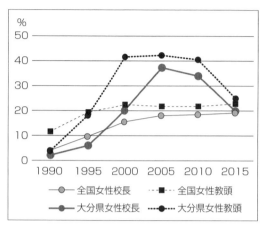

図2　公立小学校における女性校長・教頭比率の推移
　　　（全国・大分県1990～2015）
（「学校基本調査報告書」より、筆者算出）

　本稿対象期間の1990～2010年初め、大分県は日教組組織率が高く、現在下降傾向にはあるものの、約90%～70%を推移している[13]。
　参考として、本稿対象期の大分県の管理職候補者選考試験制度を下記に掲げておく。

表1　大分県管理職候補者選考試験の推移

2008年度以前	校長48・教頭45歳以上
願書に校長の推薦書必要	
2009年度以降	校長47・教頭44歳以上
人事評価の得点加味、校長の推薦書不要	

2.2　「女性教員支援団体」の活動概要

　大分県における「女性教員支援団体」として、大分県教職員組合（以後、県教組と記述）女性部と「大分県退職現職女性教育管理職等の会」を取り上げる。前者は1955年から2002年まで運動方針の一つに「女性管理職の進出」を掲げ、2003年度以降は「働き方の選択肢として管理職の道を選ぶ取組」として今日に至っている。また、後者は、退職現職の女性校長・教頭を中心にした58年余の歴史をもつ団体で、2016年度時点の会員数は556名を数える。

両組織の関係と取組について、両者の刊行物・大会議案書、県教組及び支部女性部長経験者の聞き取り[14]から、時代を追い検討する。

2.2.1　発足と活動の開始（1948年～1980年代）

　「大分県退職現職女性教育管理職等の会」の起源は、1948年に遡る。この年大分県でも、GHQ勧告により、当時「マッカーサープレゼント」と称された女性校長が1名、教務主任（現教頭に該当）5名が誕生したが、彼女らを取り巻く世間の目は厳しかった[15]。当時は管理職も組合員であり、県教組女性部長村上あや[16]は、彼女たちを励まし女性管理職を絶やすまいと、8月に「婦人校長・教務主任の会」（当時のまま）を発足させ、研修会を開催した。1955年教頭職にあった二宮ハマは、県教組女性部長の専従職に選出され、かねてからの念願であった「婦人校長・教頭の進出」を女性部運動方針に掲げた。そして、地教委に対して、女性管理職登用の要請書や推薦名簿の提出に乗り出し、これ以降、管理職進出の運動が展開されることとなった。
　同会は、1958年、「いずみの清き水の滾々（こんこん）と湧き出るごとく且つ尽きることなく同志出でよ」の趣旨のもと、通称『いずみ会』を名乗った。そして、1982年、退職現職女性管理職と県教組女性部長を会員とする、現在の正式名称となった（以後、『いずみ会』と記述）。
　このように、県教組女性部と『いずみ会』は、同根の組織であったと言える。
　1978～82年に県教組女性部長だった来馬頼緒は、「全ての人事での男女差別撤廃」を掲げ、教員夫婦の場合、配偶者（殆どが夫）が管理職候補になる時、その任用と引き換えに他方の配偶者（妻）に退職を迫る「退職勧奨」を撤廃する闘いを、女性組合員一丸となり行った[17]。撤廃は、後に管理職候補となる40代後半～50代の女性教員を学校現場に留めることになった。
　1960年代後半から1970年代前半にかけ、管理職は組合員ではなくなったが、来馬は女性管理職進出にも尽力した。その理由について、「婦人

教頭に進出するのは婦人組合員であり、その婦人教頭が婦人校長に進出するのですから」[18]と述べている。そして、『いずみ会』会長や支部女性部長と共に、市町村教育委員会（以後、市町村教委と記述）や県教組郡市支部への要請活動に奔走する。

「女性管理職を増やす、誕生させることは、組合の中の対男性闘争、とにかく女性を、組合がつくる管理職推薦名簿の上位に持ってくることが大切で、次は教育委員会の対男性闘争」[19]であったと語り、地教委だけでなく組合執行部との闘いが大きかったことを示唆している。来馬の努力は1990年代増加期までの土壌を形成したと言える。

2.2.2 女性管理職躍進期の活動（1990年代〜）

1993〜97年の県女性部長Lさんは、この時期について、「女性部の最大の闘いであった『退職勧奨』撤廃が1980年代までに解決され、50代の女性教員が60歳まで職場に残る時、彼女たちが学校で占めるべき位置が、女性部の課題となった。当時、停滞する女性管理職に悩んでいた『いずみ会』と思いが一致し、改めて1990年代に女性管理職を増やすという共通の目標ができた」と語る。

Lさんは、『いずみ会』役員と共に、女性管理職が少ない郡市を回り、市町村教育長に増加要請をした。

1990年代は、夫・妻とも管理職（以後、組合で使用された「ペア管理職」と記述）を認めない行政との闘いの時代であった。1997年に最後に残った校長・校長の「ペア管理職」が認められた後、「ペア管理職」の女性管理職は県下で60〜70人へと倍増していくのである。

また、多くの郡市支部女性部では、管理職を志望する45歳以上の女性組合員を対象とした学習会を開催し、管理職になる心構えや管理職試験への対応等の研修を行った。

しかし2000年代半ば、女性管理職の大幅増加が続くようになると、地教委への要請活動や『いずみ会』による新任女性管理職の激励訪問はもはや必要がないとみなされ、徐々に行われなくなった。また、女性教員対象の学習会も縮小されていった。

2.2.3 「ジェンダー平等教育」の展開

日教組女性部の大きな教育研究活動である「ジェンダー平等教育」について、大分県は、組合組織率の高さから、女性組合員を中心に学校現場で積極的に取り組んだ都道府県の一つと言える。たとえば、1990年代以降の「隠れたカリキュラム」の問い直しを代表する「男女混合名簿」の大分県の実施率を全国と比べると、1994年全国実施率が18.5%の時、大分県の小学校70.0%、中学校21.3%であり、1999年全国46.2%の時、大分県小98.6%、中74.7%であった。2002年全国実施率が50%を越した時、大分県では、小99.8%、中88.3%の実施率と全国に先駆けて進んでいる[20]。

3. 調査と分析

3.1 調査方法と調査対象者

1990年代と2000年以降に校長職を経験した女性教員を対象として、半構造化インタビューを行った。対象者が退職者の場合、退職直後から数年内にインタビューを実施するために、1990年代の女性校長には2000年7〜8月、2000年以降の女性校長には2015年11〜12月と、約15年の隔たりをおいて実施した。

インタビュー内容は、①キャリア形成への努力、②管理職への志望形成と任用への道筋、③女性校長としての経験と同じ項目である。場所は、教育会館、学校、自宅等を使用し、インタビュー時間は一人2〜3.5時間程度である。引用した「語り」は、読み易いよう若干の加筆修正を加えている。本稿の対象時期には女性校長の大半が組合出身者であり、今回のインタビューも全員組合出身者である。

3.2 分析の方法

分析においては、インタビュー10人について、女性校長比率2〜14%と増加期を創出した

研究論文　89

表2　インタビューの基本属性一覧

	氏名	生年	教頭期間	校長期間
1990 年代 校長	Aさん	1931	1984〜1987	1988〜1990
	Bさん	1939	1991〜1994	1995〜1998
	Cさん	1940	1992〜1996	1997〜1999
	Dさん	1940	1994〜1996	1997〜1999
2000 年代 校長	Eさん	1946	1999〜2002	2003〜2006
	Fさん	1949	2001〜2002	2003〜2008
	Gさん	1951	2003〜2005	2006〜2011
	Hさん	1953	2005〜2008	2009〜2013
	Iさん	1954	2004〜2010	2011〜2014
	Jさん	1955	2006〜2010	2011〜2015

*Cさんの教頭在職のみ中学校、あとはすべて小学校

1990年代の女性校長（A・B・C・D）と、それを受けて女性校長比率20〜38％と飛躍期を形成した2000年以降の女性校長（E・F・G・H・I・J）の2グループに分けた。2グループの「語り」の中から、女性管理職進出の志望形成や運動の継承意識、組合員であった彼女たちに当時の女性部運動が及ぼした影響、「女性教員支援団体」との連携を検討する。

3.3　女性校長の「語り」

3.3.1　1990年代における女性管理職進出

①キャリア形成への努力

　1990年代の女性校長が教員として中堅期を迎えたのは、1965〜1980年代前半である。

　女性は高学年を希望してもなれず、教師になって7年目にやっと5年生を担任できた。実績が認められ翌年6年生を担任し、一人前になった気がした。当時、女性が年長であっても学年主任は年下の男性がなるのが慣例だった。　　　　　　（Aさん）

　若い頃は、低中学年の担任しか女性に回ってこなかった。希望を出す出さないではなく、初めに男性ばかりの学年主任が決まり、管理職との会議で、うちの学年にはこの人がいいと採っていくので、女性が高学年になることは殆どなかった。
　　　　　　　　　　　　　　　　　　（Dさん）

　1970年頃まで、私たちは常に低学年を担当した。子どもたちの下校後、6時間目は高学年の音楽

や家庭科も教えた。その間、男性教員は休憩し、女教師は休む暇もなかったです。　　　　（Bさん）

　Bさんは不平等だと感じ、勇気を出して「男の先生は、これから先20年も30年も家庭科や音楽をしないんですか」と職員会議で異議申し立てをした。その結果、翌年から低学年担当の女性教員が高学年の音楽や家庭科の授業を持つことはなくなったと言う。

　Aさんは、女性の学年主任や高学年担任が少しずつ増えてきたのは、「1980年代になって組合の女性部でそれはおかしいと問題にするようになってから」と述べる。

　1965〜1980年前半は、高学年担任・学年主任・管理職＝男性教員＝学校組織の中心というしくみが歴然としていた。しかし、女性教員の異議申し立てにより徐々に是正されていく。

②管理職への志望形成と任用への道筋

　A、B、C、Dさんは、1980年代末〜1990年代前半、女性比率数％という中で管理職を志望した。

　4人は、教組支部女性部長や組合員として、女性管理職進出や「退職勧奨」撤廃を闘い、自らも管理職該当年齢を迎えて挑戦した。

　1980年に3歳上の夫が教頭試験を受ける時、組合員の夫は私に「辞めなくてよい、その結果自分が管理職になれなくても構わない」と言ってくれ、葛藤はあったが退職勧奨を拒否した。その結果、夫は教頭にはなれなかったけれどこうした闘いをする夫婦が何組か出て、数年後この慣行がなくなった。私が管理職試験を受ける年齢になった時、夫は私に「自分に遠慮せず受けよ」と強く勧め、私は受験し管理職になったんです。　　　　　（Aさん）

　Cさんも教員夫婦であり、1980年代後半、勤務地では女性管理職は誕生しておらず、「ペア管理職」を認めない行政慣行もあった。

　この地区にも女性管理職を誕生させねばと思っ

た。隣町の女性管理職を講師に呼んで、女性部で話合いをした。1989年夫が同業でないO先生を推し、この地区で初めての女性教頭ができた。1991年、他市で教頭同士の「ペア管理職」が誕生し、私も翌年受験したが、任用は同級生の男性に3～4年遅れた。やがて、夫は校長になり、次の壁は校長同士の「ペア管理職」。私は校長試験に毎年合格せず、面接の度に「校長同士の夫婦はいない。二人合算した給料に対する地域感情を考慮せねばならない」と県教委から責められた。やっと、1997年試験に合格し県下初めての校長同士の「ペア管理職」になった。　　　　　　　　　　　　　　　　　（Cさん）

　1990年代後半、「女性教員支援団体」は、女性管理職増加のために「ペア管理職」排除の慣行撤廃に向け、県教委への要請を強化しており、Cさんは、団体から大きな支援を受けながら、続く後輩女性たちのためにも道を拓かねばと何度も校長試験に挑戦した。
　一方、Dさんは県都、Bさんは女性校長が戦後1人誕生したきりのY町で管理職になった。

　1993年当時、学校数も多いのにX市の女性管理職は少なかった。県女性副部長も経験したので、『いずみ会』から、そして校長からも勧められ受験した。当時、男性は教頭を2年経験し、校長を4年経験する時代だった。しかし、女性には教頭を3年経験させ、男性より校長昇進を1年遅らせた。しかも女性の大半は市外に出され、市内には1～2人の女性校長しかいなかった。教育長は女性管理職を好まなかったと聞いた。　　　　　　　　　（Dさん）
　一歳上の女性教員と試験を受け、二人とも合格したが、県が女性管理職をこの地域でもつくるためになれただけという中傷が絶えなかった。（Bさん）

　4人の管理職志望は、女性管理職の道を切り拓かねばならないという使命感に動機づけられていた。また、「女性教員支援団体」も地教委に「管理職候補者推薦名簿」を毎年提出して、背後から彼女たちの支援を続けた。

　③女性校長としての経験
　女性校長比率が2～14%であった1990年代、彼女たちに向けられた視線を見てみよう。

　地域の男性から、「伝統のある学校に女の校長ちゃ、何事か」と言われた。　　　　　　（Aさん）
　小さな学校に赴任し、保護者との歓迎会では、「こんばんは」と挨拶しても、じろっと見るだけで、誰も挨拶してくれなかった。女性校長は常に注目の的で、疲れやストレスが溜った。『いずみ会』から激励に来てくれた時、本当にうれしかった。
　　　　　　　　　　　　　　　　　（Bさん）
　教頭での赴任校も校長での赴任校も、前代や前々代の校長が女性で、しっかりと先輩女性が受け入れられる基盤を作っておいてくれた。　（Dさん）

　厳しい視線に対しては、彼女たちは、いかなる対応をしたのだろうか。

　男女を問わず、確かな経営の基本理念をもつことが大切。そうすれば、なんだ女性校長かと見ていた人も見方が変わる。　　　　　　　　（Aさん）
　必要なのは、全体を配慮していく視野や心配り。地域を取り込むこと。玄関や校長室など学校の美化に努めることは、地域の人が学校に関心をもってくれるきっかけになる。　　　　　　　　（Bさん）
　「女性になって学校が変わった。玄関先がきれいになり、地域の方々への礼状が丁寧になった」と職員が言ってくれた。地域を大切にした。　（Cさん）
　地域行事にはすべて行きました。当時は女性校長が少なく女性の代表であるのだから、立派にやり遂げねばという意識でした。　　　　　（Dさん）

　当然、校長には学校経営力が求められるが、その前に女性校長を拒絶する厳しい視線にさらされ、Bさんのように、心配りや美化など世間に受け入れられ易い「女性性」を糸口に、受容を得ようと努力せざるをえなかった例もある。さらに、Cさんの努力は、「自分の教諭時代に出会った男性校長を反面教師として、地域や職員が親しみ易い、活力のある学校づくりの一環と

研究論文　91

して」なされたと言う。

こうした努力は、結果として、従来とは違った、開放的で親しみ易い学校・校長像を生み出し、地域との新たな信頼関係の構築に繋がったと言える。

『いずみ会』は、総会で新しい女性管理職を紹介激励し、赴任校を訪問する活動により、孤軍奮闘する女性校長たちを勇気づけた。

3.3.2 2000年以降の女性管理職進出
①キャリア形成への努力

E、F、G、H、I、Jさんは1980年代後半～1990年代に中堅期を迎えている。1990年代は、学校現場でも、組合女性部から始まった「ジェンダー平等教育」が盛んになり、性別役割分業を問い直す授業実践、男女混合名簿の導入、男女別の色分けや呼称の見直し等が行われた。

学年集会や行事の時に子どもの前で指導するのが、すべて男性というのは、ふだん子どもに言っていることと違う。男性のやることは当然女性もと思い、高学年担任も生徒指導も引き受けてきた。一番の教材は私たち教師の姿だから。　　　　（Iさん）

「女子も男子も同じ」と子どもに教える一方で、自分は、男も女も関係ないという気持ちでどんな分掌も引き受けてきた。　　　　　　　　（Gさん）

一番多く担任したのは6年生。体育主任を引き受けると高学年担任の方が運動会などの行事でやり易く、学校全体が若い時から見えた。　　（Jさん）

女性教員比率50%～60%台の時代、性別役割から抜け出て、学校組織の中心に接近する女性教員も増えた。「ジェンダー平等教育」は、ジェンダーにとらわれない女性教員としてのキャリア形成にも大きく影響したと言える。

②管理職への志望形成と任用への道筋

当時、大分県の女性管理職比率は、校長30%台、教頭40%台と上昇していた。E、G、H、Iさんは、『いずみ会』の先輩女性管理職から管理職受験の声かけを受け、E、Iさんは支部女性部の

学習会にも参加した。その中で、管理職を志望する思いを強めた。

先輩の女性教員を管理職へとあと押しし、自分がその年齢になれば管理職になるのは当然だった。管理職になることは、学校運営に大きな責任を負うことであり、面倒なことは男性に任しとけばよいということにはならない。　　　　　　　　（Eさん）

男児から、「校長先生になって下さい。女の人は無理ですか？」と言われた。また市校長会が学校視察で来た時、その中に一人いた女性校長を見て、児童たちが「女の校長先生がいる」と驚いたことがあった。女性管理職の姿、男女平等の姿を教師自身が見せていかねばと思った。　　　　　　（Gさん）

定年まで働くとしたら管理職は選択肢の一つ。若い時から、全体が見える経験をしたので、管理職になることに抵抗がなかった。　　　　　（Jさん）

女性の同級生の殆どが管理職試験を受けていた。私もやれる、経験してみたいと思った。　（Fさん）

2000年以降の女性校長の志望動機は、先輩女性たちの運動の継承と、「ジェンダー平等教育」を身をもって実践することであった。

また、女性比率30%以上の時代には、自分を「女性の代表」「運動の継承者」と強く意識することなく、J、Fさんのように「選択肢の一つ」「私にもできる」として、管理職志望を形成する女性教員も多く登場したことが推察される。この時期になると、「女性教員支援団体」は、地教委への管理職増加要請を、もはや必要がなくなったとして止めている。

③女性校長としての経験

2000年以降、女性校長が増えると大規模校や中心校にも配置された。女性校長に対する厳しい視線を浴びたのは、市町村の中心校に赴任したH、Fさんである。

来賓を式場に案内していた時、背後で、有力市議の「どうしてY小に女性の校長が来るのか？　ずっとY小には校長会長をやっている男性校長が来た

のに…」という声を聞いた。背中が凍り付いていくような気持ちであった。だけど、しかたがない、これが現実なのだ。これに私なりの実績で応えていくしかないと思った。　　　　　　　　　　（Hさん）

　ある町会議員がこんどの校長は女性でしかも他所から来ると問題にしたが、それを教育長が説得したと聞いた。　　　　　　　　　　　（Fさん）

　2人は、すぐ新任校の教育課題に取り組む。Hさんは、毎年公開研をしているY小では、教員は疲弊し、研究や長時間勤務のため家庭との両立ができず2〜3年で転任を希望することを見出し、教職員との信頼関係をつくり、翌年から公開研を隔年にしていく話し合いを進めた。Fさんは、地域保護者から、「学力が向上し都会へ出ていく子どもではなく、地域を愛する子どもを育ててほしい」という要望を聞いて、「総合的な学習」で地域学習を積極的に取り入れ、教職員全員で取り組んだ。

　一方、E、G、I、Jさんは、市内周辺部の小・中規模校に赴任したが、既に女性校長配置歴のある学校で、「女性」であるが故の厳しい言動を受けた経験はあまりないと言う。

　まず、自分が教職員に対して受容的な態度をとることが基本。自分が相手を受け入れていないのに自分は受け入れてもらおうというのは無理。リーダーに必要なのは幅広い受容性。　　　　（Eさん）

　1990年代に比べ、女性管理職を見る厳しい目は緩和されてきたが、やはり、中心─男性と見るジェンダーバイアスは、2000年以降も存在している。この時期、女性校長は学校課題に即したリーダーシップを発揮しており、保護者や教職員に対する「傾聴性」や「受容性」を大切にしたことがうかがわれる。

4．結論

　本稿の目的は、1990年代以降の女性管理職増加期の要因を、女性教員の努力や連帯、支援団体との連携という視点から再検討することであ

った。調査の結果、大分県の1990年〜2010年代初めの女性管理職増加期の要因として、行政の男女共同参画施策や既成エリートによる庇護移動という従来の女性管理職の創出要因とは違った、女性教員自らが同じ立場を持つ者として、管理職への意欲や資質を培い合い、支援団体との連携や運動により、女性管理職増加期を形成したことが明らかになった。この過程は次のようにまとめられる。

　1990年代の小学校女性校長たちは、中堅期に、女性教員に対する低位化・周辺化とそれに対する忍従から異議申し立てへと動いた経験を持っている。管理職への志望形成や任用への努力は、男性教員による管理職独占に異議を唱え、女性教員も学校経営の担い手になろうという「集団」として意思形成が土台となっている。管理職任用の道のりは、決して容易ではなく、「女性教員支援団体」との連携によって、女性に集中した「退職勧奨」、「ペア管理職の排除」という行政慣行と闘い管理職選択が可能な女性教員を増大させた。任用年齢の遅れや広域・周辺人事に耐え、厳しい視線を向ける地域には、学校経営力と共に、丁寧な対応、美化など、開放的で親しみやすい管理職像を形成し、地域との新たな信頼関係を構築した。こうした努力や連帯が、「女性教員支援団体」との連携の下に、1990年代の増加期を創出したと言える。

　また、当時の女性管理職は主任等の経験のない者も多く、「管理職としての資質形成を重視し実力をつけねば、今後の上昇期は長く続かない」といった危惧も出されていた[21]。

　2000年以降の女性校長は、中堅期に「男性のすることは女性も」と学校組織におけるジェンダー平等を求める動きを加速させ、職場での男女教員比が逆転という要因が相伴って、高学年担任や主任を経験するなど従来の性別役割から脱却し、学校経営に積極的に参画するようになった。さらに、管理職になる道は先輩たちによってすでに開かれており、女性管理職進出の「闘いの継承」「子どものロールモデル」「選択肢の一つ」として、管理職を志望した。この時期、

研究論文　93

女性校長は、「学校課題の解決と見通し」を柱とするリーダーシップを発揮している。

2000年代後半、女性教員と「女性教員支援団体」との連携は徐々に薄れている。その要因には、地教委への要請活動が女性管理職比率の上昇と共に中止されたことや、県教組女性部の取組が希薄化したことが挙げられる。

後者には、任用の障害がなくなった以上、管理職進出を組合が支援すべきかという疑問の広がりがある。例えば、ある支部で、組合出身の新女性教頭を囲む学習会は、「もう必要がない」と組合員から意見が出て中止されたと言う(22)。他支部では、学習会が継続されても、参加者が数人以下へと激減している(23)。

支援団体との連携が薄れ始めても、2010年代初めまで女性管理職の高比率は維持された。2000年以降30～40%を維持した女性管理職比率は、女性教員に自信を与え、管理職選択は、「私にもできる」「個人の選択」と、支援団体の運動と幾分距離を置く女性志願者も増やした。さらに2000年代前半の40%を超える女性教頭比率が、そのまま2010年初めまで女性校長比率30%以上の持続を可能にした。

今日、全国女性管理職比率は停滞し、大分県でも減少の一途を辿っており、志願者の女性比率も約20%に急減している(24)。

2000年代後半以降、新自由主義的「教育改革」は全国の学校現場に広がり、成果主義や経営主義が進行する中、管理職像も変化した。

大分県教組女性部では、「人事評価の導入によりあえて管理職を選択しない」「管理職の広域人事拡大は女性に困難」「管理職の姿に疑問を感じる」等の、「教育改革」下の管理職選択に惑う女性教員の声が挙がっている(25)。

「教育改革」諸施策や管理職像の変化が、女性教員の管理職志願を低下させ、女性教員の連帯や支援団体との連携の希薄化がその傾向を促進していると推察される。

女性教員が、教員世界や子どもの学びの場におけるジェンダー平等を目指し、主体的に管理職を志願していくためにも、今後の行政主導の管理職育成に対抗しうる管理職像や資質形成を構築することは、喫緊の課題である。そのための女性教員の連帯や支援団体との連携の新たな再編と展開が求められている。

[謝辞]

快くインタビューをお引き受け下さった管理職経験者、教組女性部元役員の皆さま、ご協力ありがとうございました。

注・引用文献

(1)2015年11月　内閣総理府　第四次男女共同基本計画第10分野より。

(2)河野銀子編著『女性校長はなぜ増えないか』勁草書房、2017年、33-48ページ。

(3)西日本新聞「教育現場への女性進出率　全国調査」(2000年8月29日)

(4)池木清「長年の公立学校女性管理職進出度ランキング発表成果」『週刊教育資料』2010年4月5日号、6-7ページ。

(5)田口久美了「女性校長比率に差を生み出す要因」河野銀子他編『高校の女性校長が少ないのはなぜか』学文社、2011年、107-127ページ。

(6)杉山二季他「小中学校における女性管理職のキャリア形成」『東京大学大学院教育学研究科紀要』第44巻、2005年、289-290ページ。

(7)河上婦志子『二十世紀の女性教師』御茶の水書房、2014年、340ページ。

(8)前掲書、注(6)、288-289ページ。
高野良子『女性校長の登用とキャリアに関する研究』風間書房、2006年、278-282ページ。
女子教育問題研究会編『女性校長のキャリア形成』尚学社、2009年、149-154ページ。

(9)河上婦志子「システム内在的差別と女性教員」女性学研究会編『女性学研究』1号、1990年、82-97ページ。

(10)前掲書、注(6)、290ページ。
前掲書、注(8)、245-246ページ。
前掲書、注(8)、154-158ページ。

(11)佐藤智美「公立小中学校における女性管理職者数の推移に見られるジェンダー構造について」

（修論）、2001年、158ページ。

⑿日教組は1991年から婦人部を女性部と変更したが、本稿では1991年以前も含め「女性部」「女性部長」と表記する。

⒀教育委員会月報と大分県教組の話を総合。

⒁Lさんは1993～1997年県教組女性部長、O・P・Qさんは、各々1999～2000・2001～2002・2002～2003年の、異なる支部の女性部長。2016年9月～2017年2月に、聞き取りを実施。

⒂県下初の女性校長伊藤こうは地域や男性教師の反発を受け、翌年自ら降格を申し出た。大分県退職現職女性教育管理職等の会編『あゆみ―いずみのごとく―』1999年、25ページ。

⒃すでに故人であり、⒂の冊子に実名が載っている人物は、これ以降も実名とした。

⒄報復人事の他、夜間や土日の教育長からの呼び出しや夫の兄姉を使った退職強要が行われた。前掲書、注⑾、98-100ページ。

⒅来馬頼緒「『いずみ会』と私」大分県退職現職女性教育管理職等の会編『会報いずみ』11号、2006年、2-3ページ。

⒆来馬頼緒からの聞き取り（2000年7月22日）

⒇『日教組女性部50年のあゆみ』2002年、県教組女性部『定期大会議案書』1994～2005年。

㉑前掲書、注⒆。

㉒、注⒁でOが2003年、隣支部について言及。

㉓、注⒁でO、P、Qが2000年代半ばの参加者数について言及。

㉔大分県教育委員会 2008～2016年「管理職試験志願者数」より。筆者の情報開示請求。

㉕県教組女性部『定期大会議案書』2010～2016年。

ABSTRACT

A study of the efforts and solidarity of female teachers for achieving promotions to the level of principal
—— The female members of the Japan Teachers Union in Oita prefecture from the 1990s until the early 2010s ——

SATO Tomomi
（Graduate Student, Osaka University）

The purpose of this study is to examine why the rate of female principals increased from the 1990s to the 2000s. The study focuses on the professional movements of female teachers and "the support organizations for female teachers" that aim to attain gender equality in school.

In Oita prefecture, the focus of this investigation, the rate of female principals climbed more rapidly from the 1990s until the early 2010s than in any other prefecture. Additionally, the rate of members of the Japan Teachers Union in the area was also relatively high. By interviewing ten female elementary school principals and members of "the support organizations for female teachers" made of Japan Teachers Union female club and the retired female school principals club, this study makes the following observations.

Female principals in the 1990s had to protest gender inequality to progress with their careers. Cooperating with "the support organizations for female teachers", they made efforts to increase the number of female principals to expand women's rights.

Owing to the efforts made by female teachers in the 1990s, female teachers after the 2000s were able to obtain many different positions in their schools, and could be promoted to the principal level almost as smoothly as male teachers. They introduced gender equality education and attempted to provide female leaders as role models to their students. Cooperating activities between female teachers and supporting organizations decreased in the later 2000s because they did not think that further cooperation was necessary.

In conclusion, the factors that increased the rates of female principals in Oita prefecture from the 1990s until the 2010s were the efforts and solidarity of female teachers cooperating with supporting organizations. These factors were different from the policy of Gender Equality and the promotion of protection by the established Elite, which has been proposed by previous research.

Keywords：**female teachers, female principals, gender equality, Japan Teachers Union**

〈研究論文〉

現代の教職理論における「省察
（reflection）」概念の批判的考察
── ザイクナーとリストンによる「省察的教育実践」論を
手がかりに ──

髙野　貴大（筑波大学大学院／日本学術振興会特別研究員）

1．問題の所在と研究目的

　本稿の目的は、現代日本の教職理論において中核的位置を占めるようになった「省察（reflection）」概念について、ザイクナー（Zeichner, K）とリストン（Liston, D）による「省察的教育実践（reflective teaching）」論を手がかりにしながら批判的に捉え直すことである。

(1)現代の教職理論の中核としての「省察」概念

　日本では1990年代以降、教職の専門職化を標榜する議論の中で「省察的実践家（reflective practitioner）」論が広く受容されてきた。今日、教職という職業の在り方を指し示す理論体系において「省察」は中核的概念となっている。

　それは、教職の専門性の基盤となる知識・技術に対する解釈の変化を意味する。1980年代までの日本の教職理論では、リーバーマンの所論に基づいて、既成専門職に匹敵しうる体系的知識や技術を十全に備えることが教職の専門性の確保であり、専門職化の実現につながると想定されていた[(1)]。しかし、ショーン（Schön, D.A.）によって『省察的実践家：専門家の思考方法』（1983年）[(2)]が著されて以降、専門職要件と専門職実践の関係性を反転させ、優れた専門家の実践の分析を通して、その実践を支持する専門職要件を検討する方向性が打ち出された[(3)]。これにより、教職は不確実な問題状況に一定の意味を与え（framing）、「問題の設定（problem setting）」を行う「行為の中の省察（reflection-in-

action）」によって実践していると考えられるようになった。例えば、佐藤学らによる教師の実践的思考様式に関する実証的・理論的研究では、活動過程における「省察」と、理論的な概念・原理を対応させて翻案する「熟考」を「省察的実践家」としての教師の実践的思考様式とした[(4)]。

　こうした動向は、1980年代以降のプロフェッショナル研究が、知識を駆使して問題の設定・解決ができる実行者に着目する研究へと推移したことと符合する[(5)]。かつてのプロフェッショナル研究では、専門的知識・自律性・職業規範の獲得と保持をプロフェッショナルの資質として捉えてきた。しかし現代では、「行為の中の省察」を軸に、専門職が実践において、いかに問題を設定し解決するのかを職務原理として把握しようとする動きが、専門職の条件に関する議論として進展した[(6)]。

(2)教職の専門性の相対化

　他方で、学校ガバナンス改革の下で、教職の専門性は相対化される動向にある[(7)]。先進資本主義国において、福祉国家的政策による肥大化した行政機能と官僚制の見直しを図るために進行したガバナンス改革は、2000年代以降、日本の学校教育政策にも入り込んできた。学校運営協議会の制度化（2004年）による地域住民の学校参画拡充や、「民間人」校長登用の制度化（2000年）等の改革は、学校教育を教職の専門性に依拠する統治から、「民」に開かれた共同統治への構造転換を促した[(8)]。すなわち、ガバメン

トからガバナンスへの転換によって、学校に関わるステイクホルダー間の関係性が問い直され、第一義的に学校教育の「専門家」として位置づけられていた教師（教職）の位置の組み換えが起き、教職の専門性が相対化される状況にある[9]。こうした状況では、教師の教育の自由が拡大される可能性がある一方で、教師の専門的判断と親や住民の要求とが直接的な緊張関係におかれる局面が増えることにもなる[10]。これは教職の専門性の存立基盤の揺らぎを導き、教職とはいかなる社会的責任を付与される専門職なのかという問いを先鋭化させる。

　以上の通り、専門職論としての「省察的実践家」論の提起によって、専門職の実践が体系的知識や技術の獲得と保持によって可能となるのではなく、不確実な問題状況に意味を与える「問題の設定」から始まる実践であることが明らかにされてきた。その文脈で、日本の教職論へ「省察」概念が受容されてきた一方で、学校ガバナンス改革によって、教職の専門性の存立基盤は鋭く問われる現状にある。こうした状況では、教職の専門性の存立基盤を支えうる鍵概念として、教師の「省察」概念の内実を掘り下げて追究する必要がある。

(3)教師の「省察」概念に内包される限定性

　現代の教師教育改革が教師に即時的な実践力を強く求める傾向を強めているため、「省察」概念は表層的な性質に留まっていると考えられる。また、ショーンによる所論がそもそも曖昧性を抱えており、日本で広められた「省察」概念は限定的性質を拭えないのではないか。これが本稿における問題意識である。

　ショーンの関心は、専門職が「行為の中の省察」に基づいた実践をいかに展開するかという専門職の実践における認識論にあった。そして、「行為の中の省察」の中核に、「問題の設定」が位置づくことを指摘した。「問題の設定」とは、不確実な状況に一定の意味を与え、「問題状況」を「問題」へと移し変えるプロセスである[11]。ただし、ショーンの所論では、「問題の

設定」を行う際の各専門職にとっての基盤の知には言及されず、各専門職が何を根拠に「問題の設定」を行うかは曖昧である。もとよりそれは、ショーンの関心が専門職実践における思考様式を示すことを第一としていたため、彼の所論の範疇には収まらないのかもしれない。しかし、先に指摘した教職の専門性が相対化される現状を鑑みれば、教職にとって、何を根拠に「問題の設定」をすることが教職の専門性を保証するのかを議論しなければ、現代の教職理論の中核を成す「省察」概念の具体的要件を明らかにすることは難しい。岡村はショーンによる「行為の中の省察」概念が日本の教師教育論においてプラスチックワード化し、無批判に受け入れられている現況に警鐘を鳴らしており示唆的である[12]。ただし、ショーンの「省察」論の検討のみでは、教職理論としての「省察」の構成要件の追究には至らないだろう。

　また、1980年代以降、教師教育政策は「実践的指導力」の育成を強く打ち出してきた。特に、2000年代以降は、教員養成の「高度化・専門職化」が追求され、従来の教育系大学院が「実践的指導力」を軽視しているという見方を前提にして2008年に教職大学院が創設され、以後拡充している。さらに近年では、教職課程コアカリキュラムや教員育成指標といった教師教育のスタンダード策定が進められている。こうした動向は、大学（院）における教師の育成を技術的合理性に基づく実践性へと方向づけていく恐れがある。もし、そのような動きの中に「省察」概念が押し留められてしまうと、教師の「問題の設定」の視野は眼前の実践にただ適応するための対症療法的な内容に陥る危険性がある[13]。「行為の中の省察」における「問題の設定」の適切性を問うたり問題状況を探究したりする思考水準が表層的な位相に留まらないよう「省察」概念の内実を捉え直さなければならない。もとより、「省察」概念は教職の専門職化を志向する文脈で受容されたことを踏まえれば、教職理論として重要な鍵概念であり、その在り方を眼前の実践の知識・技術の振り返りに留まらない視

野で捉え直す必要があると考える。

⑷ザイクナーとリストンによる「省察的教育実践」論に着目する理由

以上の問題意識に基づくと、1980~90年代のアメリカで展開したザイクナーとリストンによる「省察的教育実践」論は注目に値する。なぜなら、彼らがショーンの所論の曖昧性に課題認識を持ち、なおかつ教職固有の「省察」概念に焦点を当てて議論を展開したことは、本稿の問題意識と通底するためである。アメリカではショーンによる「省察的実践家」像の提起（1983年）以降、教職理論でも「省察」を鍵概念とする議論が展開した。その時期に、ザイクナーとリストンはショーンの所論の単純な適用に疑義を呈し、自身の実験的研究に基づいて教職固有の「省察」論を展開した。

彼らの論はウィスコンシン大学マディソン校での教育実習モデルの紹介[14]や批判的アプローチに基づく教師の「省察」概念の紹介[15]といった形で日本でも取り上げられたことがある。しかし、現代の教職の専門性や日本における教師の「省察」概念の問題性に着目して、その議論を子細に分析した研究はない。

そこで本稿は、彼らの「省察的教育実践」論を日本における教職理論の中核を成す「省察」概念を再考する基点としてその必須要件を考察し、教職の専門性が鋭く問われる昨今の日本の動向に対する示唆を得たい。

ザイクナーとリストンによる議論の分析にあたっては、1980年~90年代に公刊された彼らの書籍、論文のほか、リストン氏に行った聞き取り調査（2016年8月31日および2017年9月15日実施）のデータを用いる。

2．ザイクナーとリストンによる教育実習モデルとその基盤理論

⑴共同研究のプロセス

ザイクナーとリストンは、1970年代後半~1990年代のアメリカにおける急進的な教師教育改革の中で、大学を基盤とした教員養成がいかなる役割を果たせるかという視点から共同研究を行った。その成果は、批判理論に基づく教師教育に関する専門書として1991年に公刊された[16]。そして、この書籍を教職課程の講義用教科書へ改編した図書[17]が1996年に刊行され、アメリカの教師教育教材として広く採用された[18]。

共同研究の端緒はウィスコンシン大学マディソン校における教育実習の改善にある。きっかけは、二人が協働して教育実習生（student teacher）に対する養成教育を担当したことにある。ウィスコンシン大学マディソン校の博士課程院生だったリストンは、1980年から1985年にかけて教育実習生のスーパーバイザーとして教員養成に携わっていた[19]。スーパーバイザーは、博士課程の院生が担当し、教育実習の学生支援、一部の指導を担う。一方で、ザイクナーは1976年から教員養成の担当責任者（co-director）という職にあった[20]。リストンは、批判的教授学（critical pedagogy）で著名なマイケル・アップル（Apple, M）を指導教員とし、ザイクナーはデューイの思想をはじめとした「省察」概念を共に学ぶ機会を持った。こうした関係で彼らは問題意識を共有し、ヴァン＝マーネン（Max van=Manen）やショーンの所論等にみられる「省察」概念の多様性と多層性を把握したという[21]。

⑵共同研究における基盤理論

ザイクナーとリストンによる「省察的教育実践」論は、メンターやコーチングを重要視した点で評価されている[22]。それは、大学と実習校の教師教育担当者が、それぞれの立場から実習生に対して刺激を与えながら、携わることを重要視していたためである。

こうしたスーパーバイザーの指導を実現するために、彼らはヴァン＝マーネンによる「省察の位相（level of reflectivity）」に関する論究を基盤理論として用いた。ヴァン＝マーネンは、省察を「技術的省察（technical reflection）」、「実践的省察（practical reflection）」、「批判的省察（critical reflection）」の3つの位相で捉えた[23]。

スーパーバイザーによる「臨床的指導（clinical supervision）」に関する旧来の考え方は、教育実践の「合理的分析（rational analysis）」に焦点があてられ、「技術的省察」が中心となっていたという[24]。ザイクナーとリストンは技術的合理性に依拠した「臨床的指導」に強い疑問を抱いていた。そこで、スーパーバイザーとの協議や指導において、ヴァン=マーネンによる「批判的省察」概念を用いた。ヴァン=マーネンによれば、「批判的省察」とは学校教育の社会的、倫理的、政治的側面を考慮に入れることである[25]。これにより、実習生は自身の実習を批判的な視座で意味づけることができると、その意義を理論的に説明した。これに基づき、彼らの示した教育実習モデルでは、スーパーバイザーが協議で用いる「尺度」として「技術的」「実践的」「倫理/道徳的」の３点が挙げられている（図１-⑤）。

　また、ベイヤー（Beyer, L）による教員養成の考え方を参考に、臨床経験（clinical experience）と教育学的知識の両者を重視する立場を明確にした[26]。ベイヤーは教員養成の「土台（foundation）」に教育哲学、教育社会学などの教育学的知識の学修を位置づけ、現場での経験と「土台」となる教育学的知識の獲得の両者を中核としたプログラムを運営した[27]。ザイクナーとリストンが携わったウィスコンシン大学マディソン校の教育実習実践でも、15週間の教育実習の間、週１回２時間は大学で教育実習セミナーを受講することとなっていた（図１-③）。この教育実習セミナーが目指していたことこそ、臨床経験と教育学的知識を接続させる指向性である。彼らは、教師にこれからなる学生が、自身の前提とする社会的通念に注意を払い、学校教育やそれを取り巻く社会の現状に対する適切な認識を促すことができるよう、大学での科目履修と実習経験を連関させる重要性を提起した[28]。

(3)教育実習の実験的研究とモデル化

　以上のような、臨床的指導とそこにおける「批判的省察」を促す理論に基づいて、ウィスコンシン大学マディソン校での教育実習の実験的研究（empirical study）を実施し、作成されたのが、図１の教育実習モデルである。

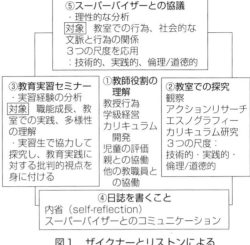

図１　ザイクナーとリストンによる教育実習モデル[29]

　このモデルは、①教師役割の理解を中心として、②教室での探究、③教育実習セミナー、④日誌を書くこと、⑤スーパーバイザーとの協議の５つで構成される。ここでは、②実践の行為における探究（inquiry）と並行して、大学（university-based）での学びとして③教育実習セミナーや④日誌を書くこと、⑤スーパーバイザーとの協議を行い、教室での実践を俯瞰する機会を設けている。このような養成課程、教育実習によって、「省察的」な教師が育成されると考えたのである。

　なかでも彼らのモデルでは、実習における大学の役割と意義が強調される。そのため、③教育実習セミナーと、⑤スーパーバイザーとの協議が重視される。

　教育実習セミナーとは実習期間中に大学において週１回２時間行われるセミナーを指す。このセミナーは、実習生が教室における眼前の問題に即応的な「レシピの知識（AならばBという結果が生まれるという行動の知識）」を得るためのものではなく、これらの問題が、特定の教室を超えたより大きな問題とつながっていると

分析することを求める[30]。ここでは、実習生が、担当する教室で起きる問題を「批判的」に考察し、教室内での多様な文化や隠れたカリキュラムなどの課題に向き合うよう援助することが重要である[31]。

スーパーバイザーとの協議で実習生は、教室での実践や社会的な文脈に位置づく教師の実践について、スーパーバイザーと協議を行う。これを通じて、実習生には、実習期間を終えて教職に就いた後の長い教職経験を通じて教師としての大局観を獲得することが期待される[32]。教育実習セミナーの場合と同様にスーパーバイザーとの協議でも、教育におけるジェンダー、人種、社会階層などに関連する問題について実習生が関心を寄せるようにし、平等と正義の問題を中核にしてプログラムを実施した[33]。

3．ザイクナーとリストンによる「省察的教育実践」論とその省察概念

ザイクナーとリストンは1980年代末以降、上記の共同研究の成果に基づいて、「省察的教育実践」論を形成していった。

1980年代後半から90年代のアメリカでは、教師の「省察」や教師教育における「探究」という概念が、広範な意味を含んで用いられていた。カルダーヘッド（Calderhead, J）は、それが多義的に捉えられてしまうがゆえに、「何も意味をなさない状況に陥っている」との問題意識から、社会理論を用いて教師の「省察」概念の違いを把握した[34]。そして、それは技術的有効性（technical effectiveness）から倫理的責任（moral responsibility）に及ぶ広い範囲で正当化され、この広範囲で多様に教師教育のプログラムに組み込まれていると指摘した[35]。

(1)ザイクナーとリストンによる教師の「省察」概念の分類

こうした指摘がなされる中で、ザイクナーとリストンも教師の「省察」概念を分類し、彼らの立場を明確化した。

まず、20世紀における教員養成を転換しよう

とする思考様式（tradition）を4つに分類した[36]。それは、①学問的（academic）、②社会能率的（social efficiency）③発達主義的（developmentalist）、④社会改造主義的（social reconstructionist）である。そして、特定の思考様式を持たない総括的立場（generic）を加え、教師の「省察」概念を捉える枠組みとした[37]。

学問的思考様式では、アカデミックな知識を教員養成で扱うことが教師の実践に役立つという指向性を持ち、伝統的な教養教育を行う意義を強調する。もともとアメリカではリベラルアーツ重視の教員養成が、カレッジや大学で行われており、小学校でも中学校でも教師は教科内容のスペシャリストで、学識者であることが重要とされた[38]。

社会能率的思考様式は、技術的合理性の考えに近接し、教え（teaching）に関する科学的知識を習得し、それを適応して実践を遂行することが重視される。この立場は、学校の社会的文脈、平等や社会正義の問題、子どもの発達段階に関する理解、教科内容の知識は、全体的に等閑に付されているという[39]。

発達主義的思考様式は、認知心理学や発達心理学を基盤とし、個人的成長に目が向けられる[40]。ここでは、社会正義や平等の問題、社会状況の文脈も視野に入ってはいるが、教師や生徒の個人的成長に焦点が当てられるという[41]。発達主義の「省察」論者としてザイクナーは、コルトハーヘン（Korthagen, F）とワベルズ（Wubbels, T）を挙げる[42]。子どもや教師個人の成長に重点を置くこの立場は、ザイクナーとリストンの立場として不十分であった。

それでは、ザイクナーとリストンが依拠する立場とは何か。それは、社会改造主義的思考様式である。社会改造主義の立場は、デューイの発想を源流とし、教師を社会変革の主体に位置づけようとする。これは、アメリカにおける人々の多様性と教育の関係を社会的文脈で捉え、人種や性別、貧困などにより、不利に置かれている子どもの状況を改善し、より公正で慈悲深い社会の創造に貢献できる教師の養成を目的と

する。そのような教師養成には、大学での教員養成課程における臨床経験と「土台」となる教育学的知識の互恵的な展開が必要となるという[43]。つまり、教師の教育実践を社会的行為として捉え、よりよい学校をつくるためには、学校を取り巻く地域コミュニティの状況を把握することが不可欠で、そのうえで「省察的教育実践」が可能となるとする。

　彼らが社会改造主義に依拠して議論を展開したのは、当時のアメリカの学校教育をめぐる問題状況と、それに対応するために批判的教授学が隆盛していたことがあるという[44]。「社会改造主義」は、1920～40年代にアメリカで流行した思考様式だが、1980年代に再評価されていた。彼らが共同研究を展開した1980年代のアメリカでは、「学校が子どもたちを公平に扱ったり、学校が生徒を平等に教育したりするために、批判理論や批判的教授学が社会正義に関係するその時代の重要な課題であった」という[45]。そこで、彼らは、「多様性（diversity）」を認め「精巧な（elaborate）民主主義」を実現する社会への変革を目指す「社会改造主義」を再評価する動向に自身の「省察」概念を位置づけた[46]。

(2)社会改造主義と教師の「省察」概念

　社会改造主義の視点から、彼らはショーンの「省察的実践家」論が、教職になじまない点があることを指摘した。なぜなら、ザイクナーとリストンにとって、教師とは「社会的アクター（social actor）」であり、社会変革をも視野に入れて行為を行う主体である。それに対して、ショーンの「省察的実践家」論では、様々な専門職の一つとして教職が捉えられているものの、「社会的アクター」としての教師という点への関心は希薄であると彼らは受けとめていた[47]。そのため、ショーンの所論に従属しえない性質を持っていた。「社会的アクター」として、コミュニティの状況や「公正な」社会へ向けた関心を持ち合わせることは、彼らが考える教職の「省察」概念にとって欠かすことのできない要素であった。

　そのため、「省察的実践家」論を教職に単純に適用するのではなく、学校教育の社会的条件と公教育の担い手としての教職の専門性の固有性を重視した。そのことは、共同研究の成果をまとめた書籍Liston & Zeichner（1991）の構成に顕著に表れている。第4章では、「教員養成において学校教育の社会的文脈を取り上げること」について論じている。そこでは、「教師の仕事とは何か」「誰が教師の仕事を定義するのか」「教師の仕事を誰が正当化するのか」について論じられ[48]、そのうえで「省察的教育実践」論における社会的文脈が述べられる。そこでの「社会的文脈」とは、「マイノリティ文化と学校教育でのマジョリティ」という視点であり、「教師が、ラティーノの文化やアフリカン・アメリカンの文化、ジェンダーと教育実践をどのように関係づけるのか」が重視される。つまり、社会改造主義的「省察」概念を内包する教員養成論では、学校教育の社会的文脈とその条件に焦点が当てられ、学校教育における多様性と公平性に目を向けることが求められる[49]。

(3)ラディカルな批判的教授学との距離感

　彼らは、社会的条件や公正を加味したうえで実践する教師像を社会改造主義の立場から論じたものの、ラディカルな社会運動論的に教師像を立ち上げようとする立場とは距離を保ちながら教師の「省察」概念を構想した。

　特に、学校教育を「社会の変革者」を育成する機関として位置づけようとするジルー（Giroux, H）らのラディカル派による主張に対しては、「必ずしもそうではない」と指摘した。リストンとザイクナーはラディカル派批判的教授学の教師教育論者による、教員養成における社会変革的なイデオロギーの教化（indoctrination）を批判し、教育が美徳でいっぱい（virtue-laden）の社会的実践として機能するために、教師にとっての省察的探究をいかに促すかが重要だと論じた[50]。彼らは、教師を教室内での政治的運動家として位置づけることに警告を与えると同時に、教室外での教師の政治的運動を後押しする

研究論文　103

重要性も主張した[51]。そして、子どもたちの「自由」で自己主導的な生き方に向けた学校教育が抑圧されていないかどうかを「倫理」に基づいて教師が判断することを重要視した。すなわち、彼らは、学校教育の社会的文脈や公正に焦点を当てて実践する「社会的アクター」として教師を養成する鍵概念として、「倫理的熟考（moral deliberation）」概念を用いた[52]。教師の「倫理的熟考」とは、目の前の子どもたちがどのような社会的環境に置かれているのか、社会的に自由を奪われていないかに対する教師の価値的判断を指す。これは、社会改造主義的思考様式に位置づくが、必ずしも全ての状況において教師が「社会変革」に寄与しなければならないというものではない。教師は目の前の子どもが置かれた具体的な状況を理解し、思いやりを持ち子どもに寄り添って実践を展開することが求められる[53]。その意味で「社会の変革者」として子どもを教化する指向性とは一線を画す。ザイクナーとリストンは、教師の「倫理的熟考」に次の3つの価値を含むとした。それは、教師が、①個人の欲求ではなく社会正義を優先すること、②教化を行わないこと、③冷淡で合理的な行動ではなく、思いやりの精神を持って子どもに接することの3つである[54]。

特にリストンは、単著『資本主義の学校』（1988年）[55]やザイクナーとの共著論文[56]で、倫理学の理論を用いて教師の「倫理」の重要性を提起した。そして、彼は教師の「倫理的熟考」概念における上述した3つの価値に通底するものとして、「職責の倫理（ethic of duty）」と「徳の倫理（ethic of virtue）」を示した。「職責の倫理」とは、教師が抽象的な次元の原理（自由、正義、人権等）に基づき、学校教育における平等や子どもの自己主導的な生き方を阻害する要因について検討することを指す[57]。一方で「徳の倫理」は、教師が慈悲深い心を持って、目の前の子どもの個別具体の状況に寄り添う思慮を表す[58]。これは、ノディングス（Noddings, N）の「ケアリング」概念に依拠し、個別具体の状況での子どもとの思いやりを持った関係性を重視した。つまり、「職責の倫理」が学校教育の社会的条件や社会の公正を志向する抽象的な次元を意識した倫理的な思慮であるのに対し、「徳の倫理」は、目の前の子どもの具体的状況に対する思いやりや寄り添いの精神を意味する[59]。

この背景には、ラディカルな批判的教授学に対するリストンの課題認識がある。彼は、社会変革の理念ばかりがラディカルな批判的教授学で強調され、実証性が軽視されてきたことに疑義を呈し、人間集団のミクロな具体的関係性を視野に置くことが批判的教授学の可能性だと主張した[60]。

(4)ザイクナーとリストンによる教師の「省察」概念の必須要件

以上の彼らの議論をまとめる。彼らにとっての教師の「省察」概念とは、「社会的アクター」としての自身の役割を把握しながら不確実な状況で行われる教育実践において「問題の設定」を行い、実践することである。つまり、「省察的教育実践」の必須要件は、教師が「社会的アクター」として自身の職を認識し、実践を行うことにある。ただし、「社会的アクター」とはラディカルな批判的教授学論者とは一線を画し、社会運動家としての教師像だけを強調するわけではない。教師には、「倫理的熟考」が求められ、①思いやりを持ち、目の前の子どもの状況に応じて寄り添いながら実践を行う（「徳の倫理」）と同時に、②教室外部からの学校教育や子どもの「自由」を抑圧する要因に意識を向け「声をあげる」存在でもある（「職責の倫理」）とした。不確実な状況で、この両者の「倫理」を同時にはたらかせることこそ教師の「省察」だとして、教職の専門性を支える理論に位置づけた。

この育成段階として、大学の教員養成課程、特に教育実習を重視した。彼らのモデル（図1）では、実習校での「探究」とともに、大学での教育実習セミナーやスーパーバイザーとの協議が重要視された。臨床経験とそれに対する教育学的知識に基づいた批判的な省察を重視したのである。

4．考察

ショーンによる「省察的実践家」論以降、曖昧模糊な「省察」概念が教職理論の中核概念として流布され始めていた1980〜90年代のアメリカで、ザイクナーとリストンはそれらの議論を整理し、社会的文脈を加味した教職固有の「省察」概念を定位しようと試みた。

彼らにとって「省察的教育実践」とは教師が、目の前の子どもの背景にある社会的文脈への理解と公正の実現に向けて「問題の設定」を行うため、自ずと教師の「省察」における「問題の設定」は学校教育や教師の公共的使命へと押し広がる。彼らが教師に「省察的」〈である〉ことを求めたのは、教師の実践が極めて不確実で、その指針は一方向的に決め得ないため、それぞれの教師が専門的自律性に依拠しながら実践的に判断する必要があるためである。その専門的自律性は、①教室内での「ケアリング」に基づく実践と、②地域社会のコミュニティを基礎単位に「精巧な民主主義」社会へ変革することの2点を同時に考えながら実践することで発揮される。

こうした彼らの議論は、現代日本の教職理論の中核としての「省察」概念に重要な示唆を提示している。2000年代以降の学校ガバナンス改革によって、学校に関わるステイクホルダーの関係性が問い直され、教職固有の専門性とは何なのかが問い返される状況となった。こうした動向にあっても、学校や教師に公共的使命が付与されていることを踏まえれば、教師は学校に関わるステイクホルダーの利害を調整し協調的関係を構築しつつ、公正な社会に向けた教育実践を展開する専門職としての性質を保持する必要がある[61]。こうした専門職としての教師には、眼前の教育実践と社会正義とを連関させ「問題の設定」を行う「省察」概念が求められる。つまり、「社会的アクター」としての自己認識に基づいて目の前の子どもの背景や多様なステイクホルダーの意向を勘案し、実践における「問題の設定」を行うものだとする「省察」概念を教職理論として強調することが重要となる。

日本の学校教育の現状を見ると、子どもの貧困率の高さや、外国人児童生徒に対する教師の対応など、「公正」に関わる課題が問われている。これだけでなく、子どもを取り巻く環境の変化によって、学校が抱える教育課題は多様化している。こうした課題への対応に向けて、教師が対症療法的な行為者ではなく「社会的アクター」として自身を位置づける教職理論として、「倫理的熟考」を基盤とした「省察」概念を論じていく必要がある。

これまでの日本における教職理論としても「省察」と「熟考」を連関させる重要性が述べられてきた。例えば、秋田は「熟考」に「自分のおかれている文脈やすでに当然とされている実践に対する社会的な制約やそのイデオロギーに気づくこと」が含意されるとした[62]。しかし、その社会的文脈を加味する水準が、実践との関連でどこまで問われるかについて論究されてきたとは言い難い。本稿では、ザイクナーとリストンによる「省察的教育実践」論を分析することで、教師の「省察」における「熟考」が社会変革指向性と目の前の子どもの現実とが離れない文脈で意義づけられていたことを明らかにした。それが教職の専門性が鋭く問われる現代の教師の「省察」概念の中核となると指摘した点は、本稿の成果である。社会改造主義的な教職理論のその後の展開を踏まえた教職固有の「省察」概念に関するさらなる論究が今後の課題となる。

注

(1)市川昭午『専門職としての教師』明治図書出版、1969年。市川昭午編『教師＝専門職論の再検討』教育開発研究所、1986年、1-33ページ。

(2)Schön, D.A., *The reflective practitioner: how professionals think in action*, 1983, Basic Books.

(3)三品陽平『省察的実践は教育組織を変革するか』ミネルヴァ書房、2017年、20-22ページ。

(4)佐藤学『教師というアポリア』世織書房、1997年、64-65ページ。

(5)西脇暢子「組織研究の視座からのプロフェッショナル研究レビュー」組織学会編『組織論レビューⅠ』白桃書房、2013年、95-145ページ。

(6)浜田博文「公教育の変貌に応えうる学校組織論の再構成へ―『教職の専門性』の揺らぎに着目して」『日本教育経営学会紀要』第58号、第一法規、2016年、36-47ページ。

(7)浜田博文「ガバナンス改革における教職の位置と『教員育成指標』をめぐる問題」『日本教師教育学会年報』第26号、学事出版、2017年、47-48ページ。

(8)浜田博文「『学校ガバナンス』改革の現状と課題―教師の専門性をどう位置づけるべきか？」『日本教育経営学会紀要』第54号、第一法規、2012年、23-34ページ。

(9)浜田博文、2017年、前掲論文、47ページ。

(10)大桃敏行「地方分権の推進と公教育概念の変容」『教育學研究』第67巻第3号、2000年、25ページ。

(11)Schön, 1983, op.cit., pp.39-40.

(12)岡村美由規『D.A.ショーンのreflection-in-action概念の再検討―実践についての認識論に着目して」『日本教師教育学会年報』第26号、学事出版、2017年、64-74ページ。

(13)こうした危惧は近年の教育学界において広く認識されている。例えば、油布は「実践的指導力」重視の改革下で問題解決的な「省察」に関心が集中し、教育実践が及ぼす社会的・制度的影響を相対化しうる思考水準は忘れられがちだと指摘する（油布佐和子「教師教育改革の課題―『実践的指導力』養成の予想される帰結と大学の役割」『教育學研究』第80巻第4号、2013年、78-90ページ）。また、山﨑は、「実践的指導力」育成の政策下で、上意下達的な組織体制での上からの課題解決をめざした取り組みの道具に「省察」が矮小化されることを懸念する（山﨑準二「教職の専門家としての発達と力量形成」日本教師教育学会編『教師教育研究ハンドブック』学文社、2017年、18-21ページ）。

(14)磯田一雄「教職課程における教育実習の効果―ウィスコンシン大学における研究事例について

の覚え書」『成城文藝』120号、1987年、235-256ページ。上森さくら「K.ツァイヒナーにおける多文化教育と教員養成プログラム―社会正義を志向する教員養成プログラムの特徴と意義」『教育方法学研究』36巻、2011年、73-83ページ。

(15)秋田喜代美「教師教育における『省察』概念の展開―反省的実践家を育てる教師教育をめぐって」『教育学年報』5、1996年、451-467ページ。

(16)Liston, D. & Zeichner, K., *Teacher education and the social conditions of schooling*, Routledge, 1991.

(17)Zeichner, K. & Liston, D., *Reflective teaching: an introduction*, L. Erlbaum Associates, 1996.

(18)同書は2014年に改訂された。Zeichner, K. & Liston, D., *Reflective teaching: an introduction 2nd edition.*, Routledge, 2014. 同書は初版の刊行から約20年の経過により変化した社会的な課題に対応するために改訂が行われたが、彼らの基本的な考え方に変化はない。

(19)Liston & Zeichner 1991, op.cit., p.234.

(20)Ibid.

(21)リストン氏への聞き取り調査データ（2016年8月31日実施）より。

(22)Tannebaum, R.P., Hall, A.H. & Deaton, C.M. "The development of reflective practice in American education". *American Educational History Journal*, 40（1-2）, 2013, pp.241-260.

(23)Van=Manen, M. "Linking Ways of Knowing with Ways of Being Practical". *Curriculum Inquiry*, 6（3）, 1977, pp.205-228.

(24)1980年代当時、スーパーバイザーによる指導は、ゴールドハマーらによる教員養成における「臨床的指導（clinical supervision）」理論が流布していた。（Goldhammer, R. *Clinical supervision: Special methods for the supervision of teachers*, 1969, Holt McDougal.）

(25)Van=Manen, 1977, op.cit.

(26)Liston & Zeichner, 1991, op.cit., p.157.

(27)Beyer, L. *Knowing and acting: Inquiry, Ideology, and Educational Studies.* London: Falmer Press, 1988.

(28)Liston & Zeichner, 1991, op.cit., p.59.

(29)Zeichner, K. & Liston, D., "Teaching Student

Teachers to Reflect". *Harvard Educational Review*, 57
（1）, 1987, pp.23-47.のp.35中の表およびListon &
Zeichner, 1991, op.cit., pp.168-174をもとに筆者が
作成した。

(30)Liston & Zeichner, 1991, op.cit., p.172.

(31)Ibid.

(32)Liston & Zeichner, 1991, op.cit., p.174.

(33) Ibid.

(34)Calderhead, J., "Reflective teaching and teacher ed-
ucation". *Teaching and Teacher Education*, 5 （1）,
pp.43-51.

(35)Ibid.

(36)Liston & Zeichner ,1991, op.cit., pp.4-34.

(37)Zeichner, K. "Conceptions of reflective teaching in
contemporary US teacher education program re-
forms". *Reflective teacher education: Cases and cri-
tiques,*1992, pp.161-173.

Zeichner, K. "Conceptions of reflective practice in
teaching and teacher education". *Action and reflection
in teacher education,* 1994, pp.15-34.およびZeichner
& Liston, 1996, op.cit., pp.51-62.

(38)Liston & Zeichner, 1991, op.cit., p.5.

(39)Zeichner, 1994, op.cit., p.24.

(40)Ibid.

(41)Liston & Zeichner, 1991, op.cit., pp.20-26.

(42)Zeichner, 1994, op.cit., p.28.

(43)Liston & Zeichner, 1991, op.cit., p.176.

(44)リストン氏への聞き取り調査データ（2016年8
月31日実施）より。

(45)同上

(46)Liston & Zeichner, 1991, op.cit., pp.192-193.

(47)Liston & Zeichner, 1991, op.cit., pp.80-81, p.89.

(48)Liston & Zeichner, 1991, op.cit., pp.94-100.

(49)Liston & Zeichner, 1991, op.cit., p.193.

(50)Liston, D. & Zeichner, K. "Critical pedagogy and
teacher education". *Journal of education,* 169 （3）,
1987a, p.120.

(51)Liston & Zeichner, 1987a, op.cit., p.125.

(52)Liston, D. & Zeichner, K. "Reflective Teacher
Education and Moral Deliberation". *Journal of Teacher
Education*, 38 （6）, 1987b, pp.2-8. および Liston &

Zeichner, 1991, op.cit., p.168.

(53)Liston & Zeichner, 1991, op.cit., p.168.

　1980年代末から、「倫理」に着目して教師教育
における「省察」を定位しようとする動向があっ
た。例えば、社会改造主義的教員養成論者のヴァ
リ（Valli, L）は、技術的アプローチを超克した省
察的教師教育の倫理的アプローチでは、倫理的熟
考、ケアリングの精神、社会への批評を要素とし
て含むことが重要とした。（Valli, L. "Moral
approaches to reflective practice". *Encouraging
reflective practice in education: An analysis of issues
and programs*, 1990, pp.39-56.）

(54)Liston & Zeichner, 1991, op.cit., p.35.

(55)Liston, D. *Capitalist schools: Explanation and
ethics in radical studies of schooling*, Routledge,
1988.

(56)Liston & Zeichner ,1987b, op.cit., pp.4-7.

(57)Liston & Zeichner ,1987b, op.cit., p.4.

(58)Liston & Zeichner ,1987b, op.cit., p.7.

(59)Liston & Zeichner ,1987b, op.cit., pp.4-7.

　ただし、リストンは、1990年代以降の批判的教
授学による教師教育論を振り返ると「徳の倫理」
はないがしろにされてきたという（リストン氏へ
の聞き取り調査データより：2017年9月15日実
施）。

(60)Liston, 1988, op.cit.

(61)ウィッティー（Whitty, G）は、こうした専門職
としての性質を、「民主主義的な専門職性（demo-
cratic professionalism）」と提起した（ジェフ・ウ
ィッティー著、堀尾輝久・久冨善之監訳『教育改
革の社会学』東京大学出版会、2004年、108-110
ページ）。

(62)秋田喜代美、1996年、前掲論文、459-460ペー
ジ。

［付記］

　本稿は、日本学術振興会科学研究費助成事業
（科学研究費補助金）（特別研究員奨励費）「教師
教育における『批判的省察』の理論的・実証的研
究：『省察』概念の再構築に向けて」（研究代表
者：高野貴大、課題番号17J00726）の助成による
研究成果の一部である。

ABSTRACT

A Critical Study on the Concept of "Reflection" in the Contemporary Theory of Teaching Profession: Based on "Reflective Teaching" by Zeichner, K. and Liston, D.

TAKANO Takahiro
（Graduate Student, University of Tsukuba / JSPS Research Fellow）

Since the 1990s, the theory of "reflective practitioner" by Schön, D. A. has been widely recognized in Japan as the contemporary theory of teaching profession. However, as teacher education reform concurrently ongoing emphasized the implementation of immediate practical skills, there was not much space for interpreting the concept of teachers' "reflection". It was particularly so since Schön's "reflective practitioner" theory was primarily to show how professionals think in action. Therefore, by simply revealing Schön's arguments, it is difficult to examine the application of the concept of "reflection" in the contemporary theory of teaching profession.

This study aims to reconsider the concept of "reflection" in the contemporary theory of teaching profession in Japan, using the lens of "reflective teaching" presented by Zeichner, K. and Liston, D. in 1980s to 1990s. They doubted the simple application of Schön's theory to a theory of teaching profession and developed the concept of "reflective teaching," explaining the characteristic of teaching profession based on their own empirical research. The core of their "reflective teaching" concept is that the teaching profession is practiced on the basis of "problem setting" in an uncertain situation, all the while grasping their own role as "social actors" based on "moral deliberation". "Moral deliberation" consists of the two points, "ethic of virtue" and "ethic of duty". They argued that expertise in the teaching profession means that decision making should be based on the social condition of schooling and by caring and compassion for their students at the same time. They positioned the concept of "reflection" as the key concept in the theory of teaching profession. For that purpose, they emphasized dealing with both clinical experience and academic skills in a teacher training program for building a "foundation" of teaching.

Their concept of "reflective teaching" highlights the professionalism in the teaching profession in the light of it having a public mission. In order to respond to the problems of diverse schooling in recent years, the essential requirement of the teachers' "reflection" concept is that the teachers are to position themselves as not symptomatic treatment workers but "social actors" based on "moral deliberation".

Keywords：**reflection, teaching profession, "reflective teaching", moral deliberation**

〈研究論文〉

小学校の改革における教師の
コミュニティの形成
——「できない」という教師の語りに着目して——

浅井　幸子（東京大学）／黒田　友紀（日本大学）
金田　裕子（宮城教育大学）／北田　佳子（埼玉大学）
柴田　万里子（青山学院大学）／申　智媛（帝京大学短期大学）
玉城　久美子（お茶の水女子大学附属高等学校）／望月　一枝（日本女子大学）

1. 研究の目的

　本研究は、小学校における学校づくりを通して、「全教職員が全校の子どもの成長への責任を共有する」という教師のコミュニティが形成される過程を、具体的な事例に即して解明する。

　全職員が全校の子どもの成長に責任を持つという理念は、学校づくりにおいて当然のものとして受け取られかねない。しかし、この理念の実現は決して簡単ではなく、単なる標語で終わることも少なくない。本研究が事例として取り上げるO市立A小学校の学校づくりでは、この理念を実現するために教師たちが挑戦し続けている。

　新設校として200X年に開校したA小は、「みんなの学校」を掲げて学校づくりを行った。その特徴は、子ども、教師、保護者、地域の人々がみな主人公となって自分たちの学校をつくる点にある。校則は作らず、「自分がされていやなことは人にしない、言わない」ということを唯一の約束にした。子どもも大人も、自分と自分のまわりのみんなを尊重することが何よりも優先される。また、みんなが自分で考え、自分の言葉で語り、自分から行動することが重視される。A小の実践を代表する全校道徳では、テーマについて自分の言葉で語り合い伝え合うことが重視されている。

　この学校づくりの土台となっているのは、教職員、保護者、地域住民からなる「チームA小」である。その呼び名には、一人ひとりの子どもを多方面から見つめ、チームで育てるという理念が込められている。本研究は、チームのなかでも、教師のコミュニティの形成を検討する。その際に、A小の教師たちが「できない」ことを同僚に伝える語り（「できない」の語り）を大切にしている事実に注目する。結論を先取りして言えば、A小では、教師が「できない」と語り、その語りを共有するコミュニティを形成することを通して、それぞれの教師が身体化していた学級担任や学年の教師に責任を帰す従来の教師文化が問い直され、全ての子どもの成長への責任を全ての教職員が共有する教師文化が生み出されている。

　以下、A小の学校づくりにおいて、従来の学校文化が批判的に問い直され、新たな文化が生成する学校の改革の過程を解明する。

2. 先行研究

①教師の協働的文化への着目

　学校改革や学校づくりについては、その内実を検討する事例研究（志水編 2009、菊地 2012、小国他 2015）が蓄積されてきた。本研究と同様に、教師の協働的な文化の構築に着目した事例研究（久冨編 1988、油布 1999、紅林他 2003、志水編 2009）も行われている。

本研究のA小学校の事例は、困難への直面が学校の改革を駆動した点で、久冨が検討した府中小学校の事例と共通点を持つ。久冨によれば、府中小では「切実な課題」との出会いが教員文化の変革の鍵となり、教師の協働的な関係を形作っていた。通常時は相互に不干渉な教師集団が、「耳くそ・猿うで・生活破壊・非行・性的退廃・おちこぼれ」といった「切実な課題」を受け止めることで、「父母の願いを背負って立つ教員」「子どもの教育に責任を持つ教員」「校区に責任を持つ教員集団」としての姿を顕在化させる。課題の受け止めは、教員文化への「理念批判」ではなく、「課題的受け止めを促す」アプローチによって可能となっていた。顕在化した姿勢と関係は、授業を公開する等の原則や「子どもを育てる会」等の組織を通して定着させられたという（久冨編 1988）。

久冨の研究は、具体的な事例に即して教師の協働化を検討し、その鍵を理念よりも「切実な課題」とその受け止めに見出した点、教師の協働が組織を通して定着していることを指摘した点で重要である。しかし「切実な課題」があれば必ず教師の協働が可能になるわけではない。「切実な課題」がどのように機能して協働が生み出されているかを解明する必要がある。

②組織と関係の構築を捉える視点

教師の協働的な組織や関係の構築過程を、どのような視点で捉えることができるだろうか。

学校経営研究の文脈では、より効率的な組織を目指す学校組織改善理論が蓄積されている。具体的な事例研究として、学校組織開発理論にもとづく教育活動の改善の研究（佐古・住田 2014）、カリキュラム・マネジメントと学校改善を結び付けた研究（中留・曽我 2015）、校長の「文化的リーダーシップ」を検討した研究（中留 1998）、分散型リーダーシップの実践研究（露口 2011、菅原 2016）などがある。また教師の学習と協働に焦点化した「専門家の学習共同体」の研究も着目されている（勝野 2012、織田 2016）。しかし、これらの組織に着目する研究は、個々の教師の経験や、経験と組織の関

係を具体的に解明しているとは言えず、社会構成主義や主観主義の立場による学校経営研究の必要性（勝野 2012）や、教師個人の主体的側面に関する経験的研究の必要性（原田 2016a）が指摘されている。実際に、学校改革を教師の主観や経験に即して解明する研究（森田 2015、原田 2016b、申 2014）も行われているが、蓄積は少ない。

さらに、学校改革と個々の教師の経験を、相互に構成しあう動的な関係において記述する枠組みが必要である。その課題にアプローチしうる研究として、授業研究のディスコースの検討を通して同僚性や協働的な教師文化の構築を記述する研究（佐藤 1997、秋田 2009、北田 2009、金田 2010、坂本 2013）があるが、A小のように授業研究を中心としない学校改革の事例では、より広範な教師の語りを捉える必要がある。

③語りを捉える理論的枠組

以上をふまえ、本研究では次のような理論的枠組を設定する。まず、教師一人ひとりの多様な経験を描くために、Clandinin & Connelly（1996）が提唱したナラティブ探究を方法とする。ナラティブ探究は、教師一人ひとりの内側に専門的知識の風景があり、教師はそこに現れる表象やストーリーを参照しながら実践を行うと捉え、その多様なストーリーを描く方法である（田中 2011）。Craig（2009）はナラティブ探究に依拠しつつ、「改革についてのストーリー」と「改革のストーリー」の概念によって、学校改革に携わる教師の経験を捉えた。この概念は、学校改革を学校外部と内部の対抗する力学関係と捉え、学校改革の理念と個々の教師の経験とのズレや、教師の経験の多様性の描出を可能にする（申 2011）。ただし、この枠組は、学校改革と教師の対抗関係を前提としているため、トップダウンの学校改革の記述にはふさわしいが、教師たちが自ら学校づくりを行ったA小の事例を描くには限界がある。

そこで本研究は、セルフヘルプ・グループの研究で発展させられた「コミュニティ・ナラテ

ィブ」の概念を導入する。セルフヘルプ・グループの研究におけるナラティブ・アプローチは、専門家のヘゲモニーを前提とするサービス・モデルの研究に対するオルタナティブとして示され、ナラティブ探究と同様に当事者の語るストーリーと意味づけを重視する（Rappaport 1993、伊藤 2005、北村・能智 2014）。本研究にとって示唆的なのは、語りの次元として、自らの人生の物語を時間やテーマに即して編む「個人のストーリー」と、社会的な文化機関を通して広範に流布し一般的な価値を規定する「支配的な文化のナラティブ」に加えて、社会的相互作用やシンボルを通してグループのメンバーで共有される「コミュニティ・ナラティブ」を設定する点である（Rappaport 2000）。コミュニティ・ナラティブは、支配的な文化のナラティブに抗い、それとは異なるかたちで個人のストーリーを構築することを可能にする点で、価値や視点の変革が生起する次元である。

本研究の文脈に即して枠組を確認しよう。教師たらが自ら推進する学校づくりを、教師の経験（個人のストーリー）の多様性に即して検討する。その中で、個々の教師が経験し身体化してきた既存の教師文化（支配的な文化のナラティブ）が批判の対象として析出され、同時にオルタナティブな価値や文化（コミュニティ・ナラティブ）が形成される過程を解明することが課題となる。

3．研究の方法

本研究では、A小学校における200x年から201x年の学校づくりの過程を、教師へのインタビューを通して検討する。あわせてスクールレターや講演記録を収集して資料として用いる。200x年は創設年であり、201x年は創設時の校長が退職を迎えた年である。

調査は以下の手順で行った。まず、当該期間にA小に勤務し、現時点ではA小を離れている先生にインタビューを依頼した。インタビュー対象者は北野先生（校長）、深沢先生、加藤先生（音楽専科）、鈴木先生（養護教諭）、花園先生の

5名である（名前はすべて仮名）。2017年2月から8月にかけて、それぞれ1時間半から3時間の半構造化インタビューを行い、A小の赴任時の印象、子どもや同僚や保護者についての印象的なエピソード、A小での経験の意義などについて語ってもらった。音声を録音し、すべて文字起こしをしてデータ化した。インタビューを行うにあたり、研究の趣旨や研究からの離脱について説明を行い、同意を得ている。また成果の公表にあたって原稿の確認を依頼し、発表の許可を得た。論文中の教師と子どもの名前はすべて仮名である。

インタビューはナラティブ探究の方法によって検討し、語りを断片化するのではなく、ひとまとまりのものとして扱った。具体的には、以下のように検討を行った。まずインタビューの文字起こしと文書資料を精読した。その結果、第一に、「できない」「できていない」という語りと、「できない」ということを同僚に語ることについての語りが、全ての教師にみられた。そこで「できない」の語りをテーマとして設定し、その精査を行うことにした。

第二に、「できない」の語りについての語りは、「二年目の挫折」およびそれに関わるものが多かった。「二年目の挫折」とは、開校二年目に支援の必要な子が多く入学し、授業が成立しなくなった出来事を指す。本研究では、この「二年目の挫折」を「できない」の語りをコミュニティ・ナラティブとして発展させた主要な出来事の一つとして捉え、「二年目の挫折」を象徴する出来事に関する教師たちの語りを時系列に沿って検討する。

第三に、「できない」の語りの生成において、ベテランの「B研」と若手の「L研」という研究組織が重要な機能を果たしていることが見出された。そのため教師の語りをベテランと若手に分けて記述することにした。インタビュー対象者のうち、北野先生、深沢先生、加藤先生、鈴木先生がB研、花園先生がL研の所属である。なお、ここでは校長の北野先生もベテランに含める。なぜなら北野先生の語りは、校長という組

織のリーダーであるだけでなく、個人としてB研の一員であることが重要な意味を持っていたからである。

4．結果と考察

(1)ベテラン教師の語り
①「二年目の挫折」の語り

まず新学期早々に、「二年目の挫折」をいち早く経験した音楽専科の加藤先生の語りを聴こう。

最初の授業の時のことは今でも忘れられない。ピアノをババババーンと叩いたかと思ったら、今度はドラムをガンガン打って逃げる。ナギサちゃんね。慌てて担任や支援員が追いかけるけども、追いつかない。それを見て、今度はケイちゃんタイちゃんが大声を出して走り回る。…略…もう、そこをグルグルグルグル走り回る。次々と連鎖反応が起きて、2倍3倍じゃなくて2乗3乗になって、音楽室は大パニック。たくさんの楽器がある部屋に入った嬉しさで大興奮。全く授業にならず、私のプライド、教師歴30年、見事にズタズタにされた瞬間だった（加藤先生）。

加藤先生の語りは、音楽の授業が成立しなかった様子と、その時の先生のショックをまざまざと伝えている。子どもたちが走り回り、全く授業にならない状況は、先生にとって、30年の教職経験の「プライド」を崩されるような経験だった。

そのような状況に対して、加藤先生は二つの方途で対応した。一つは、授業のやり方を変えることである。それまで学年合同で行っていた授業をクラスごとで行うことにし、場所も楽器のある音楽室から多目的室に変えた。このような新学期が既に始まってからの変更は通常は「大変難しい」が、A小では、「良いと思うことは、即実践しよう。常に子どもにとって一番いい方法で」という北野校長の考えがあり、容易に変更できたという。

もう一つは、複数のパターンの授業を準備することである。「いくつものカリキュラムをポケットに詰め込んで」、常に「あれが駄目ならこれ」というアイデアを頭に置いて授業に臨んだという。それはチームの力で可能になったことだった。

そんな事、一人では到底できない。絶対無理です。一面からしか見てないから、教師は。前から子どもを見てるだけでしょう。横からと後ろから見てくれる人が必要、ああいう学年ではね。だから一人では到底なせる業ではないので、チームのメンバーの助けを借り、恥も外聞も捨て、丸裸で真剣勝負に挑むことにした（加藤先生）。

加藤先生によれば、複数のアイデアを準備することは一人では無理だった。複数の視点で子どもを見ることが、授業の成立を支えたという。

ここで着目したいのは、「恥も外聞も捨て」という言葉である。加藤先生は次のように続ける。

私も、それはもうベテランと言われている時にこの授業やから最悪でしたよ。授業が成り立てへんわけやから。わ～どうしようって、たたずんでしまった1時間やから。でもね、「こんなんやってん」いうて職員室で言って。それが言えるA小ではあるわけですよ。歳いった者って普通、何かいい格好してしまうでしょう。「できんとあかん」みたいな。それがA小の仲間たちには、自分のできない事とかあかん事を、パッと言える雰囲気（があった）（加藤先生）。

加藤先生は、授業ができなかったことを「こんなんやってん」と職員室で同僚に語った。その「できない」の語りは、「それが言えるA小」だからこそ可能になっていた。「歳いった者」は普通は「いい格好」をしてしまう。ベテラン教師にとって、「できない」ことを同僚教師に語

研究論文　113

り、自身の失敗や弱さを認め、これまでの自身の経験や知識に疑問を投げかけることは容易ではないのだ。

しかし、加藤先生だけではなく、A小のベテラン教師は皆、「できない」ということを同僚に打ち明けた経験を語った。しかも、その語りは、特定の人間関係に限定されず、職員室の共有テーブルや朝の会議で広く共有される形で発せられていた。その背景にはむろん、教師たちが直面していた困難がある。「自分の引き出しではもう無理」（深沢先生）という一人では対応しきれない状況が、「できない」ということを率直に語り、「チームA小」が実現される背景にあったのは確かである。

とはいえ、困難な状況で「できない」と語ればチームが形成される訳ではない。事実、加藤先生は、「できない」と語ったにもかかわらず問題が共有されなかった別の学校での経験を語っている。ある学校に転任した際に、そうと知らされないまま前年度にひどく荒れたクラスの担任となった。子どもたちの状況に驚いた加藤先生が、学年の先生たちにそのことを伝えたところ、隣のクラスの先生から「あんたもエエ歳して、そんな自分のクラスの恥さらしな事を何であんなところで言うねん」と言われる。その先生は、加藤先生のクラスの子が暴れたら自分の教室の窓を閉め、自分のクラスの子には「隣の組の子と関わるな」と言っていた。さらに、加藤先生が全校で関わってもらう必要性を感じ、学年ごとに取り組みを報告する年度末の全体会で子どもたちの荒れた実態を報告したいと伝えた時には、今度は「学年の恥や」と言われ猛反対を受けたという。

「切実な課題」が教師のコミュニティ形成を促すか否かの分岐点は、「できない」の語りが受容されるか否かにある。では、なぜA小では、「できない」の語りが受け止められたのだろうか。

② 「できない」の語りを支えるナラティブ

A小には、北野校長を起点として、「できない」の語りとその受容を促すナラティブが醸成されていた。加藤先生は、「できない」と語れる同僚関係について、「もとを作り出してくれたのは北野校長やろうな」と述べている。校長は「自分でできない事は人の力を借りよう」「一人の人間ができる事なんて、たかがしれてる」と常に言っていたという。この北野校長の言葉は、「できない」ということを、教師個人の未熟さや欠点ではなく、「一人の人間」の限界、すなわち普遍的な経験にしている。そして「できない」の語りに、「人の力を借りる」という積極的な意味を与えている。この課題を一人で抱えないよう促すナラティブが、「二年目の挫折」において、「できない」の語りを共有するコミュニティ・ナラティブの形成を支えた。

重要なのは、そうして成立した「できない」ことを表明し合うA小のコミュニティ・ナラティブが、教師間の分断を容認する支配的な文化的ナラティブに対抗するものとして位置付けられている事実である。他の小学校での経験を語る加藤先生の語りに戻ろう。加藤先生は、自分のクラスや自分の学年の困難を語ることも「恥さらし」と言われ、自分のクラスさえ荒れていなければいいと子どもの関係を分断された経験を語った。この語りは、学級担任や学年の教師に責任を帰す語りを、変革されるべき支配的な文化のナラティブとして析出している。このようなナラティブを「責任を個別化する語り」と名付けよう。この語りは、加藤先生だけでなく、A小の他の教師の語りにも、繰り返し変革すべき学校文化として現れている。

北野校長は「自分のクラスが自分の子ども、隣のクラスは人の子ども。そういうところで大人のチームが崩れることが、小学校文化は非常に多い」と断言した。また養護教諭の鈴木先生は、責任を個別化する語りからの変化の物語を語った。A小に赴任する前は、「耳に入ってこないことは、『私知らんもん』って自分の中で済ませて」いられた。しかし、A小で経験を重ねるうちに、自分の学校の子どものことなのに「なんで『知らん』で済ませられたんやろう」と感じ、「自分は知る努力をしたか」と自問するよう

になった、と。「できない」の語りを可能にする
A小のコミュニティ・ナラティブは、一面で、
責任を個別化する語りを変革すべき支配的な文
化的ナラティブとして析出することを通して構
築されていたといえよう。

さらに、A小の教師の語りは、「できない」を
語り人の力を借りることに積極的な意味を付与
している。深沢先生は次のように言う。

自分が対応せんと、それこそ鈴木先生にお任せ
することもあれば、校長先生に任せるときもあ
れば、他の先生に任せるときもあれば、逆に私
が隣のクラスを任すって（言われる時も）、関わ
りない私が「関わるわ」言う（時もある）。…略
…人を変えることで、こんなに子どもって違う
面出すんだなって思いますよね（深沢先生）。

この語りにおいて、他の先生に子どもへの対
応を任せることは、その子に多様な教師との出
会いを保障することとして意味付けられてい
る。この文脈において、「できない」の語りがう
む教師の関係は、「できない」教師が助けてもら
うという一方的なものではない。相互的で互恵
的なものとなる。

③「できない」の語りを支える装置

なぜ「できない」の語りが共有されたのかと
いう問いをさらに探求すると、その生成におい
て中心的な機能を果たす装置として「B研」が
浮かび上がる。B研とは何か、具体的に確認し
よう。

A小の教職員の研究組織は、開校初年度から、
ベテラン教師からなるB研と、若手教師からな
るL（リーダー）研で構成されていた。ただしB
研は最初からB研だった訳ではない。当初構想
されたのはV（ベテラン）研だった。L研とV研
を組織するアイデアは、深沢先生と北野校長の
会話から生まれた。学校には一般的に「ベテラ
ンが牛耳ってる空気感」がある。それを回避す
る方途を考え、若手教師がリーダーとして新し
い発想やアイデアで行事などを企画する「L研」
と、ベテラン教師がそのフォローや後方支援を

する「V研」に分けた（深沢先生）。どちらのグ
ループに所属するかは自己申請で決めたが、V
研には見事に50代の女性教師が集まったとい
う。北野校長もV研に参加した。このとき誰か
らともなく、「ベテラン研って言われたらベテ
ランにならなあかんで、しんどいよな」という
声が出る。そこで名称をV研から「B（BABA）
研」に変えた（北野校長講演記録）。年配の女性
教師がベテランではなくBABAを自称し、校長
もその仲間となることで、「できないことはで
きない」と言うことが可能になった。「おばちゃ
んばっかりでしょうもない話をしながら」、自
分が「今の子どもに合わない」ことの苦しさや
悩み、自分を変える楽しさを語り合えたという
（深沢先生）。

語りの生成におけるB研の機能は二重であ
る。それは単にベテラン教師が語りあう場を構
成しただけではない。V研ではなくB研を名乗
ることで、ベテランの鎧を着ることのしんどさ
を自覚し、それを脱ぐための強力な装置となっ
ている。

職員室が語りを生成し共有する場となってい
たことも重要である。鈴木先生によれば、北野
校長は教師たちに、「誰でもいいから、気になる
こと言いや」と声をかけていた。そのことで職
員室は「風通し」の良い空間になっていったと
いう。深沢先生は、職員室にあった楕円のマル
チ・テーブルが、教職員の学習の場であり、弁
当を食べる場であり、作業する場であり、初め
てきた保護者や子どもと出会う場であり、子ど
もの事情を聴く場でもあり、子どもたちの「情
報が集まってくる基地」であったと語る。そこ
にはいつも北野校長や養護教諭の鈴木先生がい
て、子どもについての情報を集約していた。深
沢先生が、全く宿題をやってこないヒロちゃん
という子どもを担任した時のことである。親に
話して宿題をやるよう促したものの、問題は解
決しない。そのヒロちゃんについて、ある時皆
で話し合いが行われる。深沢先生は、「情報基
地」の北野校長と鈴木先生から、ヒロちゃんの
様々な家庭の事情を聴く。そのことによって

「そうか、（親に話すという）一辺倒でやるっていうのは間違ってるよな」と考えることができたという。

職員室で過ごすことの多い管理職や養護教諭を核として、常に子どもや教師の語りを共有する場があった。そのことがA小のコミュニティ・ナラティブの生成を支える基盤となっている。

④全校道徳の誕生の物語

A小を特徴づける実践の一つである「全校道徳」は、北野校長の「二年目の挫折」の経験の共有を通して成立している。その物語は、校長の語りの位置付けを考察する上で、また「できない」の語りの機能を知る上で重要である。どのように「できない」ということが共有され、どのような改革が行われたのか、北野校長の語りを聴いてみよう。

北野校長は開校当初から、「校長の役目を果たさなくては」と、月曜の朝礼で子どもたちに講話をしていた。しかし、二年目の夏休み前に事件が起きる。気合を入れて準備した話を、気合を入れて語っていた時に、知的な障がいのあるタイちゃんが立ち上がり、「校長先生、暑い！お話、終わり！」と言ってシャツを脱ぎ捨てた。若手の教師たちはどうなるのかと緊張して見ている。「BABA（B研の教師）」たちは「もうやめておけ」とバツ印のジェスチャーをしている。北野校長が「もう少しだけ話させて」と言うと、タイちゃんは「ちょっとだけな」と言ってくれたが、周りの子どもから「えー」とブーイングが出た。他の子もタイちゃんと同じ気持ちだったのだ。教職員も「やめた方がいい」とばかりに頷き、北野校長は意気消沈して話をやめた。この北野校長の失敗は、教職員でたくさん話し合われたという。タイちゃんが「話をやめて」と声をあげてくれたのに、北野校長は準備してきた話を続けようとしてしまった。校長としてこうあらねばという思いに囚われていたのだ。目の前の子どもの反応を見て、子どもから学ぶことが重要だと職員室で共有した。朝礼というシステム自体も問い直された。そしてこの失敗の共有が、朝礼をやめて新しく全校道徳を始める契機となる。全校道徳では、校長が一方的に話すのではなく、毎週テーマを決めて、教職員、保護者、地域の人も子どもとともに意見を出し合い、ともに学び合うようになった。北野校長はこの過程を「タイちゃんの言葉を学びに変えた」と表現した。

この「全校道徳」の誕生の物語は、校長が自らの経験を教職員に「失敗」として語ることで、教師である自分たちのあり方、子どもたちへのまなざし、教育の組織や慣習が見直され、新たなA小が生み出されていく過程を鮮やかに描いている。ここに現れている北野校長は、率先して「できない」の語りの重要性を語り、他の教師たちをリードしてきた校長というだけの存在ではない。むしろ、「校長らしさ」の鎧を脱ぎ、「校長らしさ」に縛られていた自らを見つめ直す一人の教師である。そしてその過程を支えているのが、バツ印を掲げるB研の教師であり、バツ印を掲げることを可能にする教師のコミュニティである。加えて重要なのは、全校道徳が、目の前の子どもの様子を語り、その子どもたちにとって何がよいかを語ることで成立した事実である。そこでは、朝礼という学校文化が問い直され、道徳のA小らしいあり方が生み出されると同時に、子ども、教職員、保護者、地域の人々がA小のコミュニティ・ナラティブを生み出し共有する新たな場が組織されている。

(2)若手の語り
①「二年目の挫折」の語り

若手の花園先生は、少し遅れて「二年目の挫折」を経験している。二年目に入学した子どもたちが三年生になった時、花園先生はその子たちの担当となった。そして「いろんなことができてないっていうのが目の当たり」という状況を経験する。

四月の最初の時点で、このクラスやばいんちゃうかということが、私が言う前から（他の先生に）ばれてて。いろんな人が見に来て、私もす

ごくつらかったですけど。結局、自分でなんとか頑張ろう、自分のクラスやから自分で頑張らなって思ってても、絶対できなかったと思いますし、私も潰れてたと思いますし、子どもらめちゃくちゃになってたと思うので、それはすごくありがたかった。四月の終わりくらいでめちゃくちゃやったんですけど、皆さんのおかげで最後すごくその子たちも力を発揮できるようになったので。私はいろいろできてないことばかりやったんですけど、すごくいろいろ教えてもらって（花園先生）。

　花園先生の語りは、全教職員が全校の子どもの成長への責任を共有する教師のコミュニティが機能する様子を表現している。花園先生が「できない」と言う前に、既に、他の教師たちは花園先生のクラスの子どもを気にかけている。花園先生の学級には、校長をはじめとする多くの先生が関わった。花園先生は、そのことで子どもたちが「力を発揮できる」ようになったと感謝している。

②コミュニティ・ナラティブとの出会い
　花園先生も、加藤先生と同様に、「できない」を共有する同僚関係が決して一般的でなく、A小だからこそ可能であったことを語っている。
　花園先生がA小の前に講師として勤務した学校は、A小と同様に「しんどい」学校だった。花園先生は専科教員だったが、担任の先生に授業に入ってフォローしてもらうこともあったという。正規に採用されA小に転任する際に、その先生は花園先生に、「次からは担任を持つかもしれないから、自分の持ったクラスはちゃんと自分一人でやり切るように」というはなむけの言葉を送った。そうしなければ、と考えていた花園先生は、A小で北野校長の意外な言葉と出会う。

なんのときかな、「人頼るのも能力のうちや」っていうのも校長先生に言われた。それから…略…「合う子どもばかりじゃないし、合わない子どもin、その子を自分に合わせようとした

ら子どもにとって迷惑や」って。だから「人を頼ったり、他人に任せたりしないと子どもが迷惑やから」みたいなことを言われて。あと私は、はなむけの言葉をもらったときに、給料もらってるんやから、ちゃんと自分のクラスは自分でせなあかんのかなって思ったんですけど、逆に「給料もらってんねんから…略…自分が合えへんかったら他の先生とか頼ってやらないと、そんなの子どもが育たない」みたいなことも言われて。…略…結構きつそうな言葉なんですけど、楽になれますよね。できないことをできないって言う方がいいんだとか、人頼ることの方がいいんだとか。最終的には子どもにどうかやから（花園先生）。

　前任校で花園先生がもらった「はなむけの言葉」は、責任を個別化する語りを表現している。花園先生が経験したのは、他の先生を頼り協働することをよしとするA小のコミュニティ・ナラティブとの出会いであり、責任を個別化する教師文化のナラティブを懐疑する視点の獲得であった。その出会いは「子どもにとって迷惑」という北野校長の強い言葉によってもたらされている。この事実は、「できない」と語り他者に頼ることが、子どもにとってよいのは何かを最優先とするナラティブによって肯定され支えられていることを示している。
　花園先生は続けて、クラスの状況が崩れかけている時に自分一人で頑張ろうとすると、周りから見えないように隠して崩壊してしまいがちだが、A小ではそのようなことが起きにくかったと述べた。ここでも、子どものためにこそ「できない」の語りが必要であるということが示されている。

③「できない」の語りを通した成長
　若手の教師にとっても「できない」と語ることは容易ではない。花園先生が自分のできなさを同僚に開き、他の教師に助けてもらえたのは、ベテラン教師や校長が「自分もできない」と語っていたからだった。花園先生はA小の「先生方がすごく素晴らしかった」と語る。「技

術が素晴らしいだけ」ではない。「自分はできない」「自分だって全然できへん」と言うことで、「何も分からない者に、聞きやすい雰囲気」をつくってくれた。ベテラン教師が「できない」と語るのを見て、「できないって言っていい」のだと安心できたという。

　ただし花園先生の語りは、自分が「できない」ということを無条件に肯定している訳ではない。結果として子どもたちが成長したことを喜び、他の先生の関与を肯定してはいるが、「私はいろいろできてない」と語る言葉の端々に、自分が「できない」ことへの不満足が垣間見える。この「できない」ことに否定的な語りを、A小のコミュニティ・ナラティブと責任を個別化する支配的な文化のナラティブとの葛藤と捉えることもできるだろう。しかし、続く語りには、「できる」こと、すなわち責任を個別に果たせるようになることとは異なる成長への希求を見ることができる。

　（A小学校で変わったのは）先生っぽくいないといけないと思ってる自分が多分いたと思いますけど、そんなんじゃなくていいと思ったところとか、それまでは先生っぽくいないといけないイコール偉そうやったり傲慢やったりしてたと思うんですけど、本当できてないこととか、それも自分だから。それでも一緒に成長していけるっていうところとかですかね。それを恥ずかしいと思わなくなった（花園先生）。

　できない自分でも「一緒に成長していける」と語るとき、花園先生は子どもと共に成長する未来を見ている。「できない」を語ることは、ひとまずは「できない」自分を受け入れることである。しかしその先に描くのは、「できる」ようになり「先生っぽく」なった自分ではない。花園先生は「自分が歳とったり、自分の環境が変わっても、できることをやっていったら皆そのままの自分で自信を持って（いられる）。教師っていう仕事ってすごくいい仕事やなって思う」という。それぞれに「自分」である存在が、ゆ

るやかな協働を生きる。そのような教師のあり方が、花園先生がB研の教師に見出した教師としての成長の姿である。

　実際に、ベテラン教師の「できない」の語りは、現在花園先生が勤務している学校の同僚への言葉かけとして再生されている。花園先生は、困難な状況を一人で抱え込む同僚に、「そんなの私でも一人やったら無理やわ」「誰でもそんなの一人なんか無理やわ、だから皆でやろう」といった言葉をかけている。しかしそれは必ずしもうまくいかないという。花園先生が直面している難しさは、「できない」の語りを支えるナラティブと装置を発展させなければ、「できない」の語りがコミュニティ形成に至らないことを示唆している。

5．総合的な考察

　A小の学校づくりでは、府中小の事例（久冨編1988）と同様に、困難な状況への直面が教師のコミュニティ形成の重要な契機の一つとなっていた。A小の特徴は、「できない」の語りの共有を通して教師のコミュニティを形成した点にある。府中小の事例では「課題的受け止めを促す」アプローチが教師の集団化を促していたが、本研究では課題の共有を促すナラティブが、ナラティブ・コミュニティの形成の基盤となっていた。また新たな文化の定着が、府中小の事例では「原則」と「組織」の形成に見出されていたが、本研究ではナラティブに意味付与するナラティブと、ナラティブを支える装置に見出された。

　第一に、教師たちそれぞれの経験の語りにおいて、責任を個別化する語りが批判すべき教師文化として析出され、「できない」の語りへの積極的な意味付与が行われていた。「できない」の語りは、一人でできることの限界を知り他者の力を借りること、子どもに多様な教師との出会いを保障することとして意味付けられていた。この文脈では、人の力を借りることは、自分の責任を放棄することを意味しない。むしろ、A小の子どもたちのために何ができるのかを最優

先していることの表れとして意味付けられていた。

ここでは、担任か学年主任かといった「誰が責任を負うのか」ではなく、「誰にどのように責任を負うのか」ということが問題となっている。「誰が責任を負うのか」を問うのが契約論的責任論であるとするなら、A小に現れている責任は、グディンの提起するヴァルネラビリティ・モデルを想起させる。フェミニズム政治学者の岡野（2012）によれば、それは「誰が危害に晒されているか、その危害を誰が最も効果的に緩和できるかに着目し、個別の契約関係に責任を還元せず、ヴァルネラブルな者をケアする責任を社会の中で分有」するという責任のあり方である。全教職員が全員の子どもに責任を負うA小のコミュニティは、契約論的責任の共同化ではなく、子どもを中心としてそのケアの責任を分有するという教師の責任のオルタナティブな概念を表現するものとして捉えうる。

第二に、コミュニティ・ナラティブを支える装置として、B研が見出された。B研は、ベテランがその鎧を脱いで「できない」と言うことを可能にする装置として機能していた。そして校長を含むベテランの教師が「できない」と語ることによって、若手の教師が「できない」と語り、他の教師と困難を共有することが可能になっていた。

本論文の示唆は以下の二つである。まず実践上の示唆は、教師が子どもの成長への責任を協働で担うコミュニティの形成について、新たな方途を示した点にある。「チームA小」の教師のコミュニティは、紅林（2007）が提起した「教師の同僚性としての《チーム》」や中央教育審議会答申（2015）の「チームとしての学校」とは異なる。後二者が専門性を基盤とした協働、すなわち「できる」ことを組織する形をとるのに対し、「チームA小」は「できない」ということから出発する。それは何よりも、具体的な子どもへの責任を分有することによって構成されるコミュニティである。

研究上の示唆は、学校改革の語りを「個人の

ストーリー」「コミュニティ・ナラティブ」「支配的な文化のナラティブ」の三つの次元で捉える枠組みを提示した点にある。そのことによって、個々の教師の経験を描きつつも、既存の学校文化に抗して新たな文化と価値が生み出される過程と、それを共有するコミュニティが成立する過程を記述することが可能になった。この枠組みは、A小だけでなく、教師たちが主体となる学校改革を、実態に即して記述することを可能にするだろう。

なお、「チームA小」において、教師のナラティブの機能が職種によってどう異なっていたかということ、職員、保護者、地域の人々を含むコミュニティがナラティブを通してどのように形成されたかということの検討は、今後の課題としたい。

注・引用文献

・秋田喜代美「教師教育から教師の学習過程研究への転回」矢野智司他編『変貌する教育学』世織書房、2009年、45-75ページ。

・中央教育審議会「チームとしての学校の在り方と今後の改善方策について」（答申）2015年（http://www.mext.go.jp/b_menu/shingi/chukyo/chukyo0/toushin/__icsFiles/afieldfile/2016/02/05/1365657_00.pdf　取得日2018/01/13）。

・Clandinin, D. J., & Connelly, F. M., Teachers professional knowledge landscapes, Educational Researcher, 25（3），1996, pp. 24-30.

・Craig, C. Research in the midst of organized school reform: versions of teacher community in tension, American Educational Research Journal, 46（2），2009, pp.599-600.

・原田拓馬「学校改革研究の動向と課題、東アジア研究14」2016年a、133-144ページ。

・原田拓馬「個々の学校における持続的改革からの教師の離脱」『教育学研究ジャーナル19』2016年b、1-9ページ。

・伊藤智樹「ためらいの声」『ソシオロジ』50(2)、2005年、3-18ページ。

・金田裕子「学校における『協働』を捉える」『人

間関係研究』9、2010年、43-57ページ。

・勝野正章「学校の組織と文化」小川正人・勝野正章編『教育行政と学校経営』放送大学教育振興会、2012年。

・菊地栄治『希望をつむぐ高校』岩波書店、2012年。

・北田佳子「校内授業研究会における教師の専門的力量の形成過程」『日本教師教育学会年報』18、2009年、96-106ページ。

・北村篤司・能智正博「子どもの『非行』と向き合う親たちの語りの拡がり」『質的心理学研究』13、2014年、116-133ページ。

・小国喜弘・木村泰子・江口怜・高橋沙希・二見総一郎「インクルーシブ教育における実践的思想とその技法」『東京大学大学院教育学研究科紀要』55、2015年、1-27ページ。

・久冨善之「学校づくりの中での教員文化革新」久冨善之編『教員文化の社会学的研究』多賀出版、1988年、209-272ページ。

・紅林伸幸「協働の同僚性としての《チーム》」『教育学研究』74（2）、2007年、174-188ページ。

・紅林伸幸・下村秀夫・中川謙二・山本真治「学校を拓く教師たち、協働する教師たち」『滋賀大学教育学部紀要 教育科学』53、2003年、119-138ページ。

・森田智幸「改革に挑戦する教師の語りの分析」『山形大学大学院教育実践研究科年報』(5)、2014年、14-24ページ。

・中留武昭『学校文化を創る校長のリーダーシップ』エイデル研究所、1998年。

・中留武昭・曽我悦子『カリキュラムマネジメントの新たな挑戦』教育開発研究所、2015年。

・織田泰幸「『専門職の学習共同体』としての学校に関する研究」『三重大学教育学部研究紀要 自然科学・人文科学・社会科学・教育科学・教育実践』67、2016年、257-275ページ。

・岡野八代『フェミニズムの政治学』みすず書房、2012年。

・Rappaport, J. Narrative studies, personal stories, and identity transformation in the mutual help context. Journal of Applied Behavioral Science, 29, 1993,239-256.

・Rappaport, J. Community narratives, American Journal of Community Psychology, 28, 2000, 1-24.

・坂本篤史『協同的な省察場面を通した教師の学習過程』風間書房、2013年。

・佐古秀一・住田隆之「学校組織開発理論にもとづく教育活動の組織的改善に関する実践研究」『鳴門教育大学学校教育研究紀要』28、2014年、145-154ページ。

・佐藤学『教師というアポリア 反省的実践へ』1997年、世織書房。

・申智媛「学校改革研究における教師の経験を捉える視座」『東京大学大学院教育学研究科紀要』51、2011年、329-340ページ。

・申智媛「韓国の学校改革」上野正道他編『東アジアの未来をひらく学校改革』北大路書房、2014年、57-86ページ。

・志水宏吉編『「力のある学校」の探究』大阪大学出版会、2009年。

・菅原至「分散型リーダーシップ実践に着目した学校改善に関する研究」『学校教育研究』31、2016年、74-87ページ。

・田中昌弥「教育学研究の方法論としての ナラティブ的探究の可能性」『教育学研究』78（4）、2011年、77-88ページ。

・露口健司「学校組織における授業改善のためのリーダーシップ実践」『愛媛大学教育学部紀要』58、2011年、21-38ページ。

・油布佐和子「教師集団の解体と再編」油布佐和子編『シリーズ子どもと教育の社会学5　教師の現在・教職の未来』教育出版、1999年、52-70ページ。

ABSTRACT

Development of Teacher-Community in an Elementary School Reform: Focusing on Teachers' Narratives Sharing Their "Inabilities"

ASAI Sachiko（The University of Tokyo）／KURODA Yuki（Nihon University）
KANETA Yuko（Miyagi University of Education）／KITADA Yoshiko（Saitama University）
SHIBATA Mariko（Aoyama Gakuin University）
SHIN Jiwon（Teikyo University Junior College）
TAMAKI Kumiko（Ochanomizu University Senior High School）
MOCHIZUKI Kazue（Japan Women's University）

This study introduces a case of school reform in a public elementary school, hereon named "A-school", in the city of O, Japan, in which all teachers engaged in the challenge to share their responsibility for all students in the school. The study analyzes how the teacher-community at A-school developed through the school reform. It is noteworthy that the teacher-community at A-school was uniquely developed by teachers' sharing about their "inabilities" rather than "abilities". The study, then, focuses on this unique sharing culture to analyze how individual teachers in A-school had experienced their school reform by using a narrative inquiry approach. Considering A-school as a narrative community, we interviewed several teachers and school staff, and analyzed their narratives from three viewpoints; "personal story", "community narrative", and "dominant cultural narrative". As a result, we found out the following: (1) The narrative based on the dominant culture in ordinary elementary schools tends to emphasize individual classroom teacher's responsibility for students in his/her own class. Such narrative makes it difficult for ordinary elementary schools to achieve the goal "All teachers should be responsible for all students in a school." (2) Counter to the dominant narrative emphasizing individual responsibility, teachers in A-school positively disclosed their "inability" to share their responsibility for their students. The principal took the initiative to disclose her own "inabilities", which then provided veteran teachers in A-school a safety to share their own "inabilities". Those principal's and veterans' narratives then encouraged young teachers in A-school to also disclose their "inabilities". (3) The teachers in A-school realized that being aware of one's own "inability" and asking for others' help do not mean giving up one's own responsibility. Instead, the teachers found that they pursued their own responsibility through continuous questioning of their "abilities" needed for their students' education.

Keywords：school reform, teacher narrative, narrative inquiry, teacher community, teacher responsibility

〈研究論文〉

学校外における同教科教師ネットワークの考察
—— 中学校家庭科教師に着目して ——

兼安　章子（福岡教育大学）

1．問題の所在と目的

　教師は教師同士でつながりを持ち、人的ネットワーク[1]を保有している。学校内だけでなく、学校外の教師との研修機会がもたらす出会いやネットワーク構築の可能性（當山 2010）[2]もある。教師をつなぐネットワークについては、小中学校教員の校長・教頭が、地域の校長会等で、ネットワークを形成し、そのネットワーク内で情報交換・相談を行っていること（川上 2013）[2]や、公立学校教員の人事異動の観点から、近隣の学校に勤務する教師への相談経路が存在する実態（川上・妹尾 2011）[4]が指摘されてきた。

　このように、学校外に広がる教師間の関係について研究が蓄積されつつある。教師の主体的な発達と力量形成のためのネットワークの整備・充実・保証の必要性（山﨑 2012）[5]が説かれ、学校外の教師との関係にその可能性が見出されている。これらは、学び合うコミュニティとしての役割を期待（Heagrives 2015）[6]される。

　とはいえ、学校内外の教師を含む同僚性コミュニティ（秋田 1998）[7]の提案が十分に検討されているとは言い難い。これまで教師のネットワークについては、新しい政策を実践する段階において、互いの知を無意識的に利用していること（Coburn 2001）[8]が指摘されているが、教師の主たる業務である授業について、学校外のネットワークの検証は積極的には行われてこなかった。学校内に教科のコミュニティが存在

し、教師の教授法や実践に影響を与えている（Little 2003）[9]が、中学校においては学校規模縮小等から、学校内に同教科教師が 2 名以上在籍しないことも考えられ、授業に関する相談相手として学校外の同教科教師が存在する可能性がある。政策によるカリキュラム変更の際、教師は学校内外のネットワークを利用する（Coburn・Russell 2008）[10]ものの、それ以外の時期においても日常的にネットワークを保有・利用しているか否かは明らかでない。以上のことから、本研究においては、教師が保有する学校外の同教科教師ネットワークの解明を課題とする。学校内ではなく、学校外の同教科教師とのネットワークに限定した検討を行うために、中学校家庭科教師[11]を対象とする。中学校家庭科は、学校内に同教科教師が在籍する割合が最も低い教科であることから、学校外の同教科教師への焦点化に適していると判断する。

　さらに、授業実践についてのネットワーク構成者の相互の関わりを検証するために、授業内容、特に教材を媒介とした行為[12]に着目する。授業設計における教師の思考及び意思決定に関する先行研究では、授業構成要素の中で、多くの教師が授業設計に当たってまず教材について思考していること（Kerr 1981）[13]、単元構成に影響を及ぼすものとして目標の次に教材を重要視していること（吉崎 1991）[14]があげられ、教材は教師の授業実践において重要な位置を占める。加えて、佐藤（1999）[15]はカリキュラムの構成要素として「教科」「教科内容」「教材」等をあげ、授業の準備と実践と反省のすべての過

程を通して、教材と対話することを含む教師の行為がカリキュラムを創造するとしていることから、教材が重要な役割を果たしていると考えられる。本研究で着目する家庭科においても、教材が円滑な授業運営のためのものから児童生徒の学習支援のためのものへと役割変容する傾向にあり、教材に着目することの可能性（高木2010）[16]や、教材が家庭科教師の授業デザイニングにおいて軸になっていること（兼安 2015）[17]も指摘されている。以上の先行研究を踏まえると、同教科教師のネットワークが存在するとすれば、構成者間において、教材に関する情報交換等、教材を媒介とした関わりがある可能性がうかがえる。

　以上のことから、同教科教師のネットワークと教師が用いる教材との関連を検討し、次の2点を検証する。1点目は、個々の中学校家庭科教師が同教科教師ネットワークを保有している実態である。2点目は、ネットワーク内における教材そのものに関する情報共有や教材を媒介とした関わりが、教師個々の教材選択に影響を与えていることである。これらの検証から、教師の力量形成上、教師が形成する学校外の教師とのネットワークが無視できるものではなく、大きな影響を与える存在であることを指摘する。ネットワークを保有する場合には、その形成プロセスや、ネットワーク構成者との関係を分析し、その要件の検討を試みる。

2．研究方法

　中学校家庭科教師8名を対象とした半構造化インタビューを行った。対象教師は20〜50代の各2名（女性）とした（表1参照）。表1に示す年代、教職歴、現任校勤務年数は原則として初回の調査時のものとする。調査内容は過去の授業の実施内容や使用教材とその選択理由、今後の授業構想、授業に関する相談相手とその相談内容や方法・回数、学校の様子や仕事の状況等についてとした。1回のインタビュー時間は60〜90分程度であった。インタビュー後、文字に起こした記述を対象者に確認してもらい、意味

や文脈の取り違えがないように確認・訂正したものを分析に用いた。また、インタビューは複数回行うことを原則としたが、対象者の事情によりそれが難しい場合や追加で確認したい事項がある場合には、電話やメールで情報を補完した。

表1　インタビュー対象者の属性と調査時期

	年代	教職歴	勤務学校数	現任校勤務年数	調査実施年月
A	20代	1年	1校	1年	2014.8
B	20代	8年	1校	2年	2014.8、2014.12
C	30代	6年	2校	6年	2014.8、2015.1、2016.3
D	30代	16年	4校	5年	2015.3、2015.7
E	40代	17年	5〜6校[18]	9〜1年[19]	2015.3、2016.12
F	40代	25年	3校	3年	2015.4、2015.7
G	50代	30年	5校	1年	2015.7、2016.8
H	50代	37年	6校	1年	2015.7、2016.8

　家庭科教師同士のネットワークの詳細をインタビューデータから分析する手がかりとして、社会ネットワーク分析（social network analysis以下、SNA）[20]の手法を参照して用いる。安田（1994）[21]の定義によればSNAとは、社会的行為を行う複数の行為者間の「関係」を定量的に測定し、数値としてとらえられた行為者間の関係とその特徴から、個々の行為を分析しようとするアプローチである。行為者間の「関係」を分析する手法であることは、SNAの論者における共通の認識である（例えば、平松 1990）[22]。SNAは近年、様々な分野で用いられており、教師間の関係を対象とするいくつかの研究でも用いられてきた。例えば、学校内の同僚との相談・被相談関係が教師の葛藤や所属学年に集中していること（徳舛・茂呂 2010）[23]や、地域の管理職同士の日常的な相談関係の実態（川上2013）[24]も示されており、教師間の関係性を捉える上で有効的な手段として用いられてきた。

　SNAは、ネットワーク内の関係構造の解明という目的で用いられることが多いが、行為者の行動や思考にネットワークが影響を及ぼすメカニズムの解明も一般的なSNAの目的（安田

1997)[25]である。本研究は、ネットワークの関係構造そのものに限定して焦点化するのではなく、構造の一部である行為者間の関係に着目する。特に紐帯の質に着目することで、授業との関わり、ネットワーキングと呼ばれるネットワークの形成プロセスを含めた事例的検討を行うことでSNAの強みを活用する。加えて、ネットワーキングを含む動的で文脈依存的な実態の解明においては、定性的な調査としてインタビュー調査が有効な方法として示されている（平松2010）[26]ことからも、本研究に適していると考えた。ただし、SNAを方法論と理論のどちらとみなすかには議論がある（安田 2007）[27]ことに鑑み、その手法を取り入れながらも事例研究としての分析も併せて行う。

　さらに、SNAのエゴセントリック・ネットワーク（以下、エゴネット）のアプローチに着目する。エゴネットは、行為者（エゴ）である個人のネットワークを描き、個人が持つネットワークに迫る方法である（安田 1997）[28]。エゴネットは、個人が認識するネットワークを対象としており、行為者個人が捉えているネットワークを詳細に描き出すことができる。この手法を用いた研究には、特定の人物や団体をエゴとしたときのエゴネット全体を描き、その変遷を検討したもの（例えば、手塚 2011）[29]や、エゴの大学内における友人関係等特定の人間関係の変化を示したもの（林ほか 2013）[30]等が存在し、限られた人物や集団を対象とした研究においても一定の成果が示されている。同教科教師の複数人配置が期待できない教科の教師を対象とする本研究では、存在する既存の集団の関係構造を解明するのではなく、個々の教師が学校外に保有するネットワークの実態を探索的に検討することが求められる。本研究が対象とするネットワークの存在そのものは想定できるものの、その内実は想定が難しいため、探索的に検討していく上で、特定個人を中心として記述するエゴネットのアプローチが適当である。

　相談相手である教師との関係性や、教師間の教材の貸借及び開発について、得られたインタビューデータをもとにネットワークを可視化するとともに、SNAにおける密度の算出を行う。個々のネットワーク構造を考察し、エゴネットと行為の関係を示すことを目指す。この質的な分析の過程において必ずしもネットワークグラフは必要でないが、各構成者間の関係を文章で示すことには限界が生じるため、グラフ上で紐帯として可視化し示すことが望ましいと考えた。事例毎にインタビュー対象者が捉えるエゴネットを描くため、ソフトウェア[31]を用いたネットワークグラフ作成は行わず、筆者がネットワークグラフの作成や密度の算出を行った。同教科教師との関係や教材選択の経緯において同教科教師が関係するものについてのインタビューデータを対象とし、グラフ作成・分析を行った。ネットワークグラフは、行為者を示す点（頂点・ノード）と、行為者間の関係を示す紐帯（辺・線）からなる図である。エゴネットのアプローチを反映させ、ネットワークの構成者との距離を一定に描くため、インタビュー対象者をグラフの中央に描く。紐帯の作成に当たっては、得られたデータから、面会や電話、メール等の通信手段を用いて、授業について相談した回数の基準を設定し、年に約1〜2回相談した相手は—（実線）、年に約3回以上相談した相手は—（太線）、知り合いだが相談しない相手は---（破線）とした。また、教材の貸与があった場合には、その方向を直線と合わせて矢印で示した。点について、インタビュー対象者は◎、地域の教師[32]は●、同僚は□、前任者は▽、大学友人は△として示した。インタビュー対象者以外の構成者間の関係は、調査対象者の認識により図示した。

3．教師のエゴセントリック・ネットワークとの関連

(1)ネットワーク構成者の特徴

　インタビューデータから、対象教師の保有する同教科教師とのエゴネットを探索的に調査・分析したところ、5つのカテゴリーの属性を持つ構成者が存在していた（表2参照）。

表2　保有する同教科ネットワーク構成者

	地域の教師	大学友人	勤務校前任者	学校内同僚	元同僚
A		◎	◎	—	—
B	◎	◎	◎	—	—
C	◎			—	◎
D				◎	
E	◎			◎	—
F	◎			◎	○
G	◎			◎	
H	◎			◎	—

◎は現在、○は過去、ーは該当者無しを示す。

そこで、現在、保有するネットワークの中で一番多くの構成者としてあげられたのが、地域の教師であった。地域の教師には、勤務校前任者や元同僚が含まれる場合もあり、それらを含めると保有するネットワークは同教科教師ネットワークの中で大多数を占めるものである。したがって以降は地域の教師とのネットワークに着目する。

地域の教師とのネットワークを保有するB・C・E・F・G・H教師は、地域の教師と市町村やその他の地域主催の研修会や会議[33]で出会っている。研修会や会議は、数か月から数年に1回のペースで行われていた。研修会の開催頻度も様々であるが年に2～4回程度参加している教師は、B・C・E・H教師であった。F・G教師の参加頻度は年度によって違いがあるものの、年に1回～数年に1回程度であった。また、B教師は、非公式な地域の研修会にも参加している。

上記以外での面会について、C・F・G教師は、定期的に食事会を行っており、その頻度は、C教師は半年に1回程度、F・G教師は年に1回程度であった。F・G教師の参加する食事会は、祝い事等がある際のもので定期的な開催ではなく、授業に結びついた事例は確認できなかった。E・H教師は、公的な会以外での面会は確認されなかった。

また、A・D教師は地域の教師とのネットワークを保有していない。A教師の勤務する地域では、地域での研修会や会議等が開催されていたが、A教師は学校の状況から、学校外の出張等に参加できない現状があった。また、D教師の勤務する地域にはそもそも地域単位での研修会等が実施されているか不明であり、D教師は参加していない実態があった。

以上のことから、公的な研修に加えて、非公式な研修への参加があるB教師、研修以外の場での交流があるC教師、研修以外の定期的な交流はないが地域の教師とのネットワークを持つ教師、それぞれに焦点を当てて分析を行うこととする。

(2)共同で教材を開発したB教師の事例

B教師は大学卒業後、高等学校の講師を3年間勤め、その後、初任者としてI市立J中学校に赴任した。J中学校に赴任するまでは、別の自治体に勤めており、I市内には、大学の友人であったNb教師以外に相談相手はいなかった。I市は政令指定都市で、市教育委員会主催の研修会も年に数回実施されている。

B教師は、J中学校の前任者であるOb教師と引き継ぎのために出会う。J中学校でOb教師が行っていた授業について説明を受けると同時に、使用していた学習プリント等の教材を紹介され、譲り受けている。また、B教師がI市内の公的な研修会の場に参加した際に、Ob教師より、J中学校の近隣中学校教師であるPb・Qb・Rb教師を紹介されたことを契機として、それらの教師との面識ができる。B教師以外の教師同士は、すでに面識がある状態であり、直接結合で結ばれる関係であるクリークを形成していたのに対して、B教師はOb教師を介した関係であり、クリーク2つを介してつながっていた。その後、Pb・Qb・Rb教師とも個々に関係を形成し、クリークは1つに変化した（図1参照）。

その後、Pb教師がI市内で行われる研究発表会の授業者となっていたことから、その支援のため教科部会が設定された。次第に、非公式にも場が拡大され、B教師も参加を重ねる。そのなかで、B教師は、Ob教師だけでなく地域の

Qb・Rb・Pb教師からも教材を借用したり、譲り受けたりする関係を構築し、次第に教材の貸借はB教師への借用という一方向だけではなく、双方向へと変化する。実際に、それらの教材を参考に授業を実践していることが確認された。さらに、その関係性は継続され、初任から3年後には、ネットワーク内の地域の教師らと共同で保育の授業で用いるための教材及び授業案を開発し、それぞれが各学校の授業で使用した事例も確認された。

(3)教材を借用する関係にあるC教師の事例

C教師は大学院修了後、初任者としてK市の中学校に赴任する。初任校で、家庭科教師の同僚であるSc教師に出会いネットワークを形成していた。家庭科教師の同僚が存在するケースは希であるが、C教師が初任者であったこと、大

規模校であったことが重なり、一時的に複数人配置となったと考えられる。同僚であった当時、C教師は、Sc教師へ日常的に授業について相談する関係にあった。

また、勤務校のあるK市には、実技研修会や教科部会等があり、C教師も参加し、地域の教師と顔見知りになる。しかし、C教師の相談相手は、初任時、一緒に勤務していたSc教師に限定されていた。その後、Sc教師の企画する「さくらの会(仮名)」という地域の家庭科教師の食事会に、Sc教師からの誘いを受け参加する。当初は「参加するのはどうかと思うんですけど」と慎重な姿勢であったが、「勇気を振り絞って」参加したことで、Sc教師を介し、Tc・Uc・Vc・Wc教師との関係に変化が生じる。Tc・Uc・Vc・Wc教師とは、地域の教科部会(K市の研修)を通して知り合いであったが、相談関係と

図1　B教師のネットワーク

	インタビュー内容	ネットワークグラフ
初任4月	初任校の前任者であるOb教師に引き継ぎなどの業務のため出会い、「学習プリントをもらったり、こんな授業をしていた」などを教えてもらった。Ob教師以外の地域の教師とはこの時点では知り合いではない。	
初任数か月後	公的な研修の場でOb教師を通じて、Pb・Qb・Rb教師と知り合う。「近隣の先生たちとは、それは結構行っていましたね。(中略)絶対じゃないけど、みんなで集まろうっていう、そこで、研究発表を控えている先生(Pb教師)のお手伝いっていうのもあった」	
初任+1年	非公式に地域の教師と集まる機会が増えた。「非公式ですね完全に。出張費とかは出ないけど、研究熱心な年配の先生方(Ob・Qb教師)がいて、参考になることが多いです。(参加教師から)学習プリントも貰えます」	
初任+3年	「(地域の)他の先生と協議して考えた授業案で、子どもの感情についての授業案で、快とか不快とかを子どもの実際の写真(教材)とかを見せて、(中略)子どもの気持ちはこのように成長しますっていうのがあります」	

いう意味においては直接結合ではなく、クリークとして存在していなかったが、食事会の場で授業に関して相談をするようになり、1つのクリークを形成する。さらに絵本教材借用を依頼されたことで、教材の貸与を通して、設定された場以外での関わりが始まり、C教師自身が使用する教材の変化につながった。C教師は、保育領域における保育実習での絵本教材の活用に「悩んでいた」が、Tc・Uc・Vc・Wc教師が相談相手となったことで、代案教材である「紙芝居」等の教材のデメリットを認識し、「絵本」のメリットを再確認することとなった。教材として絵本を用いること自体は変化していないが、他教師の実践を参考にすることで、生徒に絵本を製作させる際の方法改善や絵本サイズの改善につながった。その他の魚料理の献立や被服製作教材についてもネットワーク内の教師と情報交換を行い、新たな教材の選択に役立てた事例も述べられた。面会の回数を重ね、実際に食事会等で面会したときだけでなく、メールシステム等を利用した日常的な相談が行われており、関係に変化が生じたことがうかがえる。

⑷ネットワーク内における活動が希薄な教師の事例

　B・C教師に加え、E・F・G・H教師が地域の教師とのネットワークを築いていた。
　E教師は地域の教師及び学校内の同僚とのネ

図2　C教師のネットワーク

	インタビュー内容	ネットワークグラフ
２００Ｘ年	「同じ学校だったとき(200X-1年)には、実際に(教材にしようとしているものの試作品を)食べてもらったりしたけど、プリントを見てもらったり、「こんなことしようと思っているんですけど、Sc先生どうされていますか」って聞いたりとか、今は学校が違うので、(家庭科)主任会で会ったときか、あの、市のメッセージ、メールシステムっていうのがあって、それで、勇気を振り絞って(メールを)送ったりとか。でも、本当に困ったときだけです」	
２００Ｘ＋１年	「ようやく話をしてもいいんだなっていう感じになってきました。(中略)一番若手っていうこともあって、かわいがってもらっているんだと思います」「去年くらいから、初任者でお世話になった先生(Sc先生)が、さくらの会っていうのを結成されて、という名の食事会なんですけど、そこに、(中略)参加してみたら、ちょっと近づけた。(中略)そこからのきっかけで(気持ちの上では)遠いんだけどお話ししてもいいんだって。実際に相談できるかっていうとSc先生だけなんだけど、(さくらの)会で会うから、そのときに相談できるっていう。たぶん、そういうつながりもあって、『写真(教材)貸して』とか『絵本(生徒作品の見本教材)貸して』とかいう依頼が(Tc・Uc・Vc・Wc先生から)あるようになったのかなと思います」	
２００Ｘ＋２年	保育領域での絵本づくりを継続することについて「絵本は悩んでます。読み聞かせの授業も好きだし、(中略)中学生の反応もおもしろいんだけれども、(幼児の)登園中に(中学生)が行くところの園もあるので、どうしよっかな」と「悩んでいた」。絵本を「よく(他校の教師に)貸し出す」というきっかけから、「実際に相談してみて、これは意味ないよねとか、こっちのほうがいいよねってアドバイスしてくださる先生も学校(内)とは違っているので」とネットワークも変化していた。教材を貸したTc・Uc・Vc・Wc先生の実践を参考に、絵本のサイズについて「A4判のを注文していらっしゃる方もいるし、画用紙を切ってつなげているタイプのところもあったり」と検討し、授業を実施していた。	

ットワークを形成していた。E教師の勤務する
L中学校には、家庭科の免許を保有するAe教師
が在籍している。Ae教師は特別支援学級担任で
あり、家庭科の授業は担当していない。このよう
な形で同教科教師が存在する類似事例は、他
教師への調査では確認されなかったが、様々な
事情で免許を保有するが授業を担当しない同僚
が在籍する場合[34]があると考えられる。E教師
の勤務するM市には年に3〜4回の教科部会が
あり、E教師は勤務校の同僚であるAe教師の
他、Be・Ce・De・Fe教師とのネットワークを
保有していたが、E教師から相談をしたり、教
材を借用したりする関係は形成していない。E
教師は、「本当はね、そのチャーハン作るときに
炊飯ジャーを他の学校に借りたいなと思って
た。(学校にあるものが)古かったから。でもや
っぱりそれができなかった」と述べている。E
教師は、以前他の自治体の中学校に勤務してお
り、現任校に赴任して1年目であることをあ
げ、「気にしてしまって」依頼できなかったとし
ている。その他の授業に関しても、ネットワー
ク構成者との関係から教材が変化した事例は確
認されなかった。公的な場を通して知り合いで
はあるものの、授業について相談したり、教材
を借用したりすることができる関係構築までに
は至っていないと考えられる。

　また、G教師は、地域の教師らとE教師と同
様のネットワークを形成していた。初任から継
続して同地域の中学校に勤務しており、その地
域内で研修会に参加したり、共同で研究発表会
を行ったりしてきた。研究発表会を行う際に
は、地域の教師が集まる機会が頻繁に設定され
るが、日常的にそのような機会は設定されてい
ない。数年に1回程度の食事会に参加している
が、相談できる相手は保有していない現状であ
り、授業に影響を与えた事例も確認できなかっ
た。

　F・H教師もG教師と同様に、地域の教師と
ネットワークを形成しており、研修会や食事会
には参加するが、それらは頻繁に開催されるわ
けではない。相談できる間柄の教師は存在せ
ず、授業に影響を与えた事例は確認されていな
い。

(5)地域のネットワークと授業の関わり

　以上の事例から、地域の教師とのネットワー
クの存在が確認できた。B・C教師のように、
勤務時間内に限らない自主的な研修や食事会と
いった場へと交流の場が移行することで、相談
や教材貸借が促進されると考えられる。また、
特にB教師は日常的な交流が盛んであり、地域
の教師と共同で教材開発が実現したことも確認
された。一方、E教師のように、公的な機会で
の交流に限定される事例、もしくはG教師のよ
うに、研修や食事会等への参加はあるものの頻
繁でなく、相談の実態や教材の変化は見られな
い事例も存在した。

　対象者の地域のネットワークの違いについ
て、密度を算出し比較検討する。密度は実際に
存在する関係の紐帯数を考えられる紐帯の最大
値で割ることで求められ、0〜1の間の値とな
る。最大値は、[ネットワーク内の人数×(人数
−1)]/2と算出する。頂点間に紐帯が存在す
ることを1と換算する重み付け無しの場合、地
域のネットワークを対象としていることからす
べてのネットワークの密度が1となる。ネット
ワークの特徴を分析するため、存在する紐帯の
種類を紐帯の数として換算する重み付け有りの
場合の密度を算出した。重み付けにより、その
関係について紐帯の数を数値として示すことが
できる。重み付けについては、紐帯を知り合い、
相談相手、教材借用、教材貸与の4種として算
出した。

　対象教師への最終インタビュー調査時の地域
の教師とのネットワーク内の密度は、ネットワ
ークの交流が頻繁であったB・C教師は重み付
けのネットワーク密度が高い(表3参照)。さら
に、新たに授業で取り上げる授業内容の構想[35]
数もB・C教師が多く、ネットワークでの交流
が影響している可能性がある。

　ここで、新たに授業内容として取り上げよう
とするものの構想は、実現の有無は問わない。

インタビュー回数による差を可能な限り減らすために、調査回数が3回であるC教師は2回目までの値とした。

表3　地域の教師とのネットワークの密度と
新しい授業内容の構想数

	密度	授業内容の構想数
A	ネットワーク無	1
B	1.00	6
C	0.57	6
D	ネットワーク無	2
E	0.25	0
F	0.25	1
G	0.25	1
H	0.25	1

4．得られた知見と本研究の限界と課題

　設定した仮説に関して、個々の中学校家庭科教師が同教科教師ネットワークを保有し、ネットワーク内における教材を媒介とした情報交換や相談等の関わりが、教師の実施する授業の教材選択に影響を与えていることが検証された。SNAによる探索的検討の結果、同教科教師との多様なネットワークの有りようが示されたが、多くの教師が地域の教師とのネットワークを形成している実態は、見過ごせない事実である。以降に、仮説検証に加えて得られた知見を述べる。

　まず、教師個人のネットワーク形成と展開の契機として、既存の教師集団の有無と、集団への窓口となる教師の存在が機能する可能性を指摘する。地域の同教科教師とのネットワークを保有する教師は、人的資源としてそれらを積極的に構築したというよりも、地域の教師らが設定していた場の受け入れを契機とするものであった。B・C教師の地域の教師とのネットワークは、ある特定の教師を媒介として展開している。媒介者である教師を介してつながる関係（直接結合で結ばれるクリークを2つ介する状態）から、直接結合で結ばれる関係（クリーク

が1つの状態）に変化するプロセスを経ることで、ネットワーク内のより深いつながりが促されている。密度が低いネットワークにおいてはクリークの変化が確認できなかったことから、地域の教師とのネットワーク形成の窓口としての前任者等の存在が地域の教師とのネットワーク形成の鍵である可能性がうかがえる。これは、ネットワーキングに着目することで得られた結果である。

　次に、ネットワーク内における教材の貸借及び開発が教師の実施する授業に影響を与えている実態から、ネットワーク自体を教師にとっての資源として捉えることができる。ネットワーク内で教材を介した交流が確かに存在しており、教師もそれらの教材や教材に関する情報が得られることを期待してネットワークを形成していることも予想される。実際に、教材を介したつながりのあるネットワークを形成している教師のみがネットワークを強化していく傾向にあり、そうでない場合は、ネットワーク内での相談実態も確認されていない。ネットワークが形成され、活用されるためには、資源としての活用可能性が条件となるのではないだろうか。

　本研究では、教材に着目してその行為を検証したことで、教師が保有するネットワーク内で、教材の貸借及び開発が、教師個々の教材選択に影響を与えている実態が浮き彫りになった。これらの実態は、学校内の同僚との関係だけでないネットワーク保有の現状を示しており、学校外の教師間連携の可能性が示唆される。ただし、本研究は教師の長期的な変化までを調査・分析できておらず、教師の力量形成を射程に納めることが困難であり、本研究の限界点である。教師の力量については、検討すべき重要な課題であるため、今後も継続した調査により力量形成とその関係を考察したい。

　また、本研究の知見は現時点では、教科を限定した事例検討の結果であり、他教科教師を含めた一般化については慎重に検討する必要がある。家庭科教師が同教科教師のネットワークを活用している事例から、他の教科でも特に教科

毎の教師が1名の場合、同様の実態である可能性は否定できない。加えて、一般化の検討において、家庭科教師の固有性も考慮せざるを得ない。前述のように家庭科教師においては地域の同教科教師の組織する集団が存在する場合が多く、全国や各自治体レベルでの教科の授業研究組織との関係も確認されたが、教科や地域によって様々であると考えられる。また、本研究では、すべての対象教師が女性であり、ネットワーク内に男性教師のいる場合も確認されなかったため、今後は性差についても慎重に検討する必要がある。

　本研究では、教師のネットワークのメリットを論じてきたが、ネットワークへの依存、使用教材の偏りや制限による授業改善の停滞等のリスクの検討も必要であると考える。教師の持つネットワークの活用の在り方について、功罪の両面から今後も検討を重ねたい。

注・引用文献

(1)本研究におけるネットワークとは人的ネットワークであり、人間関係、人とのつながりを指す。

(2)當山清実「『優秀教員』の職能開発における自主研修の効果」『日本教師教育学会年報』第19号、2010年、106-107ページ。

(3)川上泰彦『公立学校の教員人事システム』学術出版、2013年、191-213ページ。

(4)川上泰彦・妹尾渉「教員の異動・研修が能力開発に及ぼす直接的・間接的経路についての考察―Off-JT・OJTと教員ネットワーク形成の視点から」『佐賀大学文化教育学部研究論文集』第16巻第1号、2011年、1-20ページ。

(5)山﨑準二「教師教育改革の現状と展望:『教師のライフコース研究』が提起する＜7つの罪源＞と＜オルタナティブな道＞」『教育学研究』79号2巻、2012年、182-193ページ。

(6)アンディ・ハーグリーブス、木村優・篠原岳司・秋田喜代美訳『知識社会の学校と教師―不安定な時代における教育』金子書房、2015年、254ページ（＝Andy Hargreaves, *Teaching in the Knowl-edge Society Education in the Age of Insecurity,* Teachers CollegePress,2003.)。

(7)秋田喜代美「実践の創造と同僚関係」『岩波講座　現代の教育　第6巻　教師像の再構築』岩波書店、1988年、235-259ページ。

(8)Coburn,C.E."Collective sensemaking about reading:How teachers mediate reading policy in their professional communities."*Educational Evaluation and Policy Analysis,*Vol.23,No.2,2001,pp.145-170.

(9)Judith Warren Little,"Inside Teacher Community: Representations of Classroom *Practice."Article in Teachers College Record,* Vol. 105, No.6, 2003, pp.913-945.

(10)Cynthia E.Coburn, Jennifer Lin Russell,"District Policy and Teachers' Social Networks"*Educational Evaluation and Policy Analysis,*Vol.30,No.3,2008, pp.202-235.

(11)1972年の学習指導要領改訂以降、家庭科（技術・家庭科家庭分野）は技術科（技術・家庭科技術分野）とあわせて授業時数が最も少ない教科となった。同じ授業時数である技術科教師よりも非常勤講師、常勤講師の割合が高い（中西2013）現状であることからも、複数人配置校は減少していることがうかがえる（中西雪男「中学校家庭科教師の実態全国調査より」『日本家庭科教育学会誌』第55巻第4号、2013年、264-265ページ）。

(12)教材を媒介とした行為とは教材を話題にした会話や相談、教材の貸借や開発を含む。

(13)Stephen T. Kerr, "How teachers design their materials: Implications for instructional design." *Instructional Science,*Vol0,1981,pp.363-378.

(14)吉崎静夫『教師の意思決定と授業研究』ぎょうせい、1991年、27-29ページ。

(15)佐藤学「カリキュラム研究と教師教育」『新版カリキュラム研究入門』勁草書房、1999年、157-177ページ。

(16)高木幸子「教材の役割変容からとらえる授業実践力の向上―教育実習生から教師への成長」『教材学研究』第21号、2010年、111-120ページ。

(17)兼安章子「中学校家庭科教師の授業デザイニングに関する一考察:授業改善に影響する生徒の

実態に焦点をあてて」『九州教育経営学会研究紀要』第21号、2015年、41-42ページ。

(18)E教師は1回目のインタビューから2回目のインタビューの間に異動した。

(19)E教師は9年間勤務した学校から2回目の調査時までに異動した。

(20)社会ネットワーク分析は、ネットワーク分析や社会的ネットワーク分析とも呼ばれるが、本研究では、安田（1994）による定義を採用し、社会ネットワーク分析（SNA）と記述する（安田雪「社会ネットワーク分析：その理論的背景と尺度」『行動計量学』第21巻第2号、1994年、32-39ページ）。

(21)前掲書、注(20)。

(22)平松闊『社会ネットワーク』福村出版、1990年、7-10ページ。

(23)徳舛克幸・茂呂雄二「小学校教師間ネットワーク分析―相談・被相談関係からネットワークを捉える」『筑波大学心理学研究』第39号、2010年、1-9ページ。

(24)前掲書、注(3)。

(25)安田雪『ネットワーク分析―何が行為を決定するか』新曜社、1997年、4ページ。

(26)平松闊・鵜飼孝造・宮垣元・星敦士『社会ネットワークのリサーチ・メソッド―「つながり」を調査する』2010年、130-133ページ。

(27)安田雪「探索的ネットワーク分析―超領域的研究のための標準手順の提案―」『研究技術計画』第21号2巻、2007年、156ページ。

(28)前掲書、注(25)、13-19ページ。

(29)手塚薫「伝統的知識の公開と『社会関係資本』としての活用：UKにあるマンロー書簡の社会ネットワーク分析を中心に」『国立歴史民俗博物館研究報告』第168集、2011年、33-62ページ。

(30)林宏紀・伊東樹希・西尾典晃・武藤敦子・犬塚信博「エゴセントリックネットワークと形式概念分析を利用した社会ネットワーク分析」『人工知能学会論文誌』第29号1巻、2014年、177-181ページ。

(31)例えば、UCINET、Pajekや、データ分析用ソフトのR等がある。

(32)地域の教師とは、同じ地域の中学校に勤務する教師のこととする。地域の捉え方は、都道府県や自治体によって様々であるが、政令指定都市を含めた市町村単位の地域から、複数の市町村を合わせた地域まで存在する。

(33)家庭科教師が集う公的な会の名称は、多様である。地域の3～15校程度の教師が、勤務時間に地域の学校や公の施設に集まる会を指す。全日本技術・家庭科研究会の地域組織と兼ねている場合もある。

(34)例えば、特別支援学級の担任だけでなく、各種の加配によるものも考えられる。

(35)例えば、防災リュックの製作や、調理実習の献立等があげられた。

[追記]

　投稿時期が重なったため、本論文中に引用をしたり参考文献に挙げたりすることができなかったが、同様の社会ネットワーク分析を用いて分析した別途論文がある（『学校教育学研究』第33号、pp.89-101）。本論文では、校内に同教科教師が在籍する可能性が少ない家庭科教師を対象とし、学校外におけるネットワークを考察したが、別途論文では理科教師を対象に学校内外の教師との関係性を考察したという違いがあることをお断りしておきたい。

[謝辞]

　本研究はJSPS科研費16H07039の助成を受けたものです。また、調査にご協力いただいた皆様に心よりお礼申し上げます。

ABSTRACT

Study on Subject Teachers' Professional Networks Outside of School Setting: Junior High School Home Economics Teachers and Their Networks

KANEYASU Akiko
(University of Teacher Education Fukuoka)

This study shows the development of a cooperative network of home economic teachers in junior high schools. This study analyzes the relation between such network of teachers and the teaching materials they use.

Eight teachers were interviewed. Two interviewees were selected from each generation group of 20s, 30s, 40s, and 50s in age. For analyzing the interview, the ego-centric network of the social network analysis was applied. Some of the home economics teachers have a network with the same-professional teachers in the same area, and thus this study focused on their network to be analyzed.

This study sets the following hypotheses. First, home economics teachers of junior high school do networking with teachers of the same subject in other schools. Second, the information sharing about teaching materials and the relationships mediated by such materials, impact the selection of materials that teachers use for their classes. This study confirms these hypotheses to be true.

In addition, the following points were revealed by this survey. (1) In the process of building a network, teachers who serve as hubs connecting other teachers in same area may stimulate network formation and development. The existence of predecessors serving as hubs functioned to the advantage of the formation and subsequent development of networks between teachers. (2) The network of teachers provides opportunities for a cooperative development of their teaching materials, leading to improvements of their classes. Therefore, for a teacher it is important that he/she is in contact with other teachers through such network.

As a result, it became clear that, beyond relationships between colleagues in a school, networking between teachers of same subject in different schools plays an important role.

Keywords：networking, social network analysis, home economics teacher, teaching material

日本教師教育学会年報
第27号

3

〈実践研究論文〉

〈実践研究論文〉

日本の教員養成系大学における短期海外研修プログラムの企画・実践・効果に関する考察
―― 教職志望者の視野を外に開くカリキュラムづくり ――

岩田　康之 (東京学芸大学)

1. 問題の所在

　社会のグローバル化は教育の現場にも及び、人の移動が活発化するにつれて、日本の学校現場においても多様な文化的背景が混在する状況が生じている。しかしながらこうした状況への対応という点で、日本の大学において提供される教員養成のプログラムや、そこで学ぶ教職志望者の意識は充分とは言いがたい。

　上杉 (2008) は日本の教員養成系単科11大学の学生交流協定の活用状況を検討する中で、協定自体は量的にも地域的にも相当な広がりを見せてはいるものの、「派遣については３割強しか利用されていない」(上杉 2008、161) こと、加えて「日本の教員養成課程と海外留学の「相性の悪さ」」(同前、163) ゆえに、留学に出る学生が非教員養成課程 (いわゆる新課程) に偏り、教員養成課程の学生にはほとんど見られないことを指摘している。

　また、グローバル化の動向と教員養成課程の学生の意識のギャップについても、その後の研究の中で具体的に解明されつつある。たとえばHATOプロジェクトIR部門 (2015) が教員養成系単科４大学[1]の学生を対象に行った新入生意識調査においては、教員養成課程の学生は「異文化に関する知識が低い」と回答する割合が大規模総合大学８校の新入生に比べて著しく高く、また百合田・香川 (2016) が行った島根大学教育学部の学生を対象とした調査で、「在学中に旅行・観光を含む国外渡航を考えているか」という問いに対して積極的に肯定した回答

は７％であるという指摘もなされている (百合田・香川、154)。

　このように、教員養成課程の学生の多くは異文化理解に苦手意識を持っている一方で、日本の公立学校においては日本語を母語としない児童・生徒が増加しつつあるなど、教師自身がグローバルな知見と実践的指導力を必要とされる場面が増加しつつある。それゆえ教員養成系大学 (特に単科) においては、教員養成課程の学生で将来的に公立学校の教職を担うであろう者の関心に焦点づけて、海外の教育事情を、その背景も含めて実践的に学ばせることを企図したプログラムが求められることになる。その具体的な手段として、国外の学校に実際に赴いて参観・参加活動を行うことの意義は大きい。

　しかしながら、教員養成系大学側においては、岩田 (2014) が指摘するように、教員養成系大学が行っている国際交流プログラムの内容が「必ずしも教育に関わるものとは限らない」ために、「『国際交流』と『教員養成』の接点が乏しい」というちぐはぐな状況がなお残る。こうした点においては、田中 (2014) が挙げる関西外国語大学の英語キャリア学部小学校教員コースの取り組み (英語運用能力の強化に加えて海外学校での教育現場体験等を含むプログラムをカリキュラム上に位置づけているもの。田中2014、252-253) のように、教員養成系以外のいわゆる一般大学、中でもグローバル人材の育成に早くから取り組んできたところに一日の長があり、優れた実践が見られる状況にある。

2．「香港短期研修」の企画

2.1 A大学教育学部のカリキュラム改訂

こうした中、筆者の勤務する国立教員養成系単科A大学においては、2010年度以降の教育学部新入生を対象に、中華人民共和国香港特別行政区（以下単に香港）への短期派遣（スタディツアー）を含む演習形式の授業（以下「香港短期研修」）を設け、教員養成課程の学生たちに対して、グローバルな視点から学校教育の課題を捉え、海外の学校での教育現場体験等の実際の経験を積む契機を提供すべく取り組みを始めた。

この時のカリキュラム改訂は、2007年に改められた教育職員免許法が2010年度新入生から適用されることを踏まえ、部分的な手直しをするという基本姿勢で行われた。それゆえ学部カリキュラムの全体構成に大きな変更は加えず、教員養成課程の全学生と新課程で免許状取得を希望する学生に「教職実践演習」を新たに必修化するとともに、グローバル化をはじめとする同時代的な教育課題に対応する数科目をそれぞれ単発で増設する程度の小幅な変更にとどまっている。

2.2 短期派遣（スタディツアー）の単位化

「香港短期研修」は、短期の派遣とその事前学習・事後の省察を含む2単位の演習科目（三年次秋学期）として設けられ、A大学教育学部教員養成課程のうち、小学校教諭一種免許状の取得を主とする一部のコースにおいて選択必修の専攻科目の一つとして位置づけられた。他のコースの学生においては、自由選択科目として卒業要件に含めることが可能なものとされ、また条件つきではあるが、教育学部の二年生や大学院生にも履修の機会が開かれている。

2010年度以降に入学した学部三年生を主対象とした科目であるため、実際の授業開始は2012年度秋学期（スタディツアーの実施は2013年3月）からである。

2.3 対象地域と内容の基本骨格

海外短期派遣を含む授業がまず香港を対象地域として設けられた主な理由は、このカリキュラム改訂当時にA大学が既に香港域内で教員養成プログラムを提供する2大学（B・C）と交流協定を持ち、教師教育分野での研究交流が行われてきた蓄積があることによる。加えて香港という地域は日本から比較的近く、交通の便もよいこと、また後述するように教育課題や教育実践をめぐる状況について、日本のそれと引き比べて検討するフィールドとして適しているということもある。

なお、この両大学には、B大学が域内の複数の教員養成機関を統合して成立し（日本の教員養成系単科大学に近い）、特に小学校教員養成分野に特色を持つのに対し、C大学は歴史の古い総合大学で、その教育学院（日本の学部・研究科相当の組織）を中心に主に中等学校教員や学校管理・教育行政職等の養成に特色を持つという学風の相違がある。

また、特にC大学とA大学の間では1990年代から留学生の派遣・受入が活発に行われてきてはいるものの、その大半はC大学で夏期休暇中に行われる集中プログラムのように語学の修得や文化理解の促進を主としたものであり、教育に焦点化したものは、B大学の学生グループが引率教職員とともに短期研修で来日した折にA大学学生とともにセッションを持った単発の事例があった程度である。

日本の教員養成課程の学生を主な対象として海外の短期研修を企画する際、現地の学校への参観は不可欠である。このことは、学期間の長期休業中に実施することがほぼ不可能であることを意味する。それゆえ、夏期休暇中の集中プログラムのように、帰省中で空いている学生寮を、短期研修中の学生たちの宿舎として借りることもできない。次節以下に述べるように、A大学の香港へのスタディツアーがおおむね1月〜2月（秋学期の授業期間中）に設定され、参加学生たちが民間の宿泊施設に滞在するスタイルになった（その期間に履修している他の授業

実践研究論文　135

は欠席せざるを得ず、それぞれの授業担当教員に対してこの点での補講等の配慮をお願いする形で対応してきた)のはこういう事情に起因する。

また、現地の学校を単に参観するのみならず、児童・生徒を相手に何らかの教育参加活動（日本文化の紹介等）を行うには、児童・生徒に対する働きかけにある程度習熟していることが望ましい。A大学の教員養成課程では三年生の9〜10月に附属学校での実習が必修とされており、その後ならば一定の経験がベースにあると見込まれることから、秋学期の設定となったものである。

2.4 費用面の問題

A大学の、特に教員養成課程の授業の中には、学校現場での参観や参加を含むものが多いが、それらは基本的に大学の近隣に位置する学校をフィールドとして行われており、参加学生の交通費負担は比較的小さい。しかしながら、海外への派遣に際しては、当然のことながら渡航費や滞在費等の高額の費用が発生する。

民間の業者などが主催する海外短期研修とは異なり、大学の学部カリキュラムの中に海外への短期派遣を選択必修として位置づける以上は、参加学生が高額の負担をすることを前提にはできない。このことはA大学でのカリキュラム改訂に際しての検討を行う中で共有され、学生に対する金銭面のサポート策が併せて検討されることとなった。

これについては、A大学とB・C大学が既に協定を持っていることを踏まえ、独立行政法人日本学生支援機構（JASSO）の海外留学支援制度を活用することとした。これは、日本の大学等が「諸外国の高等教育機関との学生交流に関する協定等に基づいて、8日以上1年以内、当該大学等に在籍する学生を派遣するプログラムを実施する場合、そのプログラムを支援する制度」[2]であり、香港への派遣に際しては一人あたり7万円の支給がなされる。「香港短期研修」の実施に際してはこの支援制度の活用を前提に

したものの、この制度は単年度の申請に基づいてその都度審査がされて支給が決定されるものであるがゆえ、授業科目としての「香港短期研修」の継続的な運営の基盤としては安定性を欠く。また支給人数も限られており、加えて成績や家計等の支給基準もあり、この授業に参加を希望する全ての学生に費用面のサポートを行うには不充分である。そのため、これを補うべくJASSOの支給額を上限として、A大学の教員が引率する海外短期派遣プログラムへの参加学生に学内予算で支援をする制度、および引率教員の旅費（引率および下見）を補助する制度の整備も、同時並行的に行われた。

こうした一連の企画は、A大学のカリキュラムを検討する組織と、国際交流を検討する組織との両方で練られてきた。筆者が当時、双方のメンバーを兼ねていたこと、および香港の交流協定校B大学・C大学双方のコーディネーター[3]を務めていたことなどの事情もあり、海外短期研修を含む授業を筆者が担当する形で教員養成課程のカリキュラムに組み込むことが可能になったものである。

実際には、「香港短期研修」の初年度（2012年度）においてはJASSO奨学金の支給は得られず、またそれを補う学内規定も未整備であったため、スタディツアーは授業とは別立てで通常の授業期間の終了後に、希望者だけが自費で参加する形[4]で行われた。翌2013年度よりこの「香港短期研修」はJASSOの海外留学支援制度に採択され、ほぼ同じ形で平均10名強の参加者を集めて実施されている。以下、2013年度からの4回について、その内容と参加者の学びを検討していくこととしたい。

3.「香港短期研修」の実施

3.1 授業の構成

A大学のシラバスでは、「香港短期研修」の授業の到達目標は、「グローバル化が進む教育の現状について具体的な事例を通して理解を深めるとともに、海外における学校現場での教育参加や教育関連施設の参観等を行い、教育のグロ

ーバル化に対応する実践的指導力の基礎を培う」ものとされ、授業の柱としては以下の3点が示されている。

(1)日本国内における事前学習（5回程度）
(2)中華人民共和国香港特別行政区内における活動（交流協定校の大学での授業参加および学生交流、小中学校の学校参観および実践活動、教育関連施設の参観等、計9回程度）、
(3)日本国内における省察（1回）

事前学習(1)としては、香港の教育改革や教育課題に関しての日本語[5]および英語[6]の文献購読を中心とし、香港という地域自体への理解を深める日本語文献[7]、を適宜参考として示し、参加者間で読み深めることを行っている。また、スタディツアーでの訪問先における実践活動（グループワーク）の準備も、この事前指導の時間内で行われている。さらに、この事前指導に合わせて国際課スタッフによる渡航ガイダンス（危機管理等、おおよそ1コマ分）も実施している。

スタディツアー(2)は、後述するように、秋学期の後半（1月〜2月）の連続する8日間[8]、香港において行っている。その上で、スタディツアー終了後に事後の省察(3)のミーティングを持ち、学期末のレポートを課して単位認定をする、という構成になっている。

3.2 参加者

この「香港短期研修」については特別なアナウンスはしておらず、学生は他の授業と同様にシラバスを見て参加を決めることになる。ただし前述のように、参加学生に対する費用面の援助に限りがあることから、履修制限があり得ること、それゆえ希望者は事前に担当教員にコンタクトを取るようにシラバスの備考欄に示してきている。

各年度の参加者の内訳は表1に示すとおりである。幸いにして履修制限やそれに伴う参加希望者の絞り込みを行うことはなく、各年度とも想定したクラスサイズに収まっている。なお、学部学生の大半は小学校教員免許を主とするコ

表1 「香港短期研修」参加者内訳

年度	学部生				修士課程			合計
	2年	3年	4年	小計	教育学研究科	教職大学院	小計	
2013	2	8	1	11	0	2(2)	2(2)	13(2)
2014	4	10	0	14	1	0	1	15
2015	0	9	1	10	0	0	0	10
2016	0	10	0	10	1(1)	0	1(1)	11(1)
合計	6	37	2	45	2(1)	2(2)	4(3)	49(3)

（　）内は現職経験のある者の数（内数）。

ースに在籍しており、中学校・高等学校教員免許を主とするコースからの参加者は4年間で2名（4％）にとどまる。

3.3 スタディツアーの構成

スタディツアーは、7泊8日のスケジュールで行われている。これは、JASSOの海外留学支援制度（協定派遣）が8日間以上のプログラム（移動のみの日は含まず）を対象にしており、その要件をみたしつつ参加学生の二重履修（秋学期の通常授業期間中にスタディツアーが組まれているための授業欠席）による影響を最小限にすることに配慮したためである。とは言え土・日は休校日のため、学校訪問等の設定はできない。そのため日曜に離日し、翌週日曜に帰国するスケジュールを設定し、初日には訪問先の先生方を招待しての夕食会を兼ねた現地ガイダンスを行い（市街地のレストラン）、週日5日間の活動を終えた後の土曜日を自主研修として、その振り返りを最終日に行う（空港待合室など）という形にしている。一例として、2015年度のスタディツアーのスケジュールを表2に示す。

コンテンツの概要は以下のとおりである。

【講義】B大学およびC大学の、主に教育学を専門とする教員による、香港の教育に関する英語の講義を受講。スタディツアーの初めに一つ概説的な内容、終わり近くに改めて香港の教育課題全体を振り返る内容を置く。
【合同セッション】B大学もしくはC大学の、主に教職志望の学生たちを集め、A大学からの参

表2　スタディツアー（2015年度）

	午前		午後	
	訪問先・内容	地域	訪問先・内容	地域
第1日	（各自離日）		現地ガイダンス	九龍
第2日	B大学 教員による講義「香港の教育と教師」	新界	学校参観①・参加中学校(aided)	新界
第3日	施設見学① 教育局サービスセンター	九龍	B大学 学生との合同セッション（教育実習関連）	新界
第4日	学校参観②・参加小学校(DSS)	港島	施設見学② 香港大学防止自殺研究センター	港島
第5日	学校参観③ 小学校(aided)	新界	［自主研修］	
第6日	学校参観④ 小学校(国際学校)	新界	C大学 教員による講義「香港の教師と教職キャリア」・ディスカッション	新界
第7日	［自主研修］			
第8日	自主研修のリフレクション	機場	（各自離港）	

加者と共通のテーマ（教育系大学の学生生活、教育実習など）を設定してセッションを持つ。使用言語は英語。

【学校訪問・教育参加】　B大学およびC大学の教員[9]の紹介を仰ぎ、小学校を中心に3～4校を訪問。地域や学校種[10]になるべくバリエーションを持たせるようにしている。それぞれの学校とは筆者が事前に打ち合わせを持ち、学校の概要紹介や施設や授業を参観する機会を設けてもらうとともに、可能な範囲で児童生徒に対してA大学の学生が教育活動を行う機会を設けてもらっている。児童の英語力の水準が高いDSSでは英語で日本文化を紹介する授業を持ったり、また逆に英語力の水準が低いaided schoolでは日本の「遊び（ゲーム）」の紹介を行ったりと、様々である。内容は参加学生たちのグループワークで決めさせているが、実施時期との関係から、日本のお正月に関するテーマが多い。また中には、教員たちと参加学生たちがディスカッションをする機会を設けてくれる学校もある。

【施設見学】　B大学およびC大学の教員らの推薦によるもののほか、事前学習で香港の教育事情を学ぶ中で興味関心を持った施設を訪れることもある。前者の例としては香港の教育局九龍サービスセンター内にある「薈萃館」[11]におけるgifted education 関連の展示の見学（2013～2015年度）など、後者の例としては香港大学に設けられた防止自殺研究センター[12]における教師たちの過労と自殺の防止策を検討するプロジェクトの学習（2015年度）などがある。

これらの活動は基本的には全員参加としているが、参加者の体力的な問題などを考慮して、その一部を希望者のみとすることもある。表2の中では6日目午前中の国際学校（IBの取り組みをしているインターナショナルスクール）見学がそれに当たる（10名中6名参加）。

3.4　移動および引率

スタディツアーの参加に際しては、航空券と宿泊先の手配は参加者それぞれが行うこととし、「現地集合、現地解散」を原則としてやってきている。これは、参加学生への費用面の援助が7万円であり、これに加えてさらなる援助を行う余裕がA大学にない（さらには通常授業期間中に実施するために大学の寄宿舎の空き部屋を使うこともできない）ためである。7万円という金額は、日本から香港への往復にLCCを用い、低廉なドミトリーに泊まれば1週間の香港滞在を可能にするが、参加者の多くは多少の私的な負担を加えても、より快適な移動や宿泊を求めるであろうことに鑑み、このような形となっている。

また香港の域内移動については、電車やバス、フェリー等の公共輸送機関を利用している。訪問先の最寄り駅で待ち合わせ、訪問先での活動が終わればそこで解散、の毎日である。香港では公共輸送機関が高度に発達しているために可能になっているものであるが、貸し切りバスによる移動と比べて参加学生たちは香港の庶民の普通の暮らしに触れる機会を多く持つという副次的な効果を生んでいる。

引率は、授業担当教員としての筆者のほか、

2013・14年度には国際課長が同行した。この「香港短期研修」が定着してきた2015年度以降は、主に若手の職員をＡ大学内で募り、研修を兼ねて学生引率と海外の教育事情見学に同行する形を取っている。

このように、複数スタッフで引率に当たる体制を採ることで、スタディツアー中のトラブルへの備えを厚くしている。実際には、入念なガイダンスゆえか、参加学生たちが体調を悪くしたり、事故に巻き込まれたりといったトラブルはほとんど起こっていない。

4.「香港短期研修」の効果

4.1 参加学生の「気づき」

「香港短期研修」では、スタディツアーを終えた後の最終回の授業において参加学生それぞれが何を学んだかを省察する機会を持ち、その後に最終のレポートとして、「この授業(香港スタディツアーを含む)で学んだことを基に、教師の実践のあり方について、グローバルな視点から考察を加えよ」という趣旨の課題を例年課している。

「3」で述べたとおり、毎年のスタディツアーの基本骨格は共通しているものの、訪問先や、そこで触れる授業や、子どもたち相手の活動の実際もそれぞれ異なっている。もちろん、学生たちの関心テーマもそれぞれに異なっており、それゆえレポートに記されたトピックはかなり広汎に及ぶが、大別すると、シラバスに示した「グローバル化が進む教育の現状」つまりは教育課題そのものに関するもの・「教育のグローバル化に対応する実践的指導力」に関わっての教師のあり方に関するものに加え、それらの背景におよぶもの、の三つのカテゴリーになる。学生のレポートの記述[13]に表れた「気づき」のトピックのうち、比較的多くの学生(30%以上)に現れたものをカテゴリー別に挙げると**表3**のようになる。

教育課題として圧倒的な関心を集めたのは外国語や言語修得に関することである。1997年に施政権が中国に復帰して以降、「両文三語」政策

表3　学生の「気づき」(学部生45名)

カテゴリー	トピック	記述の数(年度ごと)					
		2013	2014	2015	2016	計	%
教育課題	外国語・言語修得	10	13	9	10	42	93.3
	アクティブラーニング	7	4	4	9	24	53.3
	進学競争	10	7	7	6	30	66.7
	いじめ・自殺	2	3	6	3	14	31.1
	その他	8	0	3	4	15	33.3
教育事情・背景	学校の設置・運営	6	2	3	4	15	33.3
	アイデンティティ	8	8	2	5	23	51.1
	社会・子どものあり方	2	4	6	5	17	37.8
	地域格差	1	4	7	7	19	42.2
教職	身分・待遇	5	5	2	3	15	33.3
	教師の仕事	5	5	8	5	23	51.1
	教員養成	2	5	3	4	14	31.1

が進められ、香港の多くの子どもたちは生活言語である広東語(母語)と英語のほか、普通話(北京政府の公用語)を学ぶことが求められるようになった。このため語学学習の比重が増してきていることは、参観先の多くの学校で看取できたのであろう。

ただしこのことは、香港に根強い進学競争や、格差の問題に密接に関わる。DSSなどでの小学校低学年からの高いレベルの英語教育に最初は感心していた学生たちも、徐々に考察を深めていく。たとえば「国際学習到達度調査(PISA)の結果を見ると、どの分野においても日本や香港は順位が高い[中略]。だが、このような結果を見て、日本や香港の教育が優れていると断じたり、総じて学力が高いと判断したりするのは安易に過ぎる。[中略]香港も、学校間に英語能力の格差があるということも含めて(日本に)似ていた[2016年度]」「私立の学校では英語のみを使用し、小学校の段階で相当の英語力が身についていた一方で、ある中学校では日常会話が精一杯であまり身についていない[2014年度]」のように、格差の実際を知る学生もいる。参加学生の多くはこの授業以前に香港を訪れる経験を持たず、公用語が英語であることから漠然と英語が通じるものだと思っている

が、実際には非英語圏であるというリアルな認識[14]が学校訪問を通じて得られている。

　進学競争や塾についての教育課題は日本とも共通するが、「香港でも私教育が発達しているという。ただ、実際に香港の先生にお話を伺ったところ、日本と異なる部分があった。それは、宿題の量が多く、塾では宿題についてみてもらうということだ。[2013年度]」というようにそのありようは少々異なっている。

　いわゆるアクティブラーニングの取り組みについては、　特にDSS校においては「小学校（DSS）に見られた配置だが、一人ひとりに一つの机・椅子が割り当てられているのではなく、グループセッションをしやすいように、グループで席が組まれていた。グループごとに席を組むことで、すぐに隣近所の友達と話し合いをすることが出来る。校長先生のお話の中で、協同的学習を重視しているとの話があった［2013年度］」のように独自の取り組みがなされていることが看取されている。

　いじめや自殺の問題に関しての関心は、特に2015年度に香港大学防止自殺研究センターでの取り組みに触れた回に強く表れた。ただし、訪問先と学生たちの関心が直ちに対応するわけではない。たとえば教育局九龍サービスセンター内の「薈萃館」におけるギフテッドの取り組みに対しては2013年度の参加者のほとんどが強い関心を示したが、翌2014年度にはほとんどそうした関心は見られない。

　そうした教育課題の背景にある香港の教育事情にも関心を拡げる学生も表れている。たとえば「香港には12歳以下の子どもに一人で留守番させたり、外出させたりすると、保護者義務違反として罰せられる規則がある［2016年度］」のように、日本とは異なる事情に気づき、各地域の関連法規を調べた学生も現れている。

　教職に関連するトピックとしては、香港では小学校でも教科担任制が採られているのに対し、日本では全科担任制であること、それに伴い教員養成のシステムも異なっていること、さらには香港における教員養成ルートが多様であ

ること（教育学士課程に加えて、学卒後課程で教員資格を取るルートがあること）などが関心を集めている。

4.2 「座学」と「実地」

　こうした学生たちの「気づき」に関わって、スタディツアー中に行われている講義との関連は看過できない。たとえば言語教育について「金曜日の午後にB大学で受けた講義に language education の内容もあった。そこで、広東語は the vernacular language である。つまりコミュニケーションの手段の言葉だと考えた。それに対して英語は the language of imperialism, capitalism, higher education and internationalism である、つまりグローバルな仕事や高等教育で必要な言葉であった［2016年度］」のように、講義が学生たちの理解を深めている様子も見られる。スタディツアーの初めに概括的な講義を置き、後半にリフレクションを促すような講義を置くというプログラムの構成が効果を上げているとも言えよう。

4.3 教師像への収斂

　参加学生の多くは日本の教員養成系大学に学び、教職を志している。当然のことながらこうした学びの結果として、参加学生の相当数は、教師のあり方へと考察を深めていく。「日本の義務教育のほとんどが公立学校であるのに対し、香港ではほとんどが宗教団体や慈善団体などにより設立されている［中略］。日本のように教師が政府に雇われてはいない、という点は大きい。日本では教師によるデモは禁じられているが、香港では何度か行われている。最近でも、中国政府による愛国教育についてのデモが行われた。愛国教育に関する問題は、日本でも君が代問題などが存在するが、教師の立場は弱い［2013年度］」や、「教師という職業は公務員であるということもあり、自分の所属する地域や学校だけに注目しがちだが、他の国や地域の教育と比較することで視野が広がり、自分の実践の良さや課題が明確になると思う。これまでは

「グローバルな教師」＝英語力が高く、海外の情勢に詳しい人のことだと思っていたが、今回の授業を通して、他国との比較の中から自国の状況を客観的にとらえることができる教師のことではないかと考えが改まった［2015年度］」などはいずれも、訪問先の小学校（aided）において教員たちとディスカッションをする中で、グローバルな教師とは何か、日本での教師の身分はどういうものか、に考えが及んだものとみられる。

4.4 参加学生たちのその後

この一連の「香港短期研修」参加学生たちの進路状況は表4に示すとおりである。

表4 「香港短期研修」参加者*の進路

| 卒業・修了年月 | 人数 | 就職 | | 進学 | 教員就職率** (a)/(a)＋(b) |
		教員(a)	その他(b)		
2014年3月	1	1	0	0	100.0%
2015年3月	8	7	1	0	87.5%
2016年3月	14	8	2	4	80.0%
2017年3月	10	7	2	1	77.8%
2018年3月	12	9	2	1	81.8%
合計	45	32	7	6	82.1%

*現職経験のある者（3名）・2018年4月以降在学者（1名）を除く。
**就職者のうち教員となった者（非正規採用を含む）の比率。

教員就職率で見る限り、A大学の教員養成課程全体[15]を上回る数字を示している。サンプル数が限られているために即断はできないが、このプログラムが、教員養成課程に在籍する、教職志望の強い学生たちを集めて海外に派遣するという当初の目的を達成しつつあると見ることもできよう。

5．今後に向けての課題

5.1 教員養成系大学の改革に伴う変化

以上見てきたように、A大学教育学部教員養成課程における「香港短期研修」は、継続的に実施される中で一定の成果を挙げつつある。実際、「もともと小学校外国語活動には関心があったものの、この「香港短期研修」の授業があ

ったことで、日本の中だけで考えるのではなく、他の国の指導法とも比較して、日本の小学校外国語を多面的に捉えられるようになったことが、私にとって最も大きな成果であった［2014年度］」のように、グローバル志向の比較的乏しいかった学生にとって「香港短期研修」が授業として位置付いていることがトリガーとなっている面もある。

しかしながら、A大学では、2015年度の新入生から、教育学部のカリキュラムを再度改めることとなった。これは2013年11月に文部科学省が策定した「国立大学改革プラン」[16]においていわゆる「ミッションの再定義」を医学・工学と並んで教員養成系において先行実施することとなり、結果的に教員養成系の各大学・学部は第三期中期目標期間（2016年度〜2021年度）中に新課程の廃止を行うことを計画せざるを得なくなったことに起因する。これに伴ってA大学では教育組織を改編し、新課程を改組した組織で再課程認定を受けるなど、カリキュラムにも相当の変更を加えた。

その中で「香港短期研修」は科目名を改めるとともに全学的な選択科目として位置づけられ、2017年度からのスタディツアーはそれ以前とは若干異なる形で行われている。

また同時に、海外短期派遣を含む類種のプログラムの拡充を図り、2017年度においては正規の科目として位置付いているプログラムが3件、単位化されていない短期海外派遣を含めれば計7件がJASSOの海外留学支援制度（協定派遣）もしくは「2」に述べた学内予算による補助の対象となっている。地域的にも香港のほか、他の東アジア・東南アジアや北米地域へと拡がっている。

5.2 実施運営上の課題

しかし、こうした海外への短期派遣を含むプログラムの拡充は、教員養成系大学のカリキュラム運営という点で将来的な課題を多く抱えてもいる。以下、主なものを3点挙げる。

第一に、カリキュラムとしての継続性、ある

実践研究論文　141

いは安定的な運用に関する課題である。「香港短期研修」の企画・実施に際しては、筆者がA大学と香港のB・C両大学との交流に際してのコーディネーターを務めてきたという蓄積に負うところが大きい。これまでのA大学の協定校には、このコーディネーター役の教員の退職を機に有名無実化するケースが多い。コーディネーター教員の個人技に頼らず、大学として組織的に取り組むことでこのことは解決しうるが、逆にプログラムの運営が柔軟性を欠き、学生の成長に資する度合いが低下しかねない懸念を生む。しかしながら、この種の短期海外研修プログラムのフィールドは香港である必要はなく、様々なフィールドに赴く海外短期派遣プログラムが常時カリキュラム上に複数設けられていれば、学生たちの機会は保障されることになる。A大学でのこの種のプログラムの量的な増加やフィールドの多様化は、この点での解決策となりうる。

また、教員養成課程のカリキュラムに位置づける上では、課程認定との関係も課題となる。「香港短期研修」については、「教職に関する科目」「教科又は教職に関する科目」の免許法上の科目として位置づけてはいない。免許法上の科目とすることで、教員養成課程学生の履修が容易になることは確かであるが、同時に「教職課程コアカリキュラム」のような形での教職科目の内容面での統制が強化される状況下では、免許法上の科目とすることが逆にこの種のプログラムを設ける上での制約となることも懸念され、難しい課題である。

さらに、その量的拡大の限度に関わる課題もある。A大学の現状においては「香港短期研修」のように、通常の授業期間中に重なる形での海外派遣プログラムは比較的少数にとどまっており、同時に重なる授業の担当者にそれぞれ欠席分の個別対応をお願いすることでさしたる問題は生じていない。しかしながら、この種のプログラムへの参加学生が増加すれば、二重履修への対応の混乱も増すことが懸念される。もちろん、JASSOの奨学金もこれを補う学内予算によ

る支援も無尽蔵ではない。この点に関わっては、大学全体としてどの程度の学生がどのくらいの期間海外に出ることを想定するのか、というグランド・デザインが求められるところである。

5.3 「効果の検証」に関わる課題

本稿「4」においては、主に学生のレポートに見られる「気づき」と、その後の学生の進路状況を主な素材として「香港短期研修」の効果を素描した。

しかしながら、この種のプログラムの真価が問われるのは、参加学生が教職に就き、実際にグローバル化が進む学校現場で指導力を発揮する時である。その「効果」をいかにして検証するか。あるいは、教職に就く学生たちにグローバルに教育を捉える視点を与える上でこの種の短期海外派遣プログラムはどの程度の必要性があるのか（「必ずしも海外に出なくてもグローバルな視点を持つ教員の養成は可能である」という指摘にどう応えるか）。こうした意味での「効果の検証」は、筆者の勤務するA大学の中だけで行うのは難しい。その方法や指標の開発も含めて、今後の課題としたい。

引用・参考文献

・岩田康之「『教員養成教育のグローバル化に関する調査』の概要」東京学芸大学重点研究費「グローバルな視野を育成する教員養成プログラムとその運営のあり方に関する開発研究」報告書、2014年、3-5ページ。

・上杉嘉見「教師教育の国際化：教員養成大学における留学政策の現在」東京学芸大学教員養成カリキュラム開発研究センター編『東アジアの教師はどう育つか：韓国・中国・台湾と日本の教育実習と教員研修』東京学芸大学出版会、2008年、159-174ページ。

・田中光晴「教員養成課程のグローバル化に関する動向」『東北大学大学院教育学研究科研究年報』第63集第1号、2014年、246-261ページ。

・HATOプロジェクトIR部門「教員養成系大学IR

活動による教学改善」教員養成開発連携機構『平成26年度HATOプロジェクトシンポジウム―教員養成の質保証を目指して― 平成26年度 活動概要』2015年、12-16ページ。
・百合田真樹人・香川奈緒美「教員養成課程のグローバル化の実践と評価」『日本教育大学協会研究年報』第34集、2016年、153-166ページ。

注

(1)北海道教育大学・愛知教育大学・東京学芸大学・大阪教育大学。この調査において、「異文化に関する知識」が「少ない」「とても少ない」と回答した学生の比率は、4大学の教員養成課程では43.2%であるのに対し、総合大学8校(北海道・お茶の水女子・琉球・大阪府立・玉川・同志社・関西学院・甲南)の学生では2.7%にとどまる。

(2)日本学生支援機構ウエブサイト
http://www.jasso.go.jp/ryugaku/tantosha/study_a/short_term_h/index.html

(3)A大学では交流協定を持つ各大学にそれぞれコーディネーターの教員を置き、A大学からの留学希望者の相談に乗ったり、交流先各大学からの留学希望者の審査や受入後の指導教員の選定を行ったりする窓口役としている。

(4)授業自体はA大学においてテキストやビデオを使う形の演習形式で秋学期に15回行われ、レポートによる単位認定がなされた後に香港への4日間の短期研修プログラムを実施した。参加者は4名にとどまったが、うち1名がこの後C大学に留学している。

(5)大和洋子「香港 教員の質の向上を目指して」小川佳万・服部美奈編『アジアの教員 変貌する役割と専門職への挑戦』ジアース教育新社、2012年、山田美香『公教育と子どもの生活をつなぐ香港・台湾の教育改革』風媒社、2011年等を使用。

(6)Draper, J (2011) 'Hong Kong: Professional preparation and development of teachers in a market economy', Darling-Hammond, L & Lieberman, A (eds.) "Teacher Education around the World" Routledge のほか、香港特別行政区教育局ウエブ

サイト http://www.edb.gov.hk/en/ 内の各種資料等を使用。

(7)倉田徹・張彧暋『香港 中国と向き合う自由都市』岩波書店、2015年などを参考文献として呈示。

(8)各年度のスケジュールは、2014年2月9日～16日・2015年1月4日～11日・2016年1月24日～31日・2017年1月15日～22日。旧正月の休みを避けて設定している。

(9)こうした学校訪問のアレンジは、大学の国際交流関係のセクション(留学生のケア等が主体で、地元の学校には疎いことが多い)よりは、教育学を専門とする大学教員に頼る方がはるかに効果的である。

(10)香港の小中学校には大別して官立(政府が直接運営)・aidedと呼ばれる公費助成校(民間の様々な団体が設立し、官立と同じ基準で教育を提供すべく、公費の支給を受ける)、DSS (Direct Subsidy School) と呼ばれる、義務教育段階で授業料を徴収して独自の運営をする学校の3種になる。量的にはaidedが最多。DSSは日本の「私立学校」に近く、裕福な家庭の子どもが通う傾向にあり、教育レベルも一般に高い。

(11)http://www.edb.gov.hk/tc/curriculum-development/major-level-of-edu/gifted/resources_and_support/yag/

(12)https://csrp.hku.hk/

(13)毎年の参加学生には、レポートを課す段階で「固有名詞を伏せる形で、報告書等に引用することがある」旨告知し、了承を得ている。

(14)実際、参加者のうち英語に自信を持つ学生が、自分の英語が学校で通じず、身振り等で補う必要がしばしば生じている。

(15)A大学(教員養成課程)の教員就職率は、2014年3月卒(68.9%)・2015年3月卒(67.8%)・2016年3月卒(67.6%)と、おおむね6割台後半で推移している(臨時採用・非常勤を含む。また進学者と保育士としての就職者は分母から除いている)。

(16)文部科学省ウエブサイト「国立大学改革について」
http://www.mext.go.jp/a_menu/koutou/houjin/1341970.htm

ABSTRACT

A Short-term Study-tour Abroad in a University of Education in Japan:
its planning, management and outcomes – a curriculum design to enhance
prospective teachers' perspective to overseas

IWATA Yasuyuki
(Tokyo Gakugei University)

The aim of this paper is to describe an introduction of a program, with a component of a short-term study-tour from Japan to Hong Kong SAR, as a curriculum content of an undergraduate course in a University of on Education, in Japan, from FY2012. The author offers reflections and consideration based on observations on how prospective teachers grow through the undergraduate program by including the component of a study-tour aboard.

Recent globalization impact on schools requires teachers to have competencies to deal with classroom affairs in a globalized context. Though most of the Universities of Education with initial teacher training courses in Japan have been arranging programs with long-term and/or short-term stay in peer instructions abroad, these programs only attract a few students with high motivation for internationalization. In fact, most of the students in initial teacher training courses are rather reluctant to join such kind of international programs.

In this context, the University of Education where the author has been working has set up a regular subject in undergraduate teacher training course (2 credits for 3rd year students) including 8-days study tour to Hong Kong SAR since FY 2012. Fortunately, from FY 2013, this program has consistently been gaining some scholarship from Japan Student Service Organization, and thus, 10 to 15 students have been taking part in each year.

The content of the subject is as follows. (1) Text reading about teachers and education in Hong Kong SAR (in Japan), (2) Lectures on Hong Kong education by Hong Kong professors (in English) and joint sessions with Hong Kong undergraduate students, (3) Observation and participation at primary and secondary schools in Hong Kong (making up lessons to introduce Japanese culture in front of Hong Kong students).

This paper analyzes the participants' reports to illuminate the process through which the participants have attained their global perspective as prospective teachers.

Keywords : **short-term study tour abroad, university of education, prospective teachers, global perspective, Hong Kong SAR**

〈実践研究論文〉

大学教員を目指す大学院生を対象とした
相互授業観察プログラムの試行と評価
―― 授業イメージの変容に着目して ――

根岸　千悠 （大阪大学）

1．研究の背景・目的

　我が国は2005年に高等教育の進学率が過半数を超え、いわゆる「ユニバーサル段階」[1]に突入した。入学者は多様化し、高等教育は、教育方法やカリキュラムの質的な転換が求められている。政策状況に目を向けると、1999年、前年の大学審議会答申『21世紀の大学像と今後の改革方策について』を踏まえて、大学設置基準が改定され、「大学は、当該大学の授業の内容及び方法の改善を図るための組織的な研修及び研究の実施に努めなければならない」と定められた。これにより、各大学はファカルティ・ディベロップメント（FD）の実施が努力義務とされた。さらに、2007年には大学院設置基準、2008年には大学設置基準がそれぞれ改定され、「FDの義務化」が定められることとなった。同時に、2008年の中央教育審議会答申『学士課程教育の構築に向けて』においては、大学教員だけでなく、大学教員になる前段階の大学院生に対する養成についても言及され「教育研究上の目的に応じて、大学院における大学教員養成機能（プレFD）の強化を図る」ことが求められた。

　大学教員は初等中等教育の学校教員と異なり教員免許がなく、教育実習等の教育を学ぶ機会も用意されていない。そのため、FD活動に参加する前の新任教員の多くは、教育に対する不安を抱えつつ、自身が受けてきた大学教育を参考にしながら、授業を検討、実施している。実際、中村ほか（2007）は、新任の大学教員の教育に関する不安として「教育方法に関する不安」「学生に関する不安」「教育システムに関する不安」の３つのカテゴリを見出している[2]。また田口ほか（2006）は、この３つのカテゴリについて、６年未満の新任教員は特に「教育方法に関する不安」が高いことを報告している[3]。

　このような事情と前述した政策状況を背景に、現在大学院生やポスドクを対象としたプレFDは博士課程の大学院生を多く有する大学を中心に実施されている[4][5][6]。

　アメリカでは1993年からPreparing Future Faculty（PFF）という名称でプレFDプログラムが進められている[7]。プログラム修了生への追跡調査では、PFFが大学院生とアカデミック間の接続をスムースにさせていること[8]など一定の成果が報告されている。しかし、日本のTAはアメリカの大学に比べて業務の内容が限定的なこともあり、日本のプレFDの参加者はTAの経験があっても、教授経験がない場合が多いのが現状である[9]。このように大学教育が置かれた状況が異なるため、アメリカのPFFをそのまま援用することは難しく、日本の文脈に沿ったプログラム開発と効果検証の蓄積が必要である[10]。

　現在の日本のプレFDについて具体的な内容を見てみると、多くは高等教育政策の現状や、学習目標、授業内容、教授法、評価方法などコースデザインに関する講義に加えて、模擬授業などの演習も実施されており、実践的に学ぶプログラムとなっている[11]。模擬授業はイメージトレーニングを超えて、複数人の前で実際に授業ができる点で有用である。また、他の受講生の模擬授業に参加することは、教育技法や授業

の展開方法を学ぶ機会にもなる。しかし、模擬授業の学生役は大学院生同士であることが多く、実際の授業ほどのリアリティは追求しにくい。

これらを踏まえると、大学教員になる前の大学院生が、模擬授業だけでなく、実際に授業をするとともに、お互いの授業実践を検討し合うことは意義があると考えられる。しかし日本のプレFDにおいては十分に提供されていない現状がある。

他方、先行研究では、教員の熟達化の中で授業のイメージが変容されることが、主に初等中等教育の教員を対象とした授業イメージに関する研究で指摘されている。例えば秋田（1996）は、教員志望の学生と現職教員とで授業イメージの傾向が異なることを指摘している[12]。一方、藤田（2010）は、大学教員を対象とし、新しい教育方法を取り入れたときの教員（教員歴21年）の授業イメージの変容を検討しており、長年の教員歴を有する教員であっても変化することを指摘している[13]。これらの先行研究から、大学教員であっても、授業イメージは実践の積み重ねの中で変容されていくと考えられる。しかし、初任教員や大学教員を目指す大学院生を対象とした研究は見当たらず、様相は明らかになっていない。そこで本研究は、1回の授業実践ではあるが、筆者が所属する大阪大学のプレFD「大阪大学未来の大学教員養成プログラム」において、受講生である大学院生が授業実践をし、それをお互いに観察し合うプログラムを開発・試行するとともに、大学院生の授業イメージの変容に着目して、その成果と課題を検討することを目的とする。

2．方法

2.1 研究対象となるプレFDの概要

研究対象である「大阪大学未来の大学教員養成プログラム」は、全15研究科の大学院生（修士課程・博士課程）が履修できるプレFDであり、3つの必修科目と複数の選択科目から構成されている（**表1**）。前述した模擬授業の有用性

表1　科目の構成（2017年度）

	科目名	内容
必修	大学授業開発論Ⅰ	授業デザインと基本的な教育技法の学習とトレーニング
	大学授業開発論Ⅱ	教育・学習の理論、応用的なトレーニング
	大学授業開発論Ⅲ	教育・研究・社会貢献の抱負の作成、教育研究の計画
選択	学術的文章の作法とその指導	ライティング指導のトレーニング
	現代キャリアデザイン特論	大学院生向けのキャリアデザインの方法と実践
	大学院生のための調査・統計入門	調査や統計に関する基礎的な知識学習

と限界を踏まえ、段階的かつ実践的なプログラムを組んでいる点が特徴である。なお、本プレFDは大阪大学の「横断型教育（研究科の枠にとらわれない教育）」として位置づけられており、希望した受講生は自身の専門教育とは別に履修している[14]。

本研究は、2017年度に実施された本プレFDの必修科目である「大学授業開発論Ⅱ」において、大学院生が90分間の授業を実践し、それを相互に観察し合うプログラムを開発した。なお、「大学授業開発論Ⅱ」は「大学授業開発論Ⅰ」を修了していることを履修条件にしている。「大学授業開発論Ⅰ」は10分間の模擬授業を含め、授業デザインや教育技法に関わる基本的な知識学習と技能トレーニングが組み込まれている。そのため、本研究の対象である「大学授業開発論Ⅱ」の受講生はすでに基本的な教授法の知識や技能を身につけている。

2.2 科目の開発

開発にあたっては、アメリカやカナダの大学で行われているTeaching Squaresを参考にした。Teaching Squaresは、セントルイス・コミュニティ・カレッジにおいてAnne Wessely氏が開発したFDプログラムである[15]。専門の異なる4人の大学教員がチームを組み、相互の授業観察および授業に関する議論と自己のリフレクションを通して、教授法や授業に関する新たな視点や

実践研究論文　147

気づきを得ることを目的としている[16]。

本授業では、Teaching Squaresを参照し、受講生を大学教員のチームに見立てた形で科目を開発し、より効果的な授業実践と授業観察が実施できるよう、表2の通り、事前指導（①〜⑦）と中間報告（⑪）、事後指導（⑭〜⑮）を組み込んだ。また受講生の授業だけでなく、現職の大学教員の授業を見学する課題も設定した。授業観察（⑧〜⑩）及び授業実践（⑫〜⑬）は、受講生によってスケジュールが前後する場合がある。なお、筆者を含め、本科目の担当教員は、筆者らが開講している科目で行われた授業実践以外は直接観察していないものもあるが、各授業実践はビデオにて撮影しており、適宜確認した。

授業実践先については、受講生が自身の専門分野に近い科目で実践ができるよう、受講生自身に実践先の確保を任せることとした。ただし、プレFDプログラムにおいては、実践場所の確保が難しい[17]ため、確保できない受講生がいることも想定し、大学生（大学院生）向けの単発セミナーを企画・実施することも「授業実践」とした。また、大学院生は非常勤講師をしている場合を除くと、授業を定期的に実施していない場合が多い。そのため、グループをTeaching Squaresのように4人に固定すると、グループ内で授業を観察し合う機会が十分に確保できなくなる可能性がある。そこで、本授業は受講生が少ないこともあり、4名には固定せず、全受講生のうち2名以上の授業を観察することとした。

加えて、初等中等教育における教育実習簿や授業観察、授業記録に関する先行研究[18]や、各大学が発行しているTeaching Squaresのハンドブック等を参考に、授業観察の意義や授業記録の取り方などを学ぶワークブックを作成した。またそのワークブックを用いた事前指導を計画した。

2.3 分析方法

大学院生による相互授業観察プログラムの成果と課題を検討するために、以下の2つの調査を実施し、分析した。

（1）質問紙調査

授業全体に対する受講生の意見を分析するために、授業終了後に、授業全体の満足度や、授業の到達目標への到達度等、授業評価に関する質問紙調査をウェブサイトで実施した。なお、質問紙は5件法による選択質問と自由記述による質問とした。また、2017年度の受講生7名（修士課程3名、博士課程4名）のうち、回答があった5名を対象とした。

（2）比喩生成課題による授業イメージの測定
　　及びインタビュー調査

授業実践及び相互授業観察が大学院生に与えるインパクトを把握するための1つの方法として、本研究では、比喩生成課題とインタビュー調査を用いて授業イメージの変容を分析した。先行研究[19]で示されているように、比喩生成課題では、授業についての比喩の生成とその説明により、授業イメージの差異を比較することができる。本研究においても、これを用いること

表2　科目の概要

科目	大学授業開発論II（2単位）
対象	大学授業開発論Iを履修済みの大学院生
学習目標	(1)学習者の理解、記憶、動機のメカニズムを説明できる。(2)適切な授業計画書を作成できる。(3)実際の教育現場で、学習者のニーズにあわせて、優れてわかりやすく、動機を維持させながら、教えることができる。(4)他者からのフィードバックを踏まえて、自己の教授技法の強みと弱みを述べることができる。(5)参観した大学教員と受講生の授業を客観的に分析することができる。(6)授業改善に取り組むチームにおいて、自分なりの貢献ができる。
内容	①〜④ オリエンテーション/模擬授業の分析/理解・記憶・動機づけの教育学【集合】 ⑤〜⑦ アクティブ・ラーニング型授業演習/授業実践と授業参観の方法【集合】 ⑧〜⑩授業観察と意見交換（大学教員2名、大学院生2名以上）【個別】 ⑪中間報告会【集合】 ⑫〜⑬授業実践と授業検討【個別】 ⑭〜⑮授業実践分析と最終報告会【集合】

によって、大学院生の授業に対するイメージの変容を検討することができると考えた。ただし、授業イメージは多様であるため[20]、比喩生成法だけでは捉えられない部分についてはインタビュー調査を組み合わせて実施した。まず比喩生成課題では秋田（1996）[21]にならい、「あなたは授業や教えることに対してどのようなイメージを持っていますか。『授業とは〜のようだ。なぜなら〜』というように比喩で表現して下さい。また、なぜそのように考えるのか、その理由を説明して下さい。例えば「人生」であれば『人生とは【四季】のようだ。なぜなら【暑かったり寒かったり、草花が生えたり枯れたり、毎日同じ日はないから】』のように、イメージを比喩で表現した上で、その比喩を説明して下さい。※ここでの授業や教えることは《大学教育》を想定してください。」と質問を設定した。そして、授業の初回終了後と、最終回終了後にウェブサイトで回答を求めた。秋田は、作成された比喩を「A授業の場」「B 1時間の授業展開」「C日々の授業」「D教師役割」「E授業に伴う感情」「F授業内容の有用性」「G外の社会との関連の中でみた教師像」の7つの大項目と、各大項目を2〜11の小項目に分類している[22]。本研究では分析対象者の授業イメージをこの7つのカテゴリによって検討し、授業前後でどのように異なっているかを比較した。

さらに、授業イメージが具体的にどのように変わったのかを確認するために、(1)の質問紙調査の回答者5名の中から、専門分野が異なり、かつ、大学での教育歴がない2名を対象に、各1時間程度、半構造化インタビュー調査を実施した。なお、インタビューの前には、受講生が課題として作成した「意見交換シート」（授業実践後の意見交換をまとめたもの）と「リフレクションシート」（「大学授業開発論Ⅱ」全体を振り返ったもの）の記述の中から、授業に関する信念の部分に当たる「教授学的信念」に関わる文章を収集しておき、それについても尋ねた。ただし、受講生は「教授学的信念」という用語にあまり馴染みがない。そのため、「リフレクションシート」では、「授業の実施や観察者との意見交換を通して、自分の教育哲学について学んだことはありますか？」[23]など、「教育哲学」という用語を用いて、リフレクションを支援するいくつかの観点を提示した。そのため、ここでは、回答者の「教育哲学」や「教育理念」という言葉は「教授学的信念」と同義して扱うこととする。

なお、インタビューについては、調査目的と調査内容を説明した上で、書面にて同意を得た。またインタビュー内容はすべてICレコーダーにて録音し、逐語化した。

3．相互授業観察プログラムの実際

受講生7名全員がすべての課題に取り組み、高い成績で修了した。また「大学授業開発論Ⅱ」は前出の表2の計画の通りに進められた。中でも本研究の目的である相互授業観察プログラムは表3のように行われた。非常勤講師として実施している科目の1コマを実践先とした受講生が1名（D）、指導教員や知り合いの教員に依頼して1コマ実施した受講生が3名（A、C、F）、継続的に正課外のセミナーとして実施している講座の60分の2コマ分を実践先とした受講生が1名（E）、今回のために正課外の単発のセミナーを企画し、参加者を募って90分実践した受講生が2名（B、G）であった。また、受講生に実践前には当該授業実践の到達目標を設定した上で、1コマ分の授業計画書を作成した。ここでいう授業計画書とは、学生の学習活動、活用する教育技法（講義、ロールプレイング、テスト、グループ・ディスカッションなど）、使用する教材を時間軸に沿って計画したものである。そして、それぞれの授業実践は、他の受講生1名〜5名が観察した。実践終了後には、観察者と実践者、場合によっては科目の担当教員とともに15分〜45分程度、授業を振り返り、意見交換が行われた。受講生の作成した意見交換シートを確認すると、意見交換では全員授業の良かった点と改善点を議論していた。

実践研究論文　149

表3　各受講生の授業実践の状況と授業イメージの変容

	所属研究科 「実践タイトル」	大学教育歴	実践先	観察者	授業イメージ（授業前）	授業イメージ（授業後）
A	医学系研究科 「チーム医療〜チームでつなぐ、地域と病院〜」	なし	指導教員等	B、F	【コース料理】 前菜から始まり、メイン料理を経て、デザートで終わる、帰りにはお土産をもたせるように、授業も一連の流れの中に、毎回学生を引きつけるような魅力的な要素（料理）を提供しなければならない。そして、終わった後には、何かを得た、という実感とともに、宿題、次の授業（来店）に備えたお土産をもたせる	【コンサート】 練習を積み重ねて、本番は一発勝負。観客とアーティストの掛け合い、当日のハプニング、全て含めて良い緊張感と楽しさがある
B	言語文化研究科 「計量テキスト分析入門」	なし	セミナー （単発）	G	【知識を学生に分かりやすく説明し、理解してもらい、応用してもらう出発点】 授業は学生が初めていろいろな専門知識に触れる場所である。授業を出発点として学生はさらに勉強していく	【コミュニケーション】 教員の方からは知識の伝達、学習者はそれを受け取り、反応し、さらに先生はその反応を受け取り、知識の伝達のテクニックを調整する。まさに、コミュニケーションだと思う
C	言語文化研究科 「研究のマネジメント」	なし	指導教員等	A	【大きな階段の一段】 一段一段ちゃんと順番に踏んでいかないと登れないから	【一つのカリキュラムの一段】 カリキュラムがあるからこそ授業がある
D	医学系研究科 「膵臓、肝臓、胆嚢の構造と機能」	あり	非常勤講師先	A、C、E、F、G	【漫画】 新規性や変化がなければ面白くないから	【サービス業】 対象に満足させられるものを考える必要があるため
E	言語文化研究科 「日中同形異義語」	あり	セミナー （継続）	F、G	【ディスカッションミーティング】 一人一人の学生が授業に加わり、自由に発言することこそ大事なのである	【舞台劇】 脚本（授業の内容）がいくら良かろうと、うまく表現（講義）する技法がされていなければ、鑑賞者（受講生）に関心を持たせることはできない
F	人間科学研究科 「あなたならどうする？」	なし	指導教員等	D、E	【学生主体】 学ぶのが学生であるから	データなし
G	言語文化研究科 「異文化理解入門」	なし	セミナー （単発）	B、C	【バドミントン】 プレーヤーの双方がボールを受けたり、投げたりしなければ、ゲームはうまく進まない	データなし

4．結果と考察

4.1　質問紙調査

(1)授業の満足度と学習目標への到達度に関する受講生の自己評価、授業実践先について

　質問紙調査の結果、満足度（5件法）については、「この授業に満足している」「この授業は自分の将来にとって役に立つと思う」「他の受講生の授業を観察することで自分の課題が分かった」「他の受講生との学び合いができた」という質問に対し、5名全員から「非常にそう思う」「そう思う」の回答を得た。

　また、本授業の学習目標への到達度（5件法）のうち、相互授業観察に関する設問を見ると、「他者からのフィードバックを踏まえて、自己

の教授技法の強みと弱みを述べることができる」や「参観した大学教員と受講生の授業を客観的に分析することができる」「授業改善に取り組むチームにおいて、自分なりの貢献ができるようになった」については5名全員が「非常にそう思う」「そう思う」の回答であった。このことから、相互授業観察プログラムを通して、相手の授業を客観的に分析したり、自身の教授技法に対する強みと弱みを認識したりできるようになったとの自己評価をしていることが確認された。

　授業実践先について尋ねた自由記述では「自分が担当している授業があった」「現在の指導教員」など比較的実践先を確保しやすい環境にあった受講生がいる一方で、授業実践をセミナ

ーとして自主的に企画した受講生からは「授業実践に参加してくれる学生を探すのは大変だった」と、セミナーに参加する学生を集めることが困難だったという声が挙げられた。

(2)Teaching Squaresに関する認識

「Teaching Squaresを通して感じたことについてあてはまるものを選んでください。ここでいうメンバーとは授業見学やリフレクションし合った他の受講生のことです」という質問を実施し、メンバーへの「尊重」「励まし」「支援」「感謝」がお互いにあったかどうかについて10項目尋ねた（右図）。その結果、すべての項目について「非常にそう思う」もしくは「そう思う」と回答していた。とりわけ、「メンバーとのリフレクションにより自己のリフレクションが深まった」及び「メンバーに感謝している」に対しては回答者5名全員が「非常にそう思う」と回答した。このことから、学習グループとしてお互いを尊重し合い、メンバーからの励ましを通して、自己のリフレクションを深められたと認識していることがうかがえた。

4.2 比喩生成課題による授業イメージの測定及びインタビュー調査

比喩生成課題による授業イメージの測定の結果は表3に示した通りである。授業実践前後のデータを取得できた5名（A〜E）を見ると、Cさん以外の4名は、変容の仕方が異なるものの、実践前後で違うイメージを回答した。ただし、Cさんは授業実践前も後も「一段」と同じ表現をしているが、授業実践前は階段を登っていくイメージを中心に描いているのに対し、実践後は階段全体がカリキュラムであることを明記している点で異なるといえる。さらに、授業イメージの変容を詳しく調べるために、それについてのインタビューの結果を、分析対象者に分けて記述する。

(1)対象者Aさん

Aさんは指導教員に相談し、主に看護師を目指す学生を対象に「チーム医療」について1コマ授業を実践した。

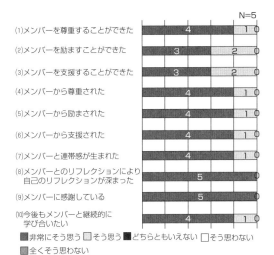

図　Teaching Squaresに関する認識

表3の通り、授業前の「授業イメージ」は、「コース料理」と表現しており、料理の中でも順番（コース）に着目している。このことから、秋田（1996）[24]の分類結果で考えてみると、「B 1時間の授業展開」に当てはまると考えられる。さらに「魅力的な要素を提供しなければならない」という授業に対する感情的な要素も含まれていることから、「E授業に伴う感情」も描かれている。一方、授業後の「授業イメージ」は、「コンサート」と表現しており、「楽しさ」という「E授業に伴う感情」も含まれているが、学生と教員の双方向性や即興性が中心に描かれており、「A授業の場」が中心にあると推察される。

ここでAさんの「リフレクションシート」を確認する。Aさんは「実践、観察を通した自分の教育理念、哲学についての学びと変化」と題し、自身の教授学的信念について以下のように述べている。

《Aさんのリフレクションシートの記述》
　授業実践を通して、学生だからこその新鮮な視点に、何度も驚き、また学ぶものが多かった。（中略）自分の教育活動の中では、「学生と共に学ぶ姿勢を大切にする」という理念を重要視しており、この経験を通して、よりその意識が強まった。

この記述からは、授業実践を通して自分の教

育活動で大事にしていることをより強く意識するようになったことがうかがえる。

これらの検討を踏まえて、Aさんには「授業イメージ」についてそれぞれどのような意味でこのような回答をしたかをインタビューで尋ねた。その結果、授業実践前は「授業」を『形式』として捉えていて、『構造的な、順序的なこと』を意識して回答したのだと思うと自身の回答を分析していた。一方、授業実践後の「コンサート」については、『楽しかったは楽しかったんですよ、やってみて（中略）でも当日にやっぱりハプニングが…予想外。そこが印象が強すぎて順序よりも内容に意識がいった』と述べていた。さらに『学生の反応を受けて、さらに順番も大事だけれど、やはり内容をその場で臨機応変に考えなければならないっていう反省』があったことが述べられた。Aさんの「意見交換シート」を見返すと「板書に気を取られ、学生の意見を逃してしまった」という記述や、「講義自体が早めに終わってしまった」という記述があり、これらが当日のハプニングとして印象に残ったと考えられる。

加えて、教授学的信念については、プレFDを受講する前の塾講師をしている時からあったといい、『教えること自体の（自分の）理念というか、そこはあんまり。（変わったというよりも）思いが強まった』と述べていた。

以上から、Aさんは授業実践で実際にあったハプニングやそこで生じた感情が授業イメージの変容に影響を与えていたことが明らかになった。また、授業実践を通して、もともと持っていた自身の教授学的信念を再認識するとともに、それが強化されていることが分かった。

(2)対象者Bさん

Bさんは、自分で大学院生向けのセミナーを企画し、「計量テキスト分析」について90分間実践した。

表3に示している通り、授業イメージがメタファで表現されているとは言いづらいが、きちんとイメージが描かれているので、インタビューで内容を確認することとした。授業前の「授

業イメージ」は、初めて知識に触れる「場所」と表現していることから、秋田（1996）[25]の分類結果で考えてみると、「A授業の場」に該当するかもしれないが、そのあとの「出発点」という表現を積み重ねの初めと考えると「C日々の授業」とも考えられ、分類が困難である。一方、授業後の「授業イメージ」は、教員と学生の双方向性が中心に描かれており、「A授業の場」が中心にあると推察される。

他方Bさんは「リフレクションシート」で、「感想」と題し、自身の教授学的信念について、次のように記述している。

> 《Bさんのリフレクションシートの記述》
> 　90分の授業実践、教員2人の授業見学と受講生2人の授業見学を通して、自分の中で新たな教育哲学ができたと思う。それは、教育は先生が学生にという一方向的なものではなく、先生と学生双方向的なものだと思う。確かに、専門的知識や経験について、先生の方が優位で、授業中先生から学生への知識の伝達が多いかもしれないが、学生から新たな視点やヒントを得ることも多いだろう。（後略）

Bさんは授業後の「授業イメージ」にもある通り、授業実践や授業観察を通して、教員と学生との双方向性を重要視した教授学的信念を獲得したのかもしれない。

そこで上記の検討を踏まえて、Bさんには授業前後で調査した「授業イメージ」の質問に関して、どんなイメージでこの回答をしたかをインタビューで尋ねた。その結果、授業前の「授業イメージ」に挙げられた『出発点』は『スタートライン』のことであると述べ、授業は学生たちにとって、『知識に初めて触れる』場所であり、『新しい世界に入るスタートライン』であるとの意見が示された。

一方、授業後の【コミュニケーション】というイメージについては、もし話しても、話すだけで相手に伝わらなければそれは『独り言』であり、コミュニケーションではないと述べ、『授業の中でも例えば先生が一方的に喋って、もちろん学生の頭には何か入るかもしれないですけれど、それは先生が意図的に何かを教えようと

しているのではなくて、あくまで自分の知識を伝達しようとしているだけで、学生にそれを学ばせよう、記憶させようという工夫がなかったら、あくまで独り言だと思っています』という考えが述べられた。

また、授業イメージについて変化があったと思うかどうか尋ねたところ、「多分変化があると思う」とし、具体的に【コミュニケーション】の方は授業実践をやって思った感想であり、【出発点】の方は授業に対する漠然としたイメージであるという自己分析が示された。

加えて、Bさんがリフレクションシートに記載している「新たな教育哲学ができた」という記述に対して、授業実践をする前は違った形だったのかどうかを尋ねたところ、授業実践をする前は『そんなにはっきりしていない』状態だったとの回答が得られた。授業実践をする前は、『授業を楽しくするというような、ぼんやりとした』イメージで、『具体的にどう楽しくするかはよく分からない』状況だったという。しかしBさんは授業実践を通して、学生とのコミュニケーションが成立していることが、授業を成立させることであると感じ、それがBさん自身の『教育哲学の基礎』だと述べていた。Bさんは、コミュニケーションについて「面白いと思ってやったギャグがスベること」を例に、それは面白さが伝わっていないということであり、授業も同じことであると述べていた。

以上から、Bさんは、これまでぼんやりとしていた授業のイメージが、授業実践での経験を通してより具体的になったことがうかがえる。また、特に学生とのコミュニケーションの成立こそが授業の成立に重要であるということが自身の教授学的信念になったと分析されていることが分かる。

4.3 総合考察

以上の質問紙調査及び比喩生成課題による授業前後の授業イメージの比較とそれに関するインタビュー調査の結果から、本研究の目的である、大学院生による相互授業観察プログラムの成果と課題を検討する。

質問紙調査の結果から、受講生は学習グループとして、お互いを尊重し合い、メンバーからの励ましを通して、相手の授業を客観的に分析するとともに、自己のリフレクションを深められたと認識していることから、Teaching Squaresがポジティブに機能したと捉えていることが示された。

授業イメージの変容に関する2名のインタビュー調査からは、相互授業観察の中でもとりわけ授業実践によって自己の授業イメージが変容していることが示唆された。例えば、Aさんの計画通りに進まなかったハプニングや、Bさんの学生とのコミュニケーションなど授業実践で実際に起きた出来事を通して得られた実感は授業イメージに強く影響しており、模擬授業を超えた授業実践特有の影響であると考えられる。また、授業実践が授業イメージの変容に影響を与えるとともに、自身の教授学的信念が具体化（Bさん）したり、再認識（Aさん）したりするなど授業に対する信念にも影響を与えていることが示された。

一方で、受講生自身が困難だったこととして、セミナーを企画したときに参加者の学部生を集めることが挙げられていた。セミナーと授業は異なるが、到達目標を明確に設定したセミナーを設計し、学生の前で実際に実施することは、大学教員を志す大学院生にとって重要な取り組みである。そのため、参加してくれる学部生を呼びかける方法を検討しなければならない。具体的には、学生支援関連部局と連携したり、本プレFDプログラムへの協力教員を募ったりするなどして、大学院生の授業実践場所の充実を図る必要がある。

加えて、今回「今後もメンバーと継続的に学び合いたい」という回答が得られたが、大学院生が大学教員に着任してからも、持続的に自己の授業を改善できるようにする工夫も必要であろう。

5．まとめと今後の展望

本研究では、プレFDにおいて、大学院生が授業実践をし、それをお互いに観察し合うプログラムを開発・試行するとともに、大学院生の授業イメージの変容に着目して、その成果と課題を検討した。大学教員養成段階で大学院生同士が相互に授業観察をすることは可能であり、学習グループとしてお互いを尊重し合い、メンバーからの励ましを通して、自己のリフレクションを深められたという認識を得られた。また、授業実践の経験は、大学院生の授業イメージを変容させるとともに、自身の教授学的信念にも影響しうることが示された。ただし今後は教授学的信念と教育哲学等の用語の整理が必要である。一方、授業実践場所の確保の問題は依然解決が難しい。プレFDの充実を図るためには、本科目について理解し、協力してくれる大学教員を増やしていくことも重要であると考えられる。

本研究では分析対象となった受講生が限られているため一般化が非常に難しい。今後は、例えば本科目を受講していない大学院生との比較や、プレFD参加者と大学教員の授業イメージの比較、修了生の追跡調査などを通して、多面的な効果検証を実施し、研究を蓄積していくことが求められる。

[謝辞]

本研究にあたり、共同で授業開発をし、研究の助言を賜った大阪大学の佐藤浩章准教授、浦田悠特任講師、大山牧子助教にお礼申し上げます。またアンケート及びインタビューに協力していただいた大学院生の皆様に感謝いたします。

[付記]

本論文は、根岸ほか(2015)[26]及び根岸(2017)[27]を発展させて、成果をまとめたものである。

注・引用文献

(1)マーチン・トロウ著、天野郁夫・喜多村和之訳『高学歴社会の大学：エリートからマスへ』東京大学出版会、1976年。

(2)中村晃・神藤貴昭・田口真奈・西森年寿・中原淳「大学教員初任者の不安の構造とその不安が職務満足感に与える影響」『教育心理学研究』第55巻第4号、2007年、491-500ページ。

(3)田口真奈・西森年寿・神藤貴昭・中村晃・中原淳「高等教育機関における初任者を対象としたFDの現状と課題」『日本教育工学会論文誌』第30巻第1号、2006年、19-28ページ。

(4)夏目達也「大学教育の質保証方策としてのFDの可能性―FDの新たな展開の諸相」『名古屋高等教育研究』第11号、2011年、133-152ページ。

(5)田口真奈・出口康夫・京都大学高等教育研究開発推進センター編著『未来の大学教員を育てる：京大文学部・プレFDの挑戦』勁草書房、2013年。

(6)林泰子・沖裕貴・松村初「立命館大学におけるPFFの取り組み―国内外の大学のPFF調査をもとに」『立命館高等教育研究』第13号、2013年、169-186ページ。

(7)Association of American Colleges and Universities (AAC&U), and Council of Graduate Schools (CGS), The Preparing Future Faculty Program, 1993. (http://www.preparing-faculty.org/brochure.pdf (参照日2018年1月14日))

(8)DeNeef, A. L., The Preparing Future Faculty Program: What Difference Does It Make?, 2002, Association of American College and University

(9)吉良直「大学院生のための段階的な大学教員養成機能に関する研究―アメリカの研究大学から日本への示唆」『教育総合研究：日本教育大学院大学紀要』第7号、2014年、1-20ページ。

(10)田中一孝・畑野快・田口真奈「プレFDを通じた大学教員になるための意識の変化と能力の獲得―京都大学文学研究科プレFDプロジェクトを対象に」『京都大学高等教育研究』第20号、2014年、81-88ページ。

(11)今野文子「大学院生等を対象とした大学教員養成プログラム（プレFD）の動向と東北大学における取組み」『東北大学高度教養教育・学生支援機構紀要』第2号、2016年、61-74ページ。

(12)秋田喜代美「教える経験に伴う授業イメージの

変容―比喩生成課題による検討」『教育心理学研究』第44号第2巻、1996年、176-186ページ。

(13)藤田裕子「授業イメージの変容に見る熟練教師の成長―自律的な学習を目指した日本語授業に取り組んだ大学教師の事例研究」『日本教育工学会論文誌』第34巻第1号、2010年、67-76ページ。

(14)大阪大学が提供している「大学院等高度副プログラム」の1つとして2015年度より実施されている。大学院等高度副プログラムは専門分野に関するカリキュラムだけでなく、学際的な視点を養うためのプログラムであり、研究科の修了要件単位数とは別に4単位以上修得しなければならない。本研究の対象である「大阪大学未来の大学教員養成プログラム」の場合、表1に示す科目群の中から3つの必修科目と1つの選択科目を修了すると、学位取得時にプログラムの修了証が授与される。

(15)Rhem, J., "Teaching Squares." The National Teaching and Learning Forum, Vol.13, No.1, 2003, pp.1-2.

(16)Light, G., Calkins, S., & Cox, R., "Evaluating: Teaching and Course Evaluation". Learning and teaching in higher education: The reflective professional. Sage, 2009, pp.237-269.

　例えば、ノーザン・バージニア・コミュニティ・カレッジの場合は以下を参照。

The Center for Excellence in Teaching and Learning（CETL）, Northern Virginia Community College（NVCC）, Teaching Squares, 2015（https://www.nvcc.edu / cetl / _files / CETL - Teaching - Squares-Program-Manual-Spring-2015.pdf（参照日2018年1月14日））

(17)吉田塁・栗田佳代子「大学院生版アカデミック・ポートフォリオの開発」『日本教育工学会論文誌』第39巻第1号、2015年、1-11ページ。

(18)三橋功一「教科教育学における学生の授業研究能力の向上をめざした授業観察・記録の方法」『教科教育学研究』第16集、1998年、135-154ページなど。

(19)注の(12)に同じ。

(20)秋田喜代美「授業をイメージする」浅田匡・生田孝至・藤岡完治編『成長する教師：教師学への誘い』金子書房、1998年、74-88ページ。

(21)注の(12)に同じ。

(22)注の(12)に同じ。

(23)授業実践のリフレクションを手助けする問いについては以下を参照した。

Center for Teaching and Learning, Stonehill College, Teaching Squares Participant Handbook,（http://www.stonehill.edu/files/resources/participant-handbook-08-09.pdf（参照日2018年1月14日））

(24)注の(12)に同じ。

(25)注の(12)に同じ。

(26)根岸千悠・佐藤浩章「授業の観察と実践が授業者としての大学院生に与えるインパクト―『大阪大学未来の大学教員養成プログラム』を例に―」『日本教育工学会第31回全国大会論文集』2015年、101-102ページ。

(27)根岸千悠「大学教員養成プログラムにおける相互授業観察に関する研究」『日本教師教育学会第27回研究大会発表要旨集』2017年、82-83ページ。

ABSTRACT

The Peer Observation of Teaching Practices for
Graduate Student through Preparing Future Faculty Program
—— Focusing on Change in the Graduate Students' Image of Teaching ——

NEGISHI Chiharu
（OSAKA University）

In recent years, the training for preparing graduate students as future faculty members has been an issue, and Preparing Future Faculty Program (PFFP) has been implemented mainly in research universities. Currently, PFFP in Japan includes not only lectures on course design, covering topics such as learning outcomes, content, teaching methods, and assessment methods, but also focuses on microteaching to train graduate students. Microteaching can be useful in that it allows graduate students to experience actual teaching in front of multiple people, and it goes beyond a simple image training. Moreover, by observing other peers' microteaching practice, they can learn more about teaching techniques and methods of lesson design and development. However, the active pursuit of lecture practice is challenging because learners of microteaching are simulating "students." Even faculty members do not have enough opportunities to learn how to teach. Therefore, graduate students who aim at becoming prospective faculty members need to do more than microteaching, namely, also the actual teaching practice of university classes. The purpose of this study is to develop and implement PFFP in Osaka University allowing graduate students to experience actual teaching practice. The program also enable to observe other students' teaching practicums, as well as to have a peer learning on instructional practices. This study carried out on both pre- and post-survey studies including the metaphor-making tasks with students who completed the program and analyzed the results of those surveys. This study also conducted interviews with them after the program. The results indicated that through the experience of practical teaching, the graduate students' image of teaching has changed and that their experience might have changed their pedagogical belief. In addition, graduate students recognized that peer-to-peer observation and sharing feedback provided deep reflection. In the future, in addition to considering support methods to promote reflection, it is necessary to collaborate with university faculty in various specialized fields in order to secure opportunities for class practice.

Keywords : **Preparing Future Faculty Program, Peer Observation of Teaching, Image of Teaching, Pedagogical Belief**

日本教師教育学会年報
第27号

4

〈書評・文献紹介〉

〈書評〉

朝倉雅史 著

『体育教師の学びと成長』

木原　俊行（大阪教育大学）

本書『体育教師の学びと成長』は、体育教師の信念とそれに影響を及ぼす経験等について総合的に論じた好著である。この大著を評するにあたって、筆者は、まず「本書の内容」のエッセンスを章ごとに抽出する。次いで、「本書の特長」を述べる。最後に、本書に含められた諸研究の発展のベクトルを提示する。

1．本書の内容

序章では、体育教師にその専門性向上が求められる背景が語られるとともに、体育教師の意識改革の必要性、学校体育の経営成果に関わる信念の問い直しの重要性、その難しさと支援体制の必要性が論述される。そして、それらを踏まえて、「体育教師の信念の構造と機能を明らかにし、体育教師が自らの信念を問い続けていくために有効な学習や研修の在り方を批判的に検討する」（p.17）という本研究の目的が提示される。

次いで、第1章では、体育経営学および学校体育経営研究における体育教師を対象とした研究の知見がまとめられるとともに、「教育学分野における教師研究の知見を取り入れて、学校体育経営に資する人的資源マネジメント論を展開しようとする」（p.35）本研究のスタンスが明らかにされる。また、教師の信念に関する実証的研究、教師の成長・発達過程に関する研究、教師の学習を支えるシステムに関する研究に関するレビューによって、それらの研究の到達点が整理され、その課題が明らかにされる。

第2章では、まず、「信念」や「経験からの学び」等の概念が定義される。次いで、「授業観」

「研修観」「仕事観」を中心とした体育教育の信念体系および「教師の研修経験」「教師の成長経験」「入職前経験」「一回り成長した経験」を中心とした体育教師の経験に関する実証研究の分析枠組みが提示される（p.105）。さらに、こうした枠組みによる研究が有する「信念の内部構造および信念と経験の相互影響関係の検討」等の研究の学術的・実践的意義がアピールされる。

本書の第I部「体育教師による信念の問い直しと変容の難しさ」は、第3〜5章から成る。第3章では、「体育教師の学びの学習環境の実態」が提示される。それは、体育教師552名に対する質問紙調査の結果に基づくものである。著者は、調査項目に対する回答結果を統計的手法を用いて解析し、体育教師の「信念変容の難しさ」「省察と研修態度の低調化」「限定的な学習環境」「短期的・即効的・自己完結的な研修観」を明らかにしている。

第4章では、「実践において表出する信念の形成過程と維持要因」に関するエスノグラフィーやライフヒストリー分析による知見が述べられる。著者は、2名の教師の授業や部活動の指導を観察したり、彼らにインタビューを試みたりして、彼らの信念を表象するエピソードを収集し、カテゴライズして、その特徴を抽出している。それらは、ある教師においては「遊びと楽しさ」および「競争とこだわり」、そして別の教師においては「生徒とコミュニケーション」「生徒と身体・技能」といった、対象の連結として確認されるものであったという。

第5章は、第3、4章で著者が述べた実証研

究の結果が整理される章である。ここでは、著者は、体育教師の信念に関して、「信念変容の難しさと学びの消極化傾向」「信念変容を妨げる職務環境および入職前のスポーツ環境」等の論点を定めて、知見を集約している。

本書の第Ⅱ部「体育教師による信念の問い直しと変容の実相」は、第6～9章から成る。第6章において、著者は、体育教師の授業観とそれに影響を及ぼした経験に着目している。244名の体育教師に「よい授業」のイメージを自由記述式で回答してもらい、テキストマイニングにより、それを構成する特徴語を抽出し、3つのクラスターに分類している。それらは、「規律・態度志向」「運動量・安全志向」「協同的学習志向」であった。そして、それらと経験年数や授業観の変容等の連関を確認し、体育教師の授業観の特徴として、「学習成果を生み出すための原因（条件）・結果を重視するか、過程（プロセス）を重視するかという、視点の違い」（p.206）の存在を指摘している。

第7章は、入職後に教師が授業に対する信念を変容させていく際に影響する要因が3つの分析によって検討される章である。著者は、まず、体育教師が保有する信念（教師イメージ、仕事の信念）の構造を明らかにするために、質問紙調査の回答結果に因子分析やクラスター分析を施して、それぞれの概念の構造化を進めている（分析1）。続く分析2では、著者は、「成長経験の受容」に関する因子分析により抽出された因子と経験年数や理想像の変容の有無の関連を統計的に確認している。さらに分析3では、仕事の信念と成長経験の受容との関係を検証するために、著者は、「仕事の信念」クラスターごとの「成長経験の受容」の因子得点平均を比較している。そして、これらの分析を通じて、「公共への奉仕に対する信念や専門職としての誇りを持ち、自らのものの見方・考え方を刷新していく体育教師が存在する一方、閉鎖的な信念を保有し、成長が停滞している教師が存在する」（p.238）といったことを指摘している。

第8章では、2つの研究を通じて、体育教師が有する信念の問い直しや変容に関わる学習や経験が実証的に明らかにされる。まず、著者は、244名の体育教師に対して、自身が一回り成長したと思った「経験」とそこから学んだ「教訓」を自由記述式で回答してもらったデータを修正版グラウンデッド・セオリー・アプローチによって整理している。分析の結果、経験は「研修活動」等の7つのカテゴリーに、教訓は「授業実践方法」等の7つのカテゴリーに分かれることとなった。こうしたカテゴリーやそれらに含まれる概念の連関の確認等を通じて、著者は、「清新な知識や情報に触れることのできる、異質な他者との交流や自身の実践や考え方を公開することで、自らのものの見方・考え方を相対化するような研修経験」（p.269）の重要性を指摘している。次いで、著者は、そうした研修活動の代表例として、大学における長期研修に参加した体育教師に注目している。そうした機会を得られた5名の教師に対して半構造化インタビューを実施し、彼らの語りを比較検討して、当該研修活動がジレンマの遭遇を伴うことや漸次的な信念体系の変動をもたらすものであることを確認している。

本書の第Ⅲ部のうち、第9章は、第6～8章で報告された実証研究の知見を総括するパートである。それらの章の知見が再確認されるとともに、体育教師の信念変容の独自性が論じられる。そして第10章では、体育教師の信念の問い直しと変容を促す学習環境が、提案される。体育教師の信念と経験の相互作用関係（図10-1、p.313）、それに影響する越境経験の特徴や他の経験との関係構造（図10-2、p.317）が図示されている。さらに、越境経験としての長期研修の意義や可能性が論述されている。第Ⅲ部の終章では、本書が要約されるとともに、今後の研究課題が示されている。

2．本書の特長

本書の第1の特長は、教師教育研究と体育教育研究の接点が深く追究されていることだ。第10章で呈された結論は、教師教育研究として

書評・文献紹介　159

も、また体育教育研究としても独自性や、提案性を有している。

　著者による研究の第2の特長、その卓越性は、教師教育研究と体育教育研究の境界の探究に、多様な学問のエッセンスが用いられていることに確認される。著者の博学ぶりは、巻末にリストアップされた文献のボリュームやジャンルの多様性に示されよう。著者が操る学問は、教育心理学、学校経営学、教育社会学といった幅広い教育学に及んでいる。また、著者は、それらの学問の背景に存在している、心理学や経営学、文化論等にも接近している。これらの学問的「越境」は、著者の研究に、確かさと豊かさをもたらしている。前者については、教師の力量とその形成に関するレビューが整っている点に代表されよう。そして、後者については、心理学の知見を踏まえた「信念」等の概念規定の明解さに象徴的であろう。

　3つ目の特長は、研究が多角度で展開されていることである。すなわち、量的研究、質的研究が、しかも多様なスタイルのものが研究に採用されていることだ。量的研究については、著者は、構造的な研究デザインを構成し（p.122）、確かなサンプリングの下、多様なデータを収集している。また、それらをていねいに分析し、統計的に有意な結果を得て、それをもとに論理的な考察を繰り広げている。質的研究に関しても、第4章で、著者は、参与観察、インタビュー、ライフヒストリー分析によるトライアンギュレーションによる研究を報告している（p.149）。それは、対象とした教師の中心的信念の特徴、その類型（実践現場や文脈に根ざした具体的な信念と現場や文脈から離れた価値観に関わる抽象的な信念）とそれらの葛藤関係等の提案性のある知見の導出を可能にしている。著者の研究手法は、さらに広がりを見せる。著者は、第6章において体育教師の信念の内実と変容の様相に迫るために、「テキストマイニング」を駆使する。また、第8章では、体育教師の信念に影響を及ぼす経験と教訓を抽出するために、著者は、「一回り成長した」経験に関する自由記述データを、修正版グラウンデッド・セオリー・アプローチを用いて整理している。

　こうした特長を有する研究を重ねて、著者は、その結論として、教師教育研究に関するいくつかのインパクトのある知見を呈している。それは、例えば、体育教師が自らの信念を問い直すための「越境」経験の意義、その代表としての「大学における長期研修」の可能性等である。

3．著者へのリクエスト

　本書『体育教師の学びと成長』では、信念をキーワードとして、体育教師の力量とその形成が体系的に論じられている。今後、著者に、それを発展させるために、いくつかの教師教育の新しい展開を考慮してもらいたい。それは、例えば、「レジリエンス」という概念を研究の視座に加えることである。既に、教師教育研究においては、これが、教職へのコミットメントや子どもたちの指導（それによる彼らの学力向上）などとつながっていることが明らかになっている（Day & Gu 2013）。また、体育教師の信念は、それ以外の教科を指導する教師たちや管理職の信念と接続されてしかるべきであり、それは、今日、専門的な学習共同体（Professional Learning Communities）の要素の1つとなっている（Hord & Sommers 2008）。これらの概念を用いれば、著者は、今後の体育教師の学びと成長に関する研究において、より広い、またより深い「越境」経験を味わえよう。

参考文献

・Day、C. & Gu、Q. Resilient Teachers、Resilient Schools: Building and sustaining quality in testing times、Routledge,2013.

・Hord、S. M. & Sommers、W. A. Leading Professional Learning Communities: Voices from Research and Practice、Corwin Press, 2008.

（学文社、2016年9月発行、A5判、376頁、定価6,400円＋税）

〈書評〉

山崎奈々絵 著

『戦後教員養成改革と「教養教育」』

丸山 剛史（宇都宮大学）

本書は、2014年3月にお茶の水女子大学大学院人間文化研究科に提出した博士論文に加筆・修正を加え、日本学術振興会2016年度研究成果公開促進費の助成を受け刊行された、戦後改革期の教員養成史研究に関する単著である。教育刷新委員会で示された「一般教養を重視して『師範タイプ』を克服する」という「理念」を主題的に取り上げている。この理念は海後宗臣編『戦後日本の教育改革 8 教員養成』（東京大学出版会、1971年）等で着目され、折に触れ論及されたが、意義に相応しく単著において主題的に論じられることはなかった。その意味で本書は近年稀に見る好著といえよう。

すでに二つの学会機関誌（『教育学研究』第84巻第4号、『教育制度学研究』第24号）において本書に対する書評が掲載され、教育史学会編『教育史研究の最前線Ⅱ』（六花出版、2018年）でも取り上げられ、学界での本書に対する評価の高さは今さら評者が記すまでもない。既発の書評と重複しないよう以下に批評を試みる。本書の内容構成は次のとおり（序・終章を除く）。

第Ⅰ部 制度改革をめぐる議論
　第1章 戦後初期の教員養成論の到達点
　第2章 教育刷新委員会の審議
第Ⅱ部 制度改革の具体化
　第3章 師範学校におけるカリキュラム改革と大学レベルのカリキュラム案
　第4章 IFELの研究活動
　第5章 大学基準協会の研究活動
　第6章 文部省・大学設置委員会の構想
第Ⅲ部 教員養成系大学・学部におけるカリ

キュラムと教員組織の形成過程
　第7章 カリキュラムの形成過程
　第8章 教員組織の形成過程

本書は、(1)教刷委で示された「理念」の形成過程を、戦前の教育審議会での審議から説き起こしつつ、(2)敗戦後の師範学校におけるカリキュラム改革の事例、影響を与えた大学基準協会や文部省の動きをも取り上げて検討し、その上で(3)新制大学発足当初の教員養成系大学・学部のカリキュラム編成及び教員組織の事例研究に取り組み、上記の理念への各大学・学部の対応のしかたを明らかにしようとした。教員養成史研究では扱いきれず、大学教育史研究及び教養教育史研究では言及されてこなかった、大学での教員養成における教養教育の位置付けや実状に着目して分析しており、着眼点の鋭さが同書の重要な特徴の一つとなっている。小学校教員と中学校教員の専門性の違いに留意した点も問題構造の把握を容易にし、着目される。

また、各大学の対応に関する検討では、「各大学所蔵のカリキュラムや人事に関する一次資料」である法人文書が用いられ、従来のGHQ/SCAP文書、戦後教育改革資料、大学沿革史に依拠した戦後教員養成史研究に新たな地平を拓いている。本書では記されていないが、対象に据えた大学はアーカイブズが設置されていない大学であり、同一大学でも複数の施設をめぐり、担当者と交渉し、丹念に資料収集が行われており、戦後教員養成史研究の方法論だけでなく法人文書の保存・公開のあり方にも一石を投じている（詳しくは山崎奈々絵「アーカイブズがな

書評・文献紹介　161

い国立大学所蔵資料を利用しながら考えてきたこと」（『日本教育史往来』第204号、2013年）を参照）。こうした点も看過できない特徴である。新たな研究方法により研究水準を引き上げており、研究史上に足跡を刻む画期的な著書と評価できよう。

以下に、各章の概要を記す。

第1部では、教刷委で示された「理念」の形成過程が再検討されている。

第1章は、教刷委での議論の前提として戦前の教育審議会の審議、同時期の教育科学研究会の小学校教師論、戦後の日本側教育家委員会報告書及び米国教育使節団報告書における教養教育論を検討している。同章では教育審議会における師範タイプ批判を起点とし、教科研において師範タイプ批判に立脚した一般教養、特に社会科学的教養を小学校教員に求める主張を展開し、こうした主張が城戸幡太郎を介して教刷委へと継承されたこと、等が指摘されている。

第2章は、教刷委における審議を3期に分け会議録にもとづき検討している。同章では小学校教員と中（等）学校教員の専門性や養成のあり方の相違を明らかにしないまま、「義務教育を担任する教師」の養成をまとめて審議していたこと、「教員養成のための大学を具体的にイメージできて」いた委員は少数であり、逆に「イメージが曖昧で漠然としていたからこそ、曖昧な一般教養を重視することで師範タイプでない教員が養成できるという認識がおおよそ共有されていった」こと、等が指摘されている。

第2部では、主に敗戦後の師範学校におけるカリキュラム改革が検討されている。

第3章は、1946年から1949年の新制大学発足までの師範学校におけるカリキュラム改革を、特に「大学レベルのカリキュラム案」創出に留意して検討している。検討に際しては、「全国のモデル校」と位置付けられた東京第一師範学校を中心に、東京第二、大阪第二、福岡第一、福岡第二、静岡第一、群馬の各師範学校のカリキュラムが検討されている。そして師範学校では46年度から「専門学校程度の充実」がめざされ、

47年度には新制中学校教員養成、大学レベル案の作成という問題に直面していたこと、その際、一般教養と教科専門教育とを「区別することができず」にいたこと、等が指摘されている。

第4章は、1947年の「教員養成のための研究集会」から1952年度開催の第9期IFELの「教員養成カリキュラムに関する講習」までを検討している。同章では、49年実施の第2期IFEL講習までは「一般教養を通じて科学的精神を養うことやとくに社会科学的教養を身につけることの重要性」はいわれていたが、その場合も「師範教育（小学校教員養成）と一般教養が混同される傾向にあった」こと、教員養成系大学・学部発足以降「師範タイプ批判」は「ほとんどみられなくなっていった」こと、「教科専門教育で幅広い学修をするのだから一般教養を特別に重視する必要はないという認識がしだいに広がって」いたことが指摘されている。

第5章は、大学基準協会における教職専門科目に関する検討と普及・啓蒙活動に関して検討している。同章では、1948年5月に「新制大学に於ける教職的教養基準設定に関する提案」が「中間的に了承」されたことが記され、著者はこれを「高等学校の教員に対する教職的教養の基準」であると指摘し、「大学基準協会は『大学における教員養成』といったときに『大学における高校教員養成』はおおよそ構想できていたが、『大学における小・中学校教員養成』は具体的に構想できなかった」と結論づけている。

第6章は、「学校教育法要綱案」等における教員養成機関、特に小・中学校教員養成機関の位置づけ、大学設置申請に関する文部省の指示、大学設置委員会の「教員養成を主とする学芸大学基準（案）」審議に関して検討している。同章では小・中学校教員養成を行う教育専門学校では「一般教養と教科専門教育が未分化であった」こと、等が指摘されている。

第3部では、新制大学発足期の教員養成系大学・学部のカリキュラム編成及び教員組織の形成過程が検討されている。

第7章は、新制大学発足当初の教員養成系大

学・学部のカリキュラムを、主に法人文書を用いて検討している。同章では、(1)大学設置委員会作成「小学校教員養成最低基準（案）」等で示された三つの科目区分に注目し、大阪学芸、福岡学芸、静岡の各大学の事例を取り上げ、それらの内実を明らかにするとともに、(2)東京学芸大学の事例により、1949年度から52年度において複数免許状取得が重視されると「リベラル・アーツ・カレッジの型」をモデルとすることさえも否定されていたことが明らかにされている。また、(3)「一般教養を重視した教員養成の一形態」にみえる文科・理科の学科区分や免許状取得を卒業要件としない「いわゆる学芸課程」に関しても検討している。そのほか、(4)岡山大学の学則を検討し、「中学校教員養成より小学校教員養成のほうが低位にある、あるいは中学校教員養成の教科専門教育より小学校教員養成の教科専門教育のほうが低位にあるといった認識があったのではないだろうか」と二つの養成の関係性に疑問がなげかけられている。

第8章は、カリキュラムを支える教員組織に関して、前身校に旧制大学を含み厳格な学内教員審査が実施された神戸大学、教員養成諸学校から構成された東京、愛知、大阪、福岡の各学芸大学、教育学部を設置した事例として静岡、山口、岡山の各大学が取り上げられている。学芸大学の事例では教員組織は前身校の組織を「引き継いで形成されていった」こと、特に大阪学芸大学ではカリキュラムの充実は「後回し」にされ、教員を「今までと同じ担当科目に配置」していたことが明らかにされている。

以下に評者の感想を記す。本文の冒頭から主題に関して「理念が教員養成系大学・学部の発足当初から実質がともなっていなかったことを明らかにする」と記され、このフレーズがくり返され、逆に「実質がともなっていない」とはいかなることか気になり、読みにくかった。「総括」（終章）では「師範タイプ」克服が挫折した経緯等に焦点化し、まとめ直すと理解しやすかったのではないか。評者なりの理解で要約すれば、(1)教刷委において「小・中学校教員養成を

義務教育教員養成としてまとめて審議するなか、一般教養を重視して師範タイプを克服するという理念が一定の説得力を持」ち、(2)「カリキュラムの中心に位置づくとされた一般教養自体も」「一般教養と教科専門教育、戦前の師範教育が近接的に捉えられ、場合によっては混同され」るなど、「漠然とし」たものであった。(3)そして師範学校におけるカリキュラム具現化の過程において小・中学校教員をまとめて養成したり、中学校の複数教科を教えられる教員の養成を可能とするような「一般教養を主とするカリキュラム案が作成され」、この段階ですでに「師範タイプ克服という課題は顧みられなくなってい」たとなろうか。

また「実質」化するため、「師範タイプ」克服のために必要なことは何かを明記してほしかった。社会科学的教養と教科専門教育のあり方が問われるとともに、教員養成と教員需給とを結びつけると理念が容易に消失することが示唆されたと理解した。「師範タイプ」の克服が目指されたにもかかわらず、それを克服できなかった（未だにできていない）教員養成系大学・学部のカリキュラムの弱点に接近できたと思われたので、踏みこんで書いてほしかった。

共同研究により旧学制下の小学校教員試験検定制度史研究に取り組む者としては、「教員養成における国家の関与の内容」が論点の一つになると認識しており、本書において節目ごとに文部省発出の通牒等への言及があり、文部省による管理や誘導が行われていたことが明らかにされていた点は興味深く拝読し、通牒等の発出経緯や背景にも言及してほしいと思った。

評者の感想はともかく、教員養成が混迷を深める現代において本書は戦後教員養成改革の理念とその課題を再確認させてくれる有意義な著作である。歴史研究と軽々に扱われることなく、教師教育関係者は必ず一読してほしい。

（六花出版、2017年1月発行、A5判、284頁、定価5,200円＋税）

〈書評〉

土屋基規 著

『戦後日本教員養成の歴史的研究』

釜田　史（愛知教育大学）

*

　日本の教員養成、国立の教員養成系大学・学部が大きな転換期を迎えている。教員養成に関わる多くの人々が、有識者会議報告書や「教職課程コアカリキュラム」に伴う再課程認定への対応に迫られた。直近では、中教審の大学分科会・将来構想部会による「今後の高等教育の将来像の提示に向けた中間まとめ（案）」において、「国立大学の一法人複数大学制の導入」や「国公私立の枠組みを越えた連携の仕組み」等がまとめられ、名古屋大学と岐阜大学をはじめとして大学間の連携・再編・統合が急速に進められつつある。この約10年間を振り返ってみると、「ミッションの再定義」やいわゆるゼロ免課程の全廃と新学部および教職大学院の設置、任期制や年俸制の導入、運営費交付金の継続的削減と科研費に代表される競争的資金の拡大等への対応に多くの時間が割かれ、退職教員等の不補充が広がり採用・昇任に関わる人事案件がほとんど無くなった。2001年「国立大学の教員養成系大学・学部の在り方に関する懇談会」（「在り方懇」）の再来どころではなく、かつてない国公私立を越えた大学・学部の再編・統廃合の波が押し寄せようとしている。師範学校が教員養成系大学・学部へと再編・統廃合されていった過程は決して遠い過去のことではない。教員養成の「問題を歴史的に考えることは現在を見直すことに通じる」（「はじめに」、ⅱ）ということを、本書をとおして改めて考えさせられた。

　本書の目次は、次のとおりである（紙幅の関係で節以下は省略した）。

はじめに
第一部　戦後日本の教員養成改革
　第1章　教育改革の構想と教員養成
　第2章　教員養成改革の理念と原則
　第3章　新制大学の発足と教育職員免許法の制定
　第4章　教員養成改革の修正動向
第二部　大学改革と教員養成制度の再編成
　第1章　学科目省令、学部名称変更による教育系大学・学部の再編成
　第2章　宮城教育大学の創設と大学改革
　第3章　中教審1971年答申と教養審1972年建議
第三部　現代日本の教員養成・免許制度改革
　第1章　臨教審第2次答申と教養審1987年答申
　第2章　教員養成・免許制度改革の問題と課題
　第3章　免許法1988年改正と教員養成の新局面
　第4章　教職員法制の構造的改編
第四部　教員採用・研修制度の原理と展開
　第1章　教員採用制度の原理と展開
　第2章　教員研修制度の原理と展開
終章
あとがき
戦後日本教師教育問題年表

　周知のとおり、戦後日本教員養成史に関する研究は、海後宗臣編著『教員養成』（『戦後日本の教育改革』第8巻、東京大学出版会、1971年）をはじめ、山田昇『戦後日本教員養成史研究』

（風間書房、1993年）、TEES研究会編著『「大学における教員養成」の歴史的研究―戦後「教育学部」史研究―』（学文社、2001年）などにより一定の蓄積がなされてきた。しかしこれらは「教員養成・免許制度の原理と展開」に関する研究であり、教師教育の観点から教員の採用・研修制度も研究対象とする通史的な研究はほとんどなかったことをふまえ（「はじめに」、ⅴ）、「これまでの先行研究（とくに山田昇著の「続編」の必要性を念頭に入れて―評者注）にはない1990年代から21世紀初頭まで延長し、現在に至る教員養成、採用、研修に関する問題の歴史的展開」（697-698頁）の解明が本書の課題である。総753頁に及ぶ大著である本書は、数多くの先行研究による諸成果や複数大学における教員養成カリキュラムの事例研究を含めて質量ともに最高の水準にあり、今後戦後日本教員養成史研究を進める上で必読文献として位置付けられるものと思われる。また、巻末には全40頁にわたる「戦後日本教師教育問題年表」が付され、1945年から2015年にいたる教員養成・免許、採用、研修制度の変遷とともに本学会はじめ教育学関連学会の報告書等が整理されており、読者とくに「これからの大学と若手研究者」への配慮が施されていることを特記しておきたい。

＊＊

　上記の課題を達成するため本書は4部構成がとられ、第1部から第3部は戦前から戦後日本における教員養成が通史的に考察され、第4部では教員採用および研修制度の原理と展開がまとめられている。各部ごとの概要は以下のとおりである。「第一部　戦後日本の教員養成改革」は、戦前の師範学校制度の発足から1950年代までを対象とし、戦前の教員養成と戦時体制下における師範学校の状況分析（第1章）、教育刷新委員会における戦後改革理念と原則の形成過程（第2章）、「教育職員免許法」制定と教育系大学・学部の発足（第3章）、課程認定制度の導入（第4章）が取り上げられている。

　「第二部　大学改革と教員養成制度の再編成」は、1960年代から1970年代までを対象とし、学芸大学・学部の名称変更問題（第1章）、東北大学教育学部から分離し宮城教育大学が創設される過程とその大学改革（第2章）、教員資格認定試験制度の拡充や新構想教育大学の設置経緯（第3章）が取り上げられている。

　「第三部　現代日本の教員養成・免許制度改革」は、1980年代から2000年代までを対象とし、臨時教育審議会答申による教員養成・免許制度の再構成（第1章）、教育系大学・学部における教員養成カリキュラムの現状と課題（第2章）、教育系大学・学部の再編・統合問題（「新課程」等の設置、5,000人削減計画、「在り方懇」報告、第3章）、教員免許更新制の導入と教職大学院の創設（第4章）が取り上げられている。

　「第四部　教員採用・研修制度の原理と展開」は、戦後改革期から2000年代までを対象とし、教員採用法制と改革課題（第1章）、教員研修法制と改革課題（第2章）が取り上げられている。

　「終章」には、「現代の教員養成制度改革の課題」として2点（①「戦後教員養成改革の理念・原則の現代的意義と課題の再確認」、②「大学教育の総体をかけたすぐれた教師の養成」）が挙げられている。

＊＊＊

　「あとがき」には、本書を刊行するにいたった理由が次のように述べられている。「筆者が本書としてまとめ、追求しようとしたことは、戦後教育改革で確認された『大学における教員養成』『免許状授与の開放制』という二大原則が、現在なお継続されているとはいえ、戦後の新しい教員養成制度が発足してから70年近くになるまでの展開には、二大原則の変質を目標とする諸施策と大学側との対応に幾多の試練があり、そのことの存在と軌跡を戦後教員養成史の研究を通して整理しておくことが、これからの大学と若手研究者にとって必要ではないか、と考えた」（696頁）。若手層の末席を汚す者として、本書をとおして考えたことを最後に提示しておきたい。第1点は、課程認定制度が導入された経緯に関してである。これまでの先行研究では、課程認定制度が導入された経緯についてほとん

ど言及されることはなかった。しかし本書は、戦前の教員検定制度（指定許可制）との連続性を考慮しつつ、大学や教育関係諸団体から寄せられた教員養成・免許制度に関するさまざまな意見や要望が関わっていたこと、「玖村文庫」所蔵資料を活用し教育職員養成審議会における免許制度改正動向との関係など、多様な関係要因が詳細に解明された（282-289頁）。ただ、ここに玖村敏雄をはじめとする文部省の官僚たちはどのように関与していたのだろうか。玖村は長く教職員養成課長を務めていたが、課程認定制度が導入された1953（昭和28）年には山口大学教育学部教授（教育学部長、教育職員養成審議会委員を兼任）に転出しており、また各大学が自主的に創意工夫をし教員養成カリキュラムの編成に努力することを強く要望していた人物であったことから、彼が課程認定制度の導入を直接的に選択したとは考えにくい。いったい誰が、どのような経緯で課程認定制度を考案し導入にまで至ったのか、この点はなお今後の検討課題であると考える。

第2点は、教員養成カリキュラムの在り方に関してである。これは第1点目（課程認定制度や玖村の教員養成観）とも深く関わることである。著者によれば、教員養成カリキュラムの在り方を考える際に大切なことは二つあり、一つは「各大学が現行の免許制度のもとで自主的な改革を重ねて、充実した養成教育を実施すること」、いま一つは「教員養成のカリキュラムが各大学の主体性をいかして個性的に編成できるよう法令上の免許基準が画一的に拘束することのないよう配慮されることである」と述べている（440頁）。この部分を読んで思い出したのは、「もし課程認定制度がなかったら、各大学は主体的に創造的な教員養成のシステムを編み出すことができたのだろうか」（船寄俊雄「終章　許可学校と教員養成の目的意識性」同編著『近代日本中等教員養成に果たした私学の役割に関する歴史的研究』学文社、2005年、277頁）という一文である。玖村敏雄は「現行の開放制は悪用されたために非難されているが、悪用したのは大学であり……国が規定する履修単位を最少限度にとどめることは、大学が教員養成の理想に照らして自主的に独立のカリキュラムを編成する自由を最大限にみとめることであり、（大学が一評者注）その英知と創意をもって教員の養成に精進するなら、将来の発展におおきな期待を持てる……殊にきびしく批判されていた旧師範教育の強力な国家統制から大学を解放するならどんなみごとな成果があがるであろうか」（303頁）と大学における教員養成に大きな期待をかけていた。課程認定制度に寄りかかり、教員養成から距離を取り続けてきたのは大学の方ではなかったか。むしろ小学校教員養成を中核に据え、教師教育に関わる一連の大学改革と新たな教育学の構築を試みたかつての宮城教育大学の取り組みのなかに、現在直面している諸課題を解決する糸口が残されていると考える。著者は次のように指摘する。「新制東北大学で試みられた総合大学での新しい教員養成のしくみの歴史的な経験をどう見るか、発足16年後には教員養成課程を分離し、宮城教育大学の創設に至る過程は、大学制度としての教員養成制度改革の課題の究明に、なお歴史的に検証すべき問題がある」（202頁）。宮城教育大学が創設されてから約50年が経過したが、いまだに十分な歴史的総括がなされていないということである。

近年では、日本教育大学協会による教員養成の「モデル・コア・カリキュラム」研究プロジェクトをはじめ、2000年代の「教員養成GP」等により多様な教員養成の取り組みが広がったが、各大学が「自主的な改革を重ね」「主体的に」「創造的な」教員養成カリキュラムを編成する努力を「継続的に」行ってきたといえるのか、とりわけ教育学の教員がどういう役割を果たしてきたのか。「教職課程コアカリキュラム」への対応が求められているいま、改めて歴史的経緯をふまえて問い直し、今後のありようを「選択」する必要があると考える。

（風間書房、2017年9月発行、A5判、753頁、定価14,000円＋税）

〈書評〉

久保富三夫 著

『教員自主研修法制の展開と改革への展望
―― 行政解釈・学説・判例・運動の対立・交錯の歴史からの考察 ――』

山﨑　準二（学習院大学）

本書は、著者〔久保〕の学位論文（2002年3月、神戸大学）をもとに刊行した『戦後日本教員研修制度成立過程の研究』（風間書房、2005年）に続く、それを補充しかつその後の政策・研究の情勢を踏まえ発展させた、戦後日本における教員の自主研修に焦点を当てた、詳細で緻密な大著である。

刊行の問題意識、研究目的と内容構成については、本書序章において簡潔かつ明確に述べられている。まずは、その「研究の目的」に関して端的に記した箇所の一文を抜粋・紹介しておきたい。

「本書の目的は、拙著〔久保の上記2005年著書―書評者・山﨑〕においてその成立過程と立法者意思を考察した教特法研修条項（第19・20条、現21・22条）を中核とする教員研修法制について、その後の展開過程、すなわち、教特法成立後21世紀初頭の現在に至るまでの行政解釈の変遷、学説の形成と発展、『研究関係裁判』における判例、研修主体である教員及び教員団体の自主研修機会拡大のための運動を把握し、それらが織り成す自主研修法制の運用実態と教員の自主研修機会保障のための改革課題を明らかにすることである」（pp.4-5）

今日、政策的なスローガンとして「学び続ける教員」像が喧伝される下で、日本の教育水準の質的な維持・向上を下支えてきた教員の自主的研修活動は停滞・後退を余儀なくされている。こうした現状を正面から受けとめ、その打開と改革の方向を示した意義ある大著でもある。

本書の内容構成とその論述の特徴は、下掲するようなものとなっているが、第1〜5章までの内容のもとになっているのは（著者によれば）上記学位論文の未公刊部分である「第II部　教員研修制度の展開」であり、その後の著者の研究成果によって補いつつ、さらに第6章及び終章を付加して、本書は構成されている。こうした事情を反映してか、第1〜5章の内容は詳細な学説・判例等の基礎的考察であり、第6章は著者自身の実態調査結果と考察を付加、そして終章では満を持していたかのごとく一気に展開される著者の力のこもった主張が論述されている。

本書の内容構成とその特徴は、以下のようである。

序　章　問題の所在と研究目的・構成

第1章　教職員組合の研修保障要求運動とその特質：主たる資料として『日教組教育新聞』、教職員組合史、教職員組合所蔵資料を用い、全国及び地方組織の教職員組合が、教特法制定以後どのような研修保障要求運動を展開していったのか、その際の問題点は何であったかを考察している。

第2章　研修条項に関する行政解釈の変遷：主たる資料として文部省関係者・地方教育行政関係者の著作や『文部時報』『教育委員会月報』等の雑誌を用い、教特法成立時からの文部省解釈の変遷をたどり、その論理の変遷・転換を明確にし、その妥当性を検討するとともに、文部省解釈の変化と地方教育行政解釈との関係にも

書評・文献紹介　167

注目し考察している。

第3章　教育法学説にみる研修条項解釈：主たる資料として有倉遼吉・兼子仁・永井憲一等の代表的な教育法学研究者たちの著作を用い、研修学説の形成過程、論争点や今日的課題に関して考察している。

第4章　判例にみる研修条項解釈：主たる資料として『教育関係判例集』、『判例時報』、『判例タイムズ』等を用い、研修関係裁判における判例とそこにみられる研修条項解釈、そして判例の変遷と問題点について考察している。

第5章　教員研修に関わる教育法学説の検討課題：第2～4章の考察を踏まえて、教育法学説と行政解釈との「平行的対立状態」を克服するための教育学説の精緻化をめざした考察が行われている。その際の著者の基本的立場は、教特法が「教員擁護の規程」であり、その研修条項が教員の自主的研修を奨励支援するための規定であるとの見解を堅持するものであると表明されている。

第6章　自主研修法制の実態と課題：主たる資料として著者自身が実施した都道府県等教育委員会を対象とした「教員の長期研修制度」や「教員の自主的・主体的研修の奨励・支援」等に関する調査結果を用い、特に大学院における研修問題について考察している。

終　章　自主研修法制の改革構想：著者が、前著刊行以降、学会誌・大学紀要・科学研究費補助金報告書において公表してきた論文を加筆修正し、自主研修保障制度の創設（＝「一定勤務年数での長期研修機会附与制度」）と教特法改正案の提言（＝教特法「研修関係規定改正私案」）を行うとともに、自主研修法制を支える基礎的教育条件の改善（＝教員の勤務・研修条件の抜本的改善や非正規教員問題の飛躍的改善の必要性）にまで論及している。

第1～6章の研究作業を踏まえての、かつ教員の自主研修を支援しそれを「子どもの最善の利益」へと結合させていく立場からの、現状変革を志向する現実的具体的な改革構想は読みごたえがある。

附　参考文献一覧

以上が主な内容の紹介であるが、以下、書評者の小見を3点にわたって述べておきたい。

第1点目として挙げておかねばならない本著書の特徴は、なんといっても日本の教員たちの専門的力量を高め、日本の教育水準の質的な維持・向上を下支えてきた営み＝教員の自主研修活動を研究の対象に据え、法制度論の立場から詳細かつ緻密な考察を行い、さらにはそれだけにとどまらず現状を踏まえての改革構想を提起していることであろう。

今日、政策的な規制とともに長時間過密労働という実態的な困難によって、上述のような成果を生み出してきた自主研修活動は大きく停滞・後退してきてしまっている。それは、諸外国において日本の授業研究（Lesson Study）に学ぶ動きが近年大きく興ってきていることや、国内においては政策側から「学び続ける教員」像が打ち出されてきていることなどをみるにつれ、いかにも皮肉な現象というだけでは済まされない、憤懣やる方ない思いすら伴っての状況生起である。

それゆえに、上述のような本著書の特徴は、自主研修問題への法制度論からの詳細かつ緻密な考察というだけにとどまらない、研究上の極めて大きな今日的意義と価値をも意味しているといえよう。

第2点目は、本著書が、研修条項成立過程における長期研修制度の諸構想から把握できる3つの原理、すなわち「自由性：動機における自主性・主体性、研究課題・内容の自由、研究期間の自由」、「職務性公認」、「機会均等性」の3原理の今日的意義を訴え、その視座から今日の長期研修制度を原理的に整理し改革構想を構築しようとしていること、その重要性である。

教職大学院の現状一つとっても、「自由性」と「機会均等性」の原理からは大きく逸脱してきている。逆に、自主研修にも広く公認していくべき「職務性公認」の原理は、政策課題の遂行の一環としての「研究」だけに閉じられ適用さ

れ矮小化されてきている。こうした現状を鑑みるに、上記3原理の持つ、研修活動を把握し、評価する際の規準としての価値はますます大きくなっていると思われる。

第3点目は、著者自身が本書の考察対象とはしていないと述べている「私立学校教員の自主研修保障法制（国・公立学校法人化以降の附属学校教員も同様）」問題である。書評者もこれまで出会ってきた私立学校教員から話を聞く限り、その実態は、法制度論的な自由度や保障などの点で、あるいは国で法制化されている初任者研修や十年経験者研修の実施実態の点でさえ、かなり多様であると認識している。こうした現状の下で、私立学校教員としての一定の傾向性や特徴を描きだすための調査等研究は困難であろうことも十分に認識しているつもりである。にもかかわらず、公立学校教員と比較して、一般に厳しい状況に置かれている私立学校教員の自主研修実態の保障にはどのような共通な法制度的整備が必要なのか、あるいは逆にかりに少数であったとしても先進的取組として評価できる私立学校の事例を支える法制度及び慣行・考え方はどのようなものであるのか等々の問題意識は膨らむばかりである。この点での研究構想について意見交換したいものである。

本学会員の中には、勤務校での教職課程科目：教職論（科目名称は大学等によって多様であろうが）を担当している者が多いと思われる。そしてその授業においては、必ず本書の研究対象である研修条項について言及しているのではないかと思われる。書評者もその一人であるが、本著書を読了し、学校教員の研修条項をめぐっての豊富な歴史と議論と教育的価値に接することができた今、これまでの授業準備ノートを再考しなければならなくなったと感じている。それは教育法制度を主たる専門領域としているわけではない書評者にとっては少々しんどいことではあるが、もはや避けて通れないこととなった。このような思いから、各自の主たる専門領域如何に関わらず、教職論関係科目を担当するすべての方々に読了していただき、未来

の教師にもその内容を伝えていただきたい一書である。

補遺：昨今、教職課程を席巻する「教職課程コアカリキュラム」における「教職の意義及び教員の役割・職務内容」内の教員研修に関する事項は、「一般目標」の中に含まれ「……教員に課せられる服務上・身分上の<u>義務を理解する</u>。」とある。さらにはその「到達目標」の「2）教員研修の意義及び制度上の位置付け並びに専門職として適切に職務を遂行するため生涯にわたって学び続けることの必要性を理解している。」とある。

そうした規定の中に、「権利性」の発想が見当たらない・感じられない思いや、さらには「職責」（＝「教育を通じて<u>国民全体に奉仕する教育公務員の職務とその責任の特殊性</u>に基づき、………」教特法第1条、「教育公務員は、その<u>職責を遂行するために、たえず研究と修養に努めなければならない</u>。」同21条）ではなく、敢えて「職務」（＝「割り当てられた仕事」『角川・類語国語辞典』、「仕事として担当する任務」『岩波・広辞苑第7版』）とのみ記されていることに、何か特別な狙いが意識的に込められている／無意識的ながらも表出してしまっているのではないかとの思いを抱く。そうした疑念を払拭できない書評者の杞憂であれば幸いなのだが……（下線はすべて書評者・山﨑）。

また、上記「コアカリ」の作成者等が執筆した無邪気な解説本（＋シラバス例）も読んだ。いま、「研修」問題についてだけいうと、「権利性」どころか、「研修」自体が消えかかっていた。本著書における研究成果と主張を踏まえて対応していくことがますます重要となってきたと痛感した。

（風間書房、2017年11月発行、Ａ5判、445頁、定価11,500円＋税）

〈文献紹介〉

ミーケ・ルーネンベルクほか著、武田信子ほか監訳、入澤充ほか訳
『専門職としての教師教育者』

百合田　真樹人（教職員支援機構）

本書は、ルーネンベルク、デンヘリンク、コルトハーヘンが、これまで部分的に示されてきた教師教育者の役割や行動の特性と、専門性開発をめぐる知見を帰納的に整理し、その専門性開発の研究の道筋を示した成果である。

本書の中核は、1991年から2011年に刊行された教師教育者を対象にする先行研究の網羅的なレビューである。著者らは3つの論文検索エンジンから1,260の論文を抽出。ランドルフ（2009）の質的文献研究の方法で絞った137本の先行研究をレビューする。巻末には各論文のリサーチ・クエスチョン、研究方法、データソース等を一覧に整理しており、教師教育者の専門性開発の研究データベースとしても高い有用性がある。

本書は教師教育者を「専門性開発を支援する目的で、教師（を目指す者）を教えたりコーチングしたりするすべての者」（p. 20）と定義する。オランダでは教員養成を師範学校に似た実務大学が担うため、本書の議論から得られる教師教育者のイメージは、わが国の実務家教員や指導主事、メンターに近い。このため、研究者教員の想定は相対的に弱い。この点は、本書をもとに専門職としての「教師教育者」を検討する上で、注意を要する点だろう。

また、教師教育者を教師と異なる固有の専門職と認識し、その専門性開発を検討する本書の議論は、1980年代の「教師の専門職化」の議論に似ている。教師の専門職化の議論は、教師の仕事の特性を科学的に理解し、その専門性の開発と評価を担う教師教育者の権威化と地位向上が図られる一方で、教師とその資質能力を管理

の対象にした（Labaree、1992）。教師教育者の専門職化についても、専門職化の負の側面である専門性の開発と評価を担う主体の外部化に伴う権力性と管理をめぐる問題への懸念が残る。

最終章では、教師教育者の役割と行動とを左右する専門性開発の特性を先行研究から帰納的に得たエビデンスをもとに、著者らがオランダで実施した専門性開発のプロセスが紹介されている。専門職化に伴う外部基準を、教師教育者が自身の実践を研究（セルフスタディ）する参照ポイントに設定し、組織化されたセルフスタディの支援による対話的な専門性開発のプロセスを示す。最終章の事例は、先の懸念を踏まえた検討を始めるのに有意だろう。

本書は、教師教育者の役割や行動、そしてその専門性開発の特性を、従来の部分的な知見を整理することで、研究の体系化の必要性とその道筋を示す。「教師教育者は教育の質を左右する重要な役割を担い、したがってその専門性開発はしっかりと支援されなければならない」（p. 160）という著者らの信念を共有する教師教育者及びその研究者にとって、本書は教師教育の主要なアクターである教師教育者をめぐる議論を始めるための稀有なリソースであり、リファレンスになるだろう。

参考文献

・Labaree、D. F. "Power、Knowledge、and the Rationalization of Teaching." Harvard Educational Review、62（2）、1992、123-154.

（玉川大学出版部、2017年11月発行、A5判、216頁、定価2,800円＋税）

日本教師教育学会年報
第27号

5

〈第27回大会の記録〉

第27回大会　公開シンポジウムの記録

大会テーマ
教員養成と現職研修の連続性と非連続性の関係を問う

　教職課程コアカリキュラムへの対応や教員等の資質向上に関する指標の策定が進められてきている動きの中で、シンポジウムでは、教員養成と現職研修の連続性と非連続性、またその関係を問うことにした。

　指定討論者は、東京学芸大学の岩田康之氏にお願いした。

　まず開催校である奈良教育大学の吉村雅仁氏と河﨑智恵氏から「高校・大学・教育委員会連携による職能およびキャリアに関する能力の開発」を切り口に「連続性」に目を向けて提案がなされた。教職大学院設立時及び設立後数年間、奈良教育大学は、教師の専門性のみに目を向けてカリキュラムや評価を考えてきた。しかし院生の実態観察や国外でのキャリア教育の調査を通して、教師という仕事をキャリアの視点から見つめ直し、様々なキャリア段階に応じた基盤的能力もカリキュラムに取り入れることにしたこと。具体的には、教員養成課程に入る前の段階から「自己理解」「課題解決能力」「人間関係・社会形成能力」などの基盤能力の形成が始まり、養成そして研修の段階において「職能開発力」「キャリアプランニング能力」「ケアする力」「キャリア統合能力」の育成がなされていくというモデル構造を考えたこと。3年間にわたるカリキュラム修正及び院生の能力調査において、M1では基盤となるキャリア発達が促進され、M2へ向けてキャリア統合が行われることが明らかになってきていること。キャリアに関わる能力指標は、教職大学院や学部教員養成課程のみならず、養成前から就職後にかけても使用できるものであること。さらに現在、奈良県教育委員会との連携により、高校から大学へ

の接続プログラムや高校教育、教員養成課程、研修を結ぶ教職キャリアカウンセリングプログラムを開発中であることが述べられた。

　続いて、奈良県教育委員会の廣見敦志氏、そして一緒に作成に関わり現在奈良教育大学に勤務している前田康二氏より、「指標及び研修計画策定に向けた奈良県の取組」について提案がなされた。平成29年度、奈良県においても、教員等の資質向上に係る指標及び研修計画の策定に向けた取組を進めていること。指標と研修計画との関連を重視し、奈良県では、教員研修を担当する奈良県立教育研究所が中心となって作業を進めていること。6月には、教員を養成する大学等と連携し、養成と研修との一体的な取組を推進することを視野に据えながら、校長及び教員としての資質の向上に関して必要な事項についての検討を行うことを目的として、「奈良県教員等の資質向上に関する指標等検討委員会」を設置してその指標の枠組みなどに関して検討を始めたことが説明された。具体的には、開発経過にあるため、紙による資料配付はなかったが、画像を用いて、①指標枠全体の構成、②教員等に必要な資質・能力、③キャリアのステージをどのように考えているかについてのコンセプトに加えて、実際に作成しつつある指標の内容についても説明がなされた。

　3つ目の提案は、日本教育大学協会をベースに行われた「教員養成コアカリキュラム」の取組、また兵庫教育大学の教員養成のスタンダード作成に関わってこられた、長澤憲保氏より「『社会的信頼に応えうる証』となる教員免許状実質化への取り組み―教員養成のスタンダードとコアカリキュラムの構築過程を俯瞰して―」

と題して、提案が行われた。1980年代から技術者需要のグローバル化により高度な共通の養成カリキュラムを求める動きが世界的に高まり、多国間協力協定が結ばれ、1990年代後半には医師、歯科医師養成課程にもモデル・コア・カリキュラム開発が始まったこと。こうした動向を受け、文部科学省が2001年日本教育大学協会に教員養成モデル・コア・カリキュラム開発を要請し、小学校版及び中学校版の開発を行ったこと。しかしこれは、現在進められている教職課程コアカリキュラムとは別の発想に立ち、教育実習をコアにした教員養成モデルであったことの説明がなされた。また「大学での教員養成」「開放制養成」原則は、教員に豊かで深い教養を修得させるための必要条件であるが、将来の児童・生徒や保護者等からの厚い信頼に応えうる十分条件では必ずしもない。養成段階から入職後5年～10年目までの若年教員には「一人前」への自立をめざす自己研鑽を中心に、さらに10年目以降の中堅教員には学校運営の柱となり、専門的な自立を支える研修体制の整備が重要であること。学部教員養成―教職大学院教育―学校教育現場でのOJTが、こうした教職の生涯需要に的確に対応する教育・支援体制を確立することが今後益々求められてくることに関して兵庫教育大学の取組例を基に提案がなされた。

　最後に4つ目の提案は、教員養成や教員研修を通して、教師を養成していく際に教師教育者として何をどのように考えて行く必要があるか、武蔵大学の武田信子氏より「教育者としての体幹を作っていく学びのシステムの構築―養成と研修の連続性と教員の生涯発達―」の提案がなされた。少子化、情報化の中で生まれ、かつての大人とは違う体験をしてきた者が教員になる現代において、教員になる者の「体幹（腰や体軸を含む胴体）」を、教師教育に関わる我々は、どう作りどう維持しどう改善していくのか。専門性、資質・能力、コンピテンシーといった言葉で表現される教員の力について、「体幹」を使うのは、我々が「既に学生は持っている」と仮定している基本の力を本当に近年の学生が持っているのか、というところから検討する必要があること。また体幹は継続的に鍛えなければ痩せていくものであるから、一度身につけたからそれでいいというものではないという意味も含んでいる。教員のライフサイクルの中での養成と研修の連続性（＝個人内の縦の連続性）を、海外や他分野からの情報も交えて、さまざまな角度から検討することの重要性が指摘された。日本でこのような連続性を意識するときに問題になるのは、先に述べたように現場での体験がすでに時宜に適わない教育である、あるいは「必ずしも望ましい教育ではない」ことがありうるということ。教員に対して「こう育てたい」「この研修を受けさせたい」という行政や周囲の意図が前面に出た場合、養成段階から統一感のあるスタンダードを設けルーブリックでチェックしながら育てていくという生涯に渡る個人育成モデルを生みがちだが、本来、学びへの意欲は、自分の行為を振り返り、そこに課題を感じたときにこそ生じるものであるから、研修は当事者である教員のニーズとつながる必要があり、悉皆研修を義務付けなければならないような場合こそ、「教えれば学ぶ」という発想で積み重ねられる研修ではなく、「なぜそれが必要か」に教員が気づいて取組の意欲を出すような研修が求められることが提案された。

　質疑応答では、多くの質問が出された。取り立てて議論が集中したのは、スタンダードベースによる教育やキャリアステージを想定した取組は、チェックリストのようになり、その教育をかえって制約することにならないか、そこにズレはないのか。高校から教職との早期出会いの機会を作ることは果たして妥当かという点であった。これらの点は、教職の専門性とは何かを問うと同時に、そこから見えてくる教師の在り方、教師に求められる適正、教師の生きがい等を問うことにつながり、現行の教員養成や現職研修の内容と方法、教育政策を深いレベルで分析的に捉え直すきっかけになった。
（文責・小柳和喜雄／奈良教育大学（第27回大会実行委員会事務局長））

第27回大会　公開シンポジウムの記録　173

課題研究 I

教師教育学の独自性と方法論研究
── 若手教員の直面する問題 ──

1．本課題研究の趣旨

　本課題研究は「教師教育学の独自性と方法論研究」として行ってきた3カ年計画の最終年度となる。今年度は職場環境の問題を中心に取り上げた。

　近年、教員の大量採用に伴って新採教員の職場への適応が課題になっている。授業ができない、同僚と協力や相談ができないといった職務上の問題から始まって、ノイローゼや自殺にまでいたる場合がある。

　こうした問題について、教員（となるもの）の資質能力が十分ではない、実践的指導力を備えていないという批判があり、教員の養成、研修の改善が論じられている。また採用にあたって十分な資質能力を備えている者を選抜するという観点から採用試験等の改善が図られている。しかしこうした視点からは養成や研修は整備されればされるほど長期化し、内容も高度化していく傾向がある。若い教員（となるもの）の資質が十分であるのか、どういう問題があるのかとともに、大学で養われた資質能力は職場でどう発揮されているか、発揮される条件はどのようにあるのかが問題である。

　教師教育研究の立場からいえば、この課題研究は、これまで教師教育研究は養成、採用、研修の3分野があるといわれてきたが、これに第4の領域として資質能力を発揮できる職場環境の問題を位置づけるべきという提案を含んでいる。こうした視点に立って教員の職場の環境がどうなっているかを、3つの角度から報告をいただいた。

　なお司会は望月耕太氏（神奈川大学）と蔵原があたった。

2．報告の内容[1]

　課題研究のはじめに「研究の経過と課題」について、蔵原清人（工学院大学名誉教授）から報告があった。これまで行ってきた課題研究の概要を紹介した後、本課題研究の今年の趣旨について、新採教員の職場での適応に関わって教員の資質能力が十分でないので養成・研修の改善が必要だといわれるが若者全体の変化を認識する必要がある、また職場環境がどうあるべきかの問題もある、こうした問題をここで掘り下げたいとした。

　第1報告者の紅林伸幸氏（常葉大学）は「高度専門職性をめぐる教師の育ちの場を考える」ものであった。報告は、教師の専門職性をめぐる議論を振り返りながら、教師はこの高度な専門性をどのように身につけるのかと問いかけ、日本の場合、他の国にはない条件として学校現場で身に付けてきたとする。しかし近年その機能が十分に果たせなくなっていることを自身の行った調査をもとに説明した。

　「日本の30年後は明るい」の問いに肯定的に答えた者は若手に多いが、「競争原理は必要」など現在の社会の動向や政策について肯定的ないし楽観的である。否定的に答えた者はベテランに多いが、現状を変える教育改革の必要性について肯定的という結果を得ているという点は注目される。

　第2報告は長山秀子氏（平安女学院中学校・高等学校）が、「学校カウンセラーとして感じること」についてである。長山氏は学校カウンセラーとしての経験を踏まえて、若手と中堅・ベテランとの意識のギャップを指摘した。

　若手は、自分の生活を大事にしたい、モデ

にしたい中堅・ベテランがいない、ベテラン教員の話を一方的に聞くのはどうかなどの意見がある。中堅・ベテランからの若手に対する意見として、生徒を自分と同一線上に見ている、話しを聞かずに自分の意見を話しすぎる、若手はいちいち説明しないと理解しないなどという。そうした状況を改めるために職場の体制をヒエラルキー型からフラットな形態に改め、若手がコミュニケーションを活発にとれるようにしていくことが重要であると述べた。

第3報告は山中和由氏（工学院大学（非常勤））の「若手教師をどう育てるか〜職場環境の問題として〜」であった。現在の教育問題の解決のためには学校での連携・協働が重要であるが、現在の大学の教職課程での学修では基本的な能力資質を身に付けている、職場で必要なことは若手の有利な特質を生かして実践に責任を持たせることだという。

さらに、若手の成長を支えるためには学校における教職員集団の連携が重要であることを強調した。教育実践は学校の全ての教師によって成し遂げられることであり、若手の育成についても同じである。教師の連携・協働がしっかりしている学校では精神的理由での休職者は少ないとも指摘した。

3．まとめとして──今後の課題

最後に蔵原がまとめを行った。この課題研究の報告と討論を通して、教員の若い世代とベテランの世代での考え方にかなり大きな違いがあること、および学校文化、考え方、勤務条件などがこのままでいいのかという問題が存在することについては共通理解ができたと思われる。

世代による考え方の違いをどう見るかについては意見が大きく分かれるだろう。しかしその善し悪しはともかく、事実としてそのようになっていることについては認めなければならないのではないか。学校文化が今のままでいいのか、仕事と個人の生活との関係をどうとらえるか、生活の全てを仕事にあててよいのかという問題が提起されているといえる。

想起することは「今時の若い者は」というフレーズが数千年もいわれ続けていることだ。しかし若者を批判するだけでは解決しないのであり、今日にふさわしい解決方策を見つけることが必要ではないだろうか。現在の状況でも職場に適応し力を発揮している若手教員もいる。同時にそれに適応できず精神疾患になる者や自殺をする者もいる。

現在の方策では養成段階での教育が不十分なためにおこるという判断であり、個人の資質の改善のためには研修を念入りに行うことが必要だということになっている。これでは職場での閉塞的な雰囲気はなくならないのではないか。若手が持てる能力を発揮できる環境になるだろうか。同時に「教育熱心」なことが自分の責任を大きく考えて問題を一人で抱えることになっていないか。また、まわりも解決を一人で行うように追い込んでいないか、ということを考えるべきであろう。

職場環境に適応できた者とできなかった者がいることは事実である。最終的に個別の条件を生かすことは必要であるが、個別の条件の違いだけに注目するのでは個別対応ということになり、研究としてはどの職場でも共通する課題を明らかにしなければならないのではないだろうか。職場毎、ケース毎の違いが生まれる条件を、若手自身、ベテランおよび行政の政策や教育についての考え方の中から探り出すことが必要ではないかと考える。

課題研究の期間はこれで終わったが研究は始まったばかりというべきであり、今後とも有志で研究を続けていくこととしている。関心を持つ方が積極的に参加されることをお願いしたい。

注

(1)各報告の当日配付資料は、「日本教師教育学会　課題研究Ⅰ　教師教育学の独自性と方法論研究」『研究報告第2集』2017年9月に収録してあるので、参照されたい。

（文責・蔵原清人／工学院大学名誉教授）

課題研究 II

教師教育研究の国際化と比較研究の課題

1. 課題設定の趣旨

　今期は「教職をめぐる課題の変化と教師教育—国際比較研究の観点から—」というメインテーマに即し、1年目は教師教育の定量的評価という政策動向に対して教師教育研究がどのように応答できるかという観点から検討した。この問題を掘り下げて考えるため、2年目は教師や教師教育の「質保証」策を題材に、近年の制度改革が教師教育や教師教育研究をどのように変えつつあるのか、その影響について具体的に検討した。3年目となる第27回大会では次のような内容について議論を深めた。

　2015年の中央教育審議会答申「これからの学校教育を担う教員の資質能力の向上について〜学び合い、高め合う教員育成コミュニティの構築に向けて〜」においては、教師教育の全国的な水準確保策の一環として「教員育成指標」や「教職課程コアカリキュラム」が提案され、教師が共通に身につけるべき能力の明確化が求められている。実現に向けた検討が既になされていることもあり、海外の先行事例への関心が高い。そこで本部会では、昨年までの研究課題との継続性も考慮しながら、教師の専門性を可視化し、規定する仕組みを整えるとはどういうことか、それで教員養成の何が変わるのか、何を変えようとしているのか、などについて考えるため、次の3本の報告を企画した。

(1)小野寺香（奈良女子大学）「台湾における教員養成改革と質保証」
(2)隼瀬悠里（福井大学）「フィンランドにおける教師の専門性と教員養成の質的向上策」

(3)坂田哲人（帝京大学）「カナダの専門性基準の活用における評価機関の機能と役割」

2. 報告の概要

　まず、小野寺香会員から、台湾における教職課程の質保証策として、教職課程のカリキュラム改革や専門性基準の策定など近年の新しい政策動向について報告がなされた。1994年の師資培育法制定以前の台湾の教員養成は、師範系大学（師範大・師範学院）による養成であった。それが同法制定後は開放制に移行し、一般大学でも「教員養成センター」を設置して教員養成を行うことができるようになった。これにより教職課程履修者が急増すると、教職課程の定員管理という量的側面のみならず、質的側面として教職課程カリキュラム、教育部による教員資格検定試験、教師の専門性基準、教職課程評価制度などの開発・整備が2000年代に入って同時並行的に進められ、大きな改革につながっていったことが指摘された。

　次に、隼瀬悠里会員からフィンランドにおける教師の専門性の捉え方について比較の観点から報告がなされた。フィンランドでは教師に対する社会的信頼が厚く、教職は人気の職業の一つであることから教員養成課程への入学は狭き門となっており、現状では優秀な人材の確保ができている。また1990年代の教育改革により、学校に様々な権限が委譲され、教師には高い職業的専門性・自律性が期待されている。教育視察制度や教科書制度も存在せず、教師の専門性基準も策定されていない。教職に認められた一定の職業的自律性・独立性が教職の人気を高め、優れた人材が確保できるという好循環によ

り、結果として教師の質を支える構造が形成されているのではないかという指摘がなされた。

最後に、坂田哲人会員からオンタリオ州とケベック州の教員養成評価機関における専門性基準の策定とその活用について報告がなされた。オンタリオ州には、教師の専門性基準の策定や、教員養成・研修プログラムのアクレディテーションを行う「オンタリオ教員協会（Ontario College of Teachers）」が設けられている。オンタリオ州では教師や教員養成関係者が自律的に教員養成の質的管理を行う専門職団体が存在し、それによって教師の質の維持向上が図られている。これに対し、ケベック州では政府の関連機関が教員養成の質保証において中心的な役割を担っており、同じカナダ国内においても州によるアプローチの違いが際立つものになっていることが示された。

3．討論の概要

後半は、各報告に対する質疑応答に即し、論点をしぼりつつ討論が行われた。

小野寺会員の報告については、質保証システムの成果や妥当性の観点から、台湾では教職課程の定員総数の大幅削減による無理や矛盾は生じていないのか、教職への多様な人材の確保はできているのか、などの質疑があった。質と量の管理は求める教師像をどう捉えるかという問題でもあり、この点について議論が展開された。

隼瀬会員の報告については、社会的・文化的文脈や国の規模が異なるフィンランドから日本が学べることは何かという本質的な問いをはじめ、専門性開発の場をどう捉えるのか、教師が有する職業的自律性や教師に対する社会的な信頼・敬意が教師の質の維持向上に具体的にどのように影響するのか、教師の自律性の内実や社会的信頼など研究対象の歴史性を比較研究の課題としてどう捉えるのか、といった点を中心に討論がなされた。

坂田会員の報告については、カナダでは質保証の何が問題なのか、質的管理策と教師の需給変動をどのように見ればよいのかという点を中心に、正規採用者が減少している理由と背景はどのようなものか、近年の教員養成改革は教師の質的向上につながっているのか、財政問題を教員養成の問題にすり替える仕掛けになっていないか、などについて議論が交わされた。

これらを大別すると次の二つが討論での主な論点になっていたように思われる。

一つは、「比較」の意義に関することである。研究対象とする国・地域では、どういった点に矛盾や課題が生じているのか、それを日本と比較して何が学べるのかといった比較研究の本質に関わる問いである。これについては、3本の報告を比較するなかで、もう一つの点に関わって自ずと見えてきたことがある。

もう一つは、質保証の責任主体や質保証のための各種基準や仕組みの考え方や在り方に関することである。教師に求められる専門性が各国・地域によって異なり、その違いが教員養成制度や質保証システムの在り方にも反映されるが、上記3本の報告を踏まえ、その差異について比較検討するなかで、共通する普遍的な課題が浮き彫りにされたように思われる。今大会では教師の専門性基準を手がかりに教員養成の質を保証する仕組みについて考えてみたが、誰が何を保証すればよいのか、教師や教員養成関係者など当事者の主体性や自律性をどのように考えるべきか、そうした仕組みはいかにして実現されるのか、といったことが3本の報告に通底する大きなテーマであったように思われる。前述した比較研究の意義に関して言えば、こうした比較によって得られた共通の分析視角から改めて日本の現状を相対化して捉え直すことが重要であり、この観点から研究を深めることが次の課題だと思われる。

なお、今期の課題研究の記録は、第9期課題研究Ⅱ記録集『教師教育研究の国際化と比較研究の課題』としてまとめ、大会当日の報告ではあわせて参照した。

（文責・佐藤千津／国際基督教大学）

課題研究 III

教師教育における「実践性」と「高度化」
── 教職大学院の組織づくりを考える ──

1　今回の趣旨

　第9期研究最終回となる今回は、日本で現実に推進されている「高度化」を担う教職大学院で大きな眼目とされる研究者教員と実務家教員の協働による実践と理論を往還する指導、現職教員とストレートマスターの協働による学修という活動がどのように実現できているのか考えるために、組織づくりに着目することとした。国立と私立それぞれの組織づくりに携わった方からを報告をいただき、工夫や実情を探った。

2　報告の概要

　報告者は3名。一人目は世話人の岩田康之氏（東京学芸大学）で、「報告1．教師教育の『実践性』と『高度化』をめぐる論点」。13:05～13:25。

　二人目は、国立の大阪教育大学で16年間スクールリーダー教育に取り組み、2015年に開設された連合教職大学院（定員30）の組織づくりに苦労された大脇康弘氏（現在は関西福祉科学大学）で、「報告2．大阪教育大学教職大学院の組織づくり」。13:26～14:05。

　三人目は、制度発足時の2008年に設立した私立の玉川大学教職大学院（定員20）で組織づくりの核心を知る森山賢一氏で、「報告3．玉川大学教職大学院の組織づくり」。14:06～14:44。

1）岩田康之氏の報告の概要は次の通り。

(1)「高度化」すなわち、入職前の教師教育の水準を学士から上に引き上げていく動きは多くの国や地域で見られるが、日本に類似した制度のアジア地域では学士課程の上の学位課程でさらに並行的に教職プログラムを置く。そのため上

の学位課程でも学問性と実践性が問われる。一方、学士卒業後に教職プログラムを集中的に履修させるイングランドなどの地域では、学卒後の教職プログラムの内容を主に実践面で向上させることが高度化の課題となる。

(2)並行型の日本では課題が未解明で教職大学院の学位と教員資格制度の関連も曖昧なまま、「高度化」と称するなかで「実践性」が強調され、実務家教員を4割以上とする教職大学院設置が拡充されることとなった。が、要件から見れば実務家教員と現職院生の違いは教育委員会の裁量による判断で決まるのが実状である。

(3)増人する「実務家教員」はその知見をどう理論化できるのか、逆に研究者は豊かな実践研究をつくって行けるのか、徒弟制による技能の伝承から脱するための両者の協働が学会でも課題となるのではないか。

2）大脇康弘氏の報告の概要は次の通り。

(1)大阪教育大学は、1996年には現職教員を対象とする夜間大学院（教育学研究科実践学校教育専攻）を開設し、2007年には「スクールリーダー」「教職ファシリテーター」「授業実践者」の3コース編成を始めた。

　連合教職大学院も現職教員が休職せずに学ぶところとして夜間制を基本にした。ただし、カリキュラムは共通必修・コース分化型へ、学校づくりは実践相対化から問題解決型へ、研究結果は論文作成から研究報告へと変えた。受入れ院生は自主進学から教委の派遣へ、指導組織運営は教授個人と非常勤による集団指導から研究者と実務家教員による集団指導へと変更した。

(2)連合教職大学院は、「学校マネジメント」（定員5）、「教育実践コーディネート」(10)、「教育

実践力開発」(15)の3コースで30名。教委派遣の推薦枠が約10名、連合する三大学からの新卒推薦が4名ずつ計12名。専任教員は研究者教員9名、実務家教員9名。

10単位の学校実習では、週1〜2回訪問する。

(3)スクールリーダーコースに来た院生は、校長・ミドルリーダー・指導主事。私たちは、自らの学校づくり実践を対象化し、実践事例から示唆と一般化、理論的問題提起を引き出すことを期待したのであるが、現実には経験重視、活動主義に傾斜し、理論的基礎を学習すること、重要な問いを立ててじっくり考えること、教職アイデンティティを問い直すことなどの長期的視点の取り組みは後退しがち。実践を省察再構成するには、a.実践課題を実践研究テーマに変換する、b.先行研究と先行実践を選定し読解する、c.学校づくりの構造と過程を動態的・多元的に把握する、d.スクールリーダーの役割と行動を対象化する、e.研究方法・技法を修得する、といった力の育成の必要を感じる。

3)森山賢一氏の報告の概要は次の通り。

(1)本学教職大学院の特色は①小学校だけでは経営的に難しさがあるので、中学校教員も入学対象に。②教育実習は集中型で展開。③脳科学・ICTなど先端の知的科目を設置(教科には直接結びつかないが、高い履修率)。④研究者教員＋実務家教員の往還型授業。⑤同一キャンパスにある併設の小中高校を、実習、授業参観、模擬授業、連続的な子どもたちとの交流に活用。

(2)カリキュラムでは、①五領域の基本科目群20単位を必修に、研究者教員と実務家教員がオムニバスで協働。ただ、学部新卒者の面倒を見るために来ているのではないという現職院生の声に応えて学部新卒者と別々に授業を開講することに。②10単位の「教職専門実習A」(「インターンシップ実習」1週間含む)は学部新卒者は1年秋に、現職院生は2年次春に実施し、課題を発見させる。③自己の課題関心で20の発展科目群から12単位以上選択できるようにした。教科に直結しない科目が選好される。④自己の問

題解決の総まとめとなる「学校課題研究」では、狭い「学校内の問題」をテーマにしがちだが、学校現場での調査等を行うなどして2万字程度の「学校課題研究報告書」を論述させる。

(3)実践を捉えるために、理論と実践の往還の実現を図り、理論の道具的知と批判的知の機能を働かせる。実践課題のためには問題意識を喚起したうえで理論を意識すること、関係を広く捉え多様な学問で視ることが欠かせない。大学院のカリキュラムの中で「教職専門実習」がもつ統合的役割を積極的に位置づけたいと考える。

3　討議

15:18から16:00まで討議。

組織づくりよりも、院生の弱点の指摘や対処の状況紹介が討議の中心となってしまった。

現職を含めて文献を読みこなす力が弱い、全体化ができないという実情。院のストレートマスター枠は教採不合格の受け皿になるという予見。理論と実践の往還と言ってもストレートマスターの経験欠如がネックになっているという実態。一方、派遣院生の場合、費用を負担しているのだからと研究テーマを教委が用意したものに縛る県があり、研究の指導上必要なテーマの修正もできないという困惑。問題点や危惧を指摘する声が相次いだ。

また、教職大学院の制度的問題点であるが、教科専門もいなければ、哲学・神学の研究者もいない中での往還は浅薄なものにならないかという疑念や実証性担保へ疑問の声も聴かれた。

4　今後

討論の中で、「実践性」の在り方は「学問性」と結びつけて捉えることが重要だという指摘があった。「高度化」の内実をさらに問い続けるにはそこに目を向ける必要があろう。次期の課題研究でも「高度化」のテーマは継続されるであろう。世話人の課題整理に期待したい。

今回の司会は世話人の木内剛。参加者は、発表者を含めて31名であった。

（文責・木内　剛／成蹊大学名誉教授）

第27回大会　公開シンポジウムの記録　**179**

特別課題研究

震災・学校危機と教師教育
── 3年間の研究活動の成果と課題 ──

1．本課題研究の目的と研究活動

　本研究は、震災・事件・事件等によって学校危機に陥った学校からの教訓、および回復への実践の知恵を教師教育研究の視点から整理・検討し、未来に活かすことを目的としている。2011年に発生した東日本大震災を契機に設置された特別課題研究「大震災と教師教育」を継承発展させるために2015年に研究会を立ち上げて会員を公募し、4回の公開研究会と5回の現地調査を行ってきた。

　現地調査の対象は、長野県栄村（長野県北部地震）、兵庫県（阪神淡路大震災）、熊本県（熊本地震）、福島県（東日本大震災）と全国に及んだ。熊本地震は2016年4月に起こり、同年7月と12月の2回訪問した。激しい余震の中、震源地近くの学校が避難所として地域を支えるとともに、学校再開以降は子どもたちをケアし、復興を支える重要な役割を果たしているのを現地で実感した。それとともに、過去の学校危機から積み上げられた教訓を教師たちが必要としていることもまた実感した。

　阪神淡路大震災と東日本大震災、長野県北部地震の被災地は、今では日常生活を取り戻している。しかし、長野県栄村では震災が人口減少を加速させ、福島県には依然として放射線により学校再開できない地域が残されている。震災の被害は大きく、その影響は今も残っている。

　一方、2018年6月18日に起こった大阪北部地震（M6.1、最大震度6弱）では、学校のプールのブロック塀が倒れ、4年生の女子児童が死亡した。ブロック塀の危険性は、40年前に起こった「1978年宮城県沖地震」（1978年6月12日、M7.4、震度5）の際に指摘されていた。「死者28人のうちブロック塀や石の門柱などの下敷きになって圧死した犠牲者が18人に上り、その多くが高齢者と子供だった。大きな揺れに驚き、塀などにしがみついてしまったとみられる。」（毎日新聞2017年3月3日東京版朝刊「災害アーカイブス」より）という記事もある。教師教育の立場から、学校危機を記録し、教訓を整理し、被災地の教師たちを長期的に支える教師教育としての理論が求められていることもまた実感するのである。

2．研究報告集の発行

　3年間の研究活動の中では、被災地や地域の学校と子どもたちを支えようとする多くの実践者と研究者に出会ってきた。どちらも、未来の被災者の苦しみが少しでも減少することを願っていた。震災が起きるたびに得られる教訓は理論化が試みられ、予防策となり、検証も積み上げられていく。しかし、それらが防災教育として教室に持ち込まれたとしても、たいていは防災の領域のこととして扱われ、教育学や教師教育の視点からの検討はあまり行われてきていないこともわかってきた。

　特別課題研究では、得られた貴重な実践や理論を、研究会参加者だけのものにしないために、特別課題研究は研究報告集を作成し、第27回大会で配布した。研究会の報告者や講師、現地調査で話をうかがった方々に執筆を依頼した。第27回研究大会の様子も加え、成果と課題もそれにともなって加筆した改訂版を、2018年1月に、本学会HP上に置き、ダウンロードできるようにした。ぜひ詳細について研究報告集を参照してほしい。

報告集（改訂版）のダウンロードの方法:
　日本教師教育学会ホームページhttp://
jsste.jp/ ホーム＞刊行物・文献目録・
資料集＞研究部報告集

特別課題研究「震災・学校危機と教師教育」
研究報告集（2018年１月　改訂版）
「震災・学校危機の教訓から学ぶ
希望ある未来のための理論化にむけて」

３．第27回大会の概略

　大会当日の特別課題研究では、司会を金馬国晴（横浜国立大学）が務め、研究報告集が配布された。趣旨説明のあと、(1)特別課題研究のこれまでの活動　(2)事件事故から考える学校危機　(3)熊本地震から考える大学における学校危機をテーマに３つの報告と協議が行われた。続いて小島勇（東京電機大学）の企画・司会によるラウンドテーブルも行われた。

報告１「福島県　現地調査報告」
和井田節子（共栄大学）

　2017年７月30日〜８月１日の３日間、福島県で行われた現地調査は、福島大学うつくしまふくしま未来支援センターの協力により、個人ではなかなか見学することができない場所や施設も訪問できた。再開した学校が地域復興の一部を担っていることも、目に見えない放射線との戦いに苦労している教師たちの努力も肌で感じることができた。参加者７名。
＜訪問先＞①福島大学うつくしまふくしま未来支援センター　②環境再生プラザ（旧・除染情報プラザ）　③帰宅困難地域の双葉町（車窓より）、避難解除の富岡・楢葉町視察。楢葉コンパクトタウン、天神岬公園　④2017年４月より再開された楢葉小中学校　⑥楢葉遠隔技術開発センター　⑧福島県環境創造センター交流館「コミュタン福島」
報告２「事件の教訓から学ぶ教師と学校安全：池田小学校事件からの発信を視点として」
松井典夫（奈良学園大学）

　学校危機とは、学校での正常な教育・学習活動に困難が生じるような出来事が発生し、これまで行ってきた問題解決の方法だけでは克服できない事態に陥った状態を指す。「学校危機」の適用範囲は自然災害に限らない。大阪教育大学附属池田小学校事件（2001年６月８日）では８名の児童が命を奪われ、15名の重軽傷者（うち教員２名）を出した。その教訓から、日常は門扉を閉じる等の学校安全に関する多くのシステムが生まれたことついて報告が行われた。

　防災教育は、①危機管理　②危機対応　③予防の３つのサイクルで成り立っているが不審者によって犠牲となった児童生徒はその後も絶えない。教訓の継承と活用を上記３つの防災教育にどう組み入れ、どう活かしていくか、という観点での熱心な協議が行われた。

報告３「大学の被災と復興を支える学生たち：大学での学びと安全なキャンパスをめざして」
瀧本知加（東海大学講師）

　東海大学阿蘇キャンパスでは、熊本地震で３名の学生の命が失われた。その後の学生や被災地、大学の動向を報告するとともに、大学が考えるべき防災について協議した。また、募金も行い、それは阿蘇の復興を願ってボランティア活動を行う東海大学の学生達に寄付された。
ラウンドテーブル

　３年間のまとめとしてこれまでの活動を振り返った。研究報告集をもとに小グループになって協議し、その内容を共有した。

４．成果と課題

　特別課題研究では、震災を中心に、学校危機の実践の検討と教訓や理論の整理を試みてきた。教員養成カリキュラムでも防災教育は扱うべき事項となっているが、内容・方法ともに担当者に任されているのが現状である。教師教育の観点からも、震災や学校危機の教訓や理論を活かした防災教育プログラムの開発が課題となっている。

（文責・和井田節子／共栄大学）

日本教師教育学会年報
第27号

6

〈日本教師教育学会関係記事〉

1 日本教師教育学会 第10期（2017.10－2020. 大会時）
役員・幹事等一覧

(50音順、＊は常任理事、2018年8月1日現在)

【会長（理事長）】
　　＊高野和子

【全国区理事（定員数7）】
　　＊新井保幸　＊岩田康之　＊牛渡　淳　＊高野和子　＊浜田博文　＊矢野博之
　　＊油布佐和子

【地方区理事（定員数33）】
　1　北海道（定員数1）
　　　玉井康之
　2　東北（定員数2）
　　　遠藤孝夫　福島裕敏
　3　関東・甲信越（東京を除く）（定員数7）
　　　安藤知子　＊金馬国晴　＊田中昌弥　＊樋口直宏　＊伏木久始
　　　＊八尾坂　修　＊和井田節子
　4　東京（定員数8）
　　　＊鹿毛雅治　＊勝野正章　＊佐藤千津　＊清水康幸　＊武田信子
　　　＊前田一男　＊山﨑準二　＊百合田真樹人
　5　東海・北陸（定員数3）
　　　＊紅林伸幸　子安　潤　森　透
　6　近畿（定員数7）
　　　小柳和喜雄　木原俊行　久保富三夫　土屋基規（ご逝去）
　　　原　清治　船寄俊雄　別惣淳治　吉岡真佐樹
　7　中国・四国（定員数3）
　　　赤星晋作　佐々木　司　高旗浩志
　8　九州・沖縄（定員数2）
　　　高谷哲也　三村和則

【監査（定員数2）】
　　　岡野　勉　村井尚子

【事務局】
　　＊和井田節子（事務局長）　＊内田千春（事務局次長）　出口知巳（書記）

【幹事】
　　　沖　奈保子　小田郁予　早坂めぐみ　望月耕太　渡邉　巧

184　日本教師教育学会［年報第27号］

2　日本教師教育学会　活動履歴　－2017.4.1～2018.9.30－

【2017年】

4月15日（土）第69回理事会（明治大学）

5月28日（日）特別課題研究　第4回公開研究会（東京学芸大学）「公立学校で価値選択的課題をどう位置づけるか」、講師：三石初男（帝京大学）

6月17日（土）第87回常任理事会（大妻女子大学）

7月2日（日）課題研究Ⅲ　第3回公開研究会（成蹊大学）「北海道教育大学の教職大学院の組織作り」、話題提供：福井雅英（滋賀県立大学）

7月9日（日）第2回公開シンポジウム（早稲田大学）「どうなる日本の教員養成——教職課程コア・カリキュラムをめぐって」、シンポジスト：横須賀薫（宮城教育大学名誉教授）・百合田真樹人（教職員支援機構）・佐久間亜紀（慶應義塾大学）・早川信夫（NHK）、コメンテーター：浜田博文（筑波大学）、司会：前田一男（立教大学）・油布佐和子（早稲田大学）

7月15日（土）第10期役員選挙開票

7月22日（土）第88回臨時常任理事会（大妻女子大学）

7月30日～8月1日　特別課題研究　第5回現地調査（福島県）

8月8日（火）学会ニュース第53号・会員名簿2017年度版発行

9月6日（水）課題研究Ⅱ　第6回研究会（TKP東京駅前カンファレンスセンター）「第27回大会の報告内容の検討」

9月29日（金）第70回新旧合同理事会（奈良教育大学）

9月29日（金）学会年報第26号『「指標化」「基準化」の動向と課題』発刊

9月30日～10月1日　第27回研究大会・総会（奈良教育大学）、大会実行委員長：松川利広、大会実行委員会事務局長：小柳和喜雄

10月2日（月）第10期体制発足　高野和子会長、和井田節子事務局長（事務局：埼玉県春日部市）

11月25日（土）第89回常任理事会（明治大学）

【2018年】

1月10日（水）学会ニュース第54号発行（第9期事務局編集）

1月20日（土）課題研究Ⅰ　第1回会員対象公開研究会「教師教育研究の視野と構造」（学習院大学）、報告者：山﨑準二（学習院大学）

3月10日（土）教師教育変容の実態をつかむ情報交流・研究会〈略称：ミニ研究会〉第1回（明治大学）、話題提供：伏木久始（信州大学）・金馬国晴（横浜国立大学）

3月10日（土）第90回常任理事会（明治大学）

3月18日（日）研究推進・若手交流支援企画　第2回公開研究会「教師教育の実践と研究（2）」「読書会・ランチ交流会」（岡山大学）、「教師教育者の専門性開発とセルフスタディ——社会科教育学の研究成果と課題を踏まえて」大坂遊（徳山大学）・斉藤仁一朗（東海大学）・村井大介（静岡大学）・渡邉巧（日本女子大学）、「音楽科における驚異の力量形成」髙見仁志（佛教大学）、指定討論者：朝倉雅史（早稲田大学）

3月25日（日）特別課題研究　第1回研究会（横浜国立大学）「研究報告集合評会と研究計画」司会：金馬国晴（横浜国立大学）

4月14日（土）教師教育変容の実態をつかむ情報交流・研究会〈ミニ研究会〉第2回（明治大学）、話題提供：岩田康之（東京学芸大学）

4月14日（土）第71回理事会（明治大学）

5月5日〜5月28日　会員対象アンケート　第1回「教職課程の再課程認定についての教師教育学会会員アンケート」、学会ＨＰ上に設置した会員専用サイトからの回答形式で実施。

5月12日（土）課題研究Ⅱ　第1回研究会（早稲田大学）、「教師教育研究における『比較』の方法と課題—課題研究Ⅱ「教師教育改革の国際動向と比較研究の課題」の活動計画—」、話題提供：佐藤千津（国際基督教大学）

5月20日（日）国際研究交流部　第1回会員対象公開研究会（大妻女子大学）、「教師教育に関する国際的な研究の動向紹介」、話題提供者：千々布敏弥（国立教育政策研究所）

5月26日（土）課題研究Ⅰ・Ⅲ共催　第2回会員対象公開研究会（学習院大学）、「生活環境の構造変容と1990年代以降の教育政策・教師教育政策の展開」、講師：藤田英典（共栄大学）、コーディネーター：浜田博文（筑波大学）・岩田康之（東京学芸大学）

6月10日（日）特別課題研究　第1回公開研究会（武蔵大学）、「防災教育に対する期待と課題：主体性の育成と長期的な評価」、講師：矢守克也（京都大学）

6月14日（木）課題研究Ⅱ　第2回研究会（早稲田大学）、「1970年代と1980年代に、進歩主義教育者デボラ・マイヤーによってニューヨークのハーレムに設立された二つの学校の変容に着目し、その変容がニューヨーク市／州の教育改革や、連邦政府の教育改革の同校とどう関連しているのかを概観してみる」、話題提供：北田佳子（埼玉大学）、「教師教育の実践と研究における前提の顕在化を図る手段としての比較研究のあり方（具体的事例）」、百合田真樹人（教職員支援機構）

6月16日（土）教師教育変容の実態をつかむ情報交流・研究会〈ミニ研究会〉第3回（東京学芸大学）、「教職再課程認定をめぐる学会員アンケート調査結果（中間報告）」、話題提供：鹿毛雅治（慶應義塾大学）

6月16日（土）第91回常任理事会（東京学芸大学）

6月23日〜8月15日　研究倫理規程パブリックコメント募集　「前文（案）」「倫理条項（案）」についてのコメントを会員専用サイトより募集。（6月23〜30日は理事対象。7月1日〜8月15日は会員対象）

7月8日（日）課題研究Ⅰ　第1回研究会（学習院大学）、「教師教育研究における研究対象と目的に関する一考察——『教師教育ハンドブック』第1部第5章の検討を中心に」、報告者：高野貴大（筑波大学大学院生）

8月1日（水）学会ニュース第55号・会員名簿2018年度版発行

8月26日（日）国際研究交流部　第2回会員対象公開研究会（大妻女子大学）、「国際的調査研究への参画から得られた認識と研究課題の変化」、講師：森久佳（大阪市立大学）

9月28日（金）第72回理事会（東京学芸大学）

9月28日（金）年報第27号『教育学部の30年』発刊

9月29日〜9月30日　第28回研究大会・総会（東京学芸大学）　大会実行委員長：大田伸也、大会実行委員会事務局長：岩田康之

3　日本教師教育学会会則

(1991年8月30日、創立総会決定)
(1993年10月30日、第3回総会一部改正)
(1998年10月24日、第8回総会一部改正)
(2009年10月3日、第19回総会一部改正)

(名称)

第1条　本学会は、日本教師教育学会 (The Japanese Society for the Study on Teacher Education)
　　　と称する。

(目的)

第2条　本学会は、学問の自由を尊重し、教師教育に関する研究の発展に資することを目的とする。

(事業)

第3条　本学会は、前条の目的を達成するため、次の各号に定める事業を行なう。

　　一　研究集会等の開催

　　二　研究委員会の設置

　　三　国内及び国外の関係学会・機関・団体等との研究交流

　　四　学会誌、学会ニュース等の編集及び刊行

　　五　その他理事会が必要と認めた事業

(会員)

第4条　本学会の会員は、本学会の目的に賛同し、教師教育に関する研究を行なう者、及び教師教
　　　育に関心を有する者とする。

　　2　会員になろうとする者は、会員1名以上の推薦を受けて、事務局に届け、理事会の承認を
　　　受けるものとする。

　　3　会員は、入会金及び年会費を納めなければならない。

　　4　3年間にわたって会費を納入しなかった会員は、理事会の議を経て退会したものとみなさ
　　　れる。　　　　　　　　　　　　　　　　　　　　　　　　　(1998.10.24、第8回総会一部改正)

(役員)

第5条　本学会の役員は、会長（理事長）1名、理事若干名、及び監査2名とする。

(役員の選任)

第6条　会長及び理事は、会員の投票により会員から選出される。当該選出方法は、別に定める。
　　　但し、学際的研究活動の発展及び理事の専門分野の均衡等のため、理事会が推薦する理事を
　　　置くことができる。

　　2　監査は、会長が会員より推薦し、総会の承認を経て委嘱する。

　　3　会長、理事及び監査の任期は3年とする。いずれの任期も、選出定期大会終了の翌日より
　　　3年後の大会終了日までとする。会長及び理事については、再任を妨げない。

　　4　理事会は、理事の中から事務局長及び常任理事を選出し、総会の承認を受ける。

　　　　　　　　　　　　　　　　　　　　　　　　　　　　　　　(1998.10.24、第8回総会一部改正)

(役員の任務)

第7条　会長は、本学会を代表し、理事会を主宰する。会長に事故あるときは、あらかじめ会長が
　　　指名した全国区選出理事がこれに代わる。　　　　　　(2009.10.3、第19回総会一部改正)

2　理事は、理事会を組織し、本学会の事業を企画し執行する。

3　監査は、会計及び事業状況を監査する。

（事務局）

第8条　本学会に事務局を置く。

2　本学会の事務局は、事務局長及び常任理事並びに理事会の委嘱する書記及び幹事若干名に
　　よって構成される。　　　　　　　　　　　　　　　　　　　（1998.10.24、第8回総会一部改正）

（総会）

第9条　総会は、会員をもって構成し、本学会の組織及び運営に関する基本的事項を審議決定する。

2　定期総会は、毎年1回、会長によって招集される。

3　会長は、理事会が必要と認めたとき、又は会員の3分の1以上が要求したときは、臨時総
　　会を招集しなければならない。

（総会における議決権の委任）

第10条　総会に出席しない会員は、理事会の定める書面により、他の出席会員にその議決権の行使
　　を委任することができる。

（会計）

第11条　本学会の経費は、会費その他の収入をもって充てる。

2　会費は、年額7,000円（学会誌代を含む）、入会金は1,000円とする。

3　本学会の会計年度は、4月1日より翌年3月31日までとする。

　　　　　　　　　　　　　　　　　　　　　　　　　　（1993.10.30、第3回総会一部改正）

（会則の改正）

第12条　本会則の改正には、総会において出席会員の3分の2以上の賛成を必要とする。

附　　則

1　本会則は、1991年8月30日より施行する。

2　第4条第1項に該当する者が、創立総会に際し入会を申し込んだ場合には、同条第2項の
　　規定にかかわらず、会員とする。

3　第6条の規定にかかわらず、本学会創立当初の役員は、創立総会の承認を経て選出される。

附　　則　　（1993年10月30日、第3回総会）

本会則は、1994年4月1日より施行する。

附　　則　　（1998年10月24日、第8回総会）

本会則は、1998年10月24日より施行する。

附　　則　　（2009年10月3日、第19回総会）

本会則は、2009年10月3日より施行する。

4　日本教師教育学会役員選出規程

(1992年9月26日、第6回理事会決定)

(1996年6月22日、第19回理事会一部改正)

(1998年2月28日、第25回理事会一部改正)

(1998年10月23日、第27回理事会一部改正)

(2002年2月23日、第37回理事会一部改正)

(目的)

第1条　本規程は、日本教師教育学会会則第6条第1項後段に基づき、日本教師教育学会の役員を会員中から選出する方法を定めることを目的とする。

(選出理事の種類及び定員数)

第2条　本学会の理事は、会員の投票によって選出される別表に定める定員数40を標準とする理事、並びに学際的研究活動の発展及び専門分野の均衡等のため必要に応じて理事会が推薦する若干名の理事とする。

(理事の選出方法及び任期)

第3条　投票による理事の選出は、本規程の別表の様式に従い選挙管理委員会が定める選挙区別の理事の定員数に基づき、全会員（全国区）及び地方区は当該地区の会員（各会員の勤務先等の所属地区）による無記名郵便投票によって行なう。

2　全国区は7名連記、各地区は当該地区の理事の定員数と同数の連記によって投票するものとする。ただし、不完全連記も有効とする。

3　当選者で同順位の得票者が複数にわたるときは、選挙管理委員会の実施する抽選によって当選者を決定する。

4　地方区で選出された理事が全国区でも選出された場合には、その数に相当する当該地方区の次点のものを繰り上げて選出するものとする。

5　理事に欠員が生じた場合には、その数に相当する当該選挙区の次点のものを繰り上げて選出するものとする。ただし、その任期は、前任者の残任期間とする。

(推薦による理事の選出方法)

第4条　第2条の規定する推薦による理事は、理事会が会員中よりこれを推薦し、総会において承認するものとする。

(会長の選出方法)

第5条　会長の選出は、全会員による無記名郵便投票によって行なう。

2　会長の選出は、1人の氏名を記す投票によるものとする。2人以上の氏名を記入した場合には無効とする。

(選挙管理委員会)

第6条　第3条及び第5条に規定する選挙の事務を執行させるため、理事会は会員中より選挙管理委員会の委員3人を指名する。選挙管理委員は、互選により委員長を決定する。

(選挙権者及び被選挙権者の確定等)

第7条　事務局長は、理事会の承認を受けて、第3条及び第5条に規定する理事選挙における選挙権者及び被選挙権者（ともに投票前年度までの会費を前年度末までに完納している者）を確定するための名簿を調製しなければならない。

2　事務局長は、選挙管理委員会の承認を受けて、第3条及び第5条の理事選挙が円滑に行な

われる条件を整えるため、選挙説明書その他必要な資料を配布することができる。

（細目の委任）

第8条　日本教師教育学会の理事選出に関する細目は、理事会の定めるところによる。

附　則（1992年9月26日、第6回理事会）

　　この規程は、制定の日から施行する。

附　則（1996年6月22日、第19回理事会）

　　この規程は、制定の日から施行する。

附　則（1998年2月28日、第25回理事会）

　　この規程は、制定の日から施行する。

附　則（1998年10月23日、第27回理事会）

　　この規程は、1998年10月24日から施行する。

附　則（2002年2月23日、第37回理事会）

　　この規程は、制定の日から施行する。

別　表（日本教師教育学会役員選出規程第2条関係）

地方区名	左欄に含まれる都道府県名	理事定数	有権者数
北　海　道	北海道		
東　　　北	青森・岩手・宮城・秋田・山形・福島		
関東・甲信越 （東京を除く）	茨城・栃木・群馬・埼玉・千葉・神奈川・山梨・長野・新潟		
東　　　京	東京		
東　海・北　陸	静岡・愛知・岐阜・三重・富山・石川・福井		
近　　　畿	滋賀・京都・大阪・兵庫・奈良・和歌山		
中国・四国	鳥取・島根・岡山・広島・山口・香川・徳島・愛媛・高知		
九州・沖縄	福岡・佐賀・長崎・熊本・大分・宮崎・鹿児島・沖縄		
地　　方　　区		33	
全　　国　　区		7	
定　数　合　計		40	

備　考

1．地方区理事の定数は、8つの地方区に1名ずつを割り振った後、残りの定数25について、選挙前年度最終理事会までに承認された会員（有権者に限る）の勤務先所在地（主たる勤務先の届け出がない場合は所属機関の本部、所属機関がない場合は住所）を基準とする地方区の所属会員数を基に、「単純ドント方式」で、各区に配分し決める。

2．有権者は、会費を選挙前年度末までに完納した者に限る。

3．会長は理事長でもある（会則第5条）ので、全国区理事を兼ねて投票し選出する。

4．所属機関、住所ともに日本国内に存しない会員は、全国区理事の選挙権のみを有する。

5 日本教師教育学会年報編集委員会関係規程等

⑴ 日本教師教育学会年報編集委員会規程

(1992年6月6日、第5回理事会決定)

(1999年6月5日、第29回理事会一部改正)

(2008年9月13日、第52回理事会一部改正)

第1条　この委員会は、本学会の機関誌『日本教師教育学会年報』の編集および発行に関する事務
　　を行う。

第2条　この委員会は、理事会が会員の中より選出し、委嘱した編集委員16名によって構成される。

　　2　編集委員のうち原則として4名は学会常任理事とする。

　　3　編集委員の任期は3年とし、交替の時期は当該年度の総会時とする。

第3条　この委員会に、委員長および副委員長各1名、常任委員若干名をおく。

　　2　委員長、副委員長、常任委員は、編集委員の互選により選出する。

　　3　委員長は委員会を代表し、編集会議を招集し、その議長となる。副委員長は委員長を補佐
　　し、委員長事故ある場合は、その職務を代行する。

　　4　委員長、副委員長、常任委員は、常任編集委員会を構成し、常時編集の実務に当たる。

第4条　委員会は、毎年度の大会開催に合わせて定例編集会議を開き、編集方針その他について協
　　議するものとする。また、必要に応じ随時編集会議を開くものとする。

第5条　編集に関する規程、及び投稿に関する要領は、別に定める。

第6条　編集及び頒布に関する会計は本学会事務局において処理し、理事会及び総会の承認を求め
　　るものとする。

第7条　委員会は、事務を担当するために、若干名の編集幹事を置く。編集幹事は、委員会の議を
　　経て、委員長が委嘱する。

第8条　委員会の事務局は、原則として委員長の所属機関内に置く。

附　　則（1992年6月6日、第5回理事会）

　　この規程は、1992年6月6日より施行する。

附　　則（1999年6月5日、第29回理事会）

　　この規程は、1999年6月5日より施行する。

附　　則（2008年9月13日、第52回理事会）

　　この規程は、2008年9月13日より施行する。

⑵ 日本教師教育学会年報編集規程

(1992年6月6日、第5回理事会決定)

(1999年6月5日、第29回理事会一部改正)

(2003年4月12日、第41回理事会一部改正)

(2005年9月23日、第46回理事会一部改正)

1　日本教師教育学会年報は、日本教師教育学会の機関誌であり、原則として年1回発行される。

2　年報は、本学会会員による研究論文、実践研究論文および研究・実践ノート、会員の研究・教育活動、その他会則第3条に定める事業に関する記事を編集・掲載する。

3　年報に投稿しようとする会員は、所定の投稿要領に従い、編集委員会宛に原稿を送付する。

4　投稿原稿の掲載は、編集委員2名以上のレフリーの審査に基づき、編集委員会の審議を経て決定する。なお、編集委員会がその必要を認めた場合は、編集委員以外の会員にレフリーを委嘱することができる。

5　掲載予定の原稿について、編集委員会は執筆者との協議を通じ、一部字句等の修正を求めることがある。

6　編集委員会は、特定の個人または団体に対して原稿の依頼を行うことができる。

7　年報に関する原稿は返却しない。

8　執筆者による校正は、原則として初校のみとする。その際、大幅な修正を認めない。

9　図版等の特定の費用を要する場合、執筆者にその費用の負担を求めることがある。

10　抜き刷りについては、執筆者の実費負担とする。

11　年報に掲載された論稿等については、その著作権のうち、複製権（電子化する権利を含む）、公衆送信権（公開する権利も含む）は、これを日本教師教育学会が無償で保有するものとする。

⑶　日本教師教育学会年報投稿要領

(1992年6月6日、第5回理事会決定)
(1999年6月5日、第29回理事会一部改正)
(2000年6月17日、第32回理事会一部改正)
(2003年10月3日、第42回理事会一部改正)
(2005年9月23日、第46回理事会一部改正)
(2013年9月14日、第62回理事会一部改正)
(2015年9月18日、第66回理事会一部改正)

1　投稿原稿は原則として未発表のものに限る。但し、口頭発表、およびその配付資料はこの限りではない。

2　投稿をする会員は、当該年度までの会費を完納しているものとする。

3　投稿原稿は以下の3ジャンルとし、会員が投稿原稿送付時にジャンルを申告するものとする。ジャンル申告のない投稿原稿は受け付けない。ジャンルの区分については、別に定める。
　　研究論文（教師教育に関する研究）
　　実践研究論文（会員個人および勤務校での教師教育に関する実践の研究）
　　研究・実践ノート（教師教育に関する研究動向・調査・情報・実践を紹介し考察・問題提起を
　　　　　　　　　　　行ったもの）

4　投稿原稿はA4判用紙縦置き、横書き、日本語によるものとし、編集委員会で別に指定する場合以外は、総頁数は研究論文および実践研究論文については10頁以内、研究・実践ノートについては4頁以内とする。なお、図表類は、その印刷位置及び大きさをあらかじめ表示しておくものとする。
　1）題目、図表・空欄・罫線、引用・注等も含めて指定頁数に収める。
　2）投稿原稿は、本学会ホームページからの「原稿執筆フォーマット」（一太郎ファイルあるいは

192　日本教師教育学会［年報第27号］

ワードファイル）をダウンロードして使用することを原則とする。

　　様式は、引用・注を含めて10.5ポイントで１頁を20字×40行×２段組みとし、題目欄については１段組で10行分とする。

　　なお、掲載決定後に電子データファイルを提出する。

　３）執筆者は、編集委員会作成の「投稿論文執筆確認シート」（本学会ホームページよりダウンロード）に記入・確認したものを添えて、所定部数の投稿原稿と別紙を提出する。

　注・図表等も含めて指定字数に収め、本文中の引用・注も字の大きさは変えないこと。

5　投稿原稿には、氏名・所属は書き入れない。下記7の別紙2、3についても同様。

6　投稿原稿は４部作成し（コピー可）、１部ずつページ順に綴じること。

7　投稿にあたっては、投稿原稿４部の他に、次の別紙（Ａ４判用紙）を添付して送付すること。

　別紙１　投稿ジャンル、題目、氏名、所属、連絡先（住所、電話(＋fax)、E-mail)

　別紙２　英文タイトル、英文摘要（300語前後）、英語キーワード（５項目以内）

　別紙３　別紙２の邦訳

　なお、別紙１は１部、別紙２および別紙３は各４部送付すること。

8　投稿原稿の送付期限は、毎年１月15日とする。送付先は、日本教師教育学会「年報編集委員会」委員長宛。投稿原稿は返却しない。

9　注および引用文献の表記形式については、別途編集委員会で定める。

（備考）

　１）投稿者は、投稿原稿中に、投稿者が特定されるような記述（注を含む）は行わないよう留意すること。

　２）第７項別紙２の英文については、予めネイティブ・チェックを受けるなど、質の向上に努めること。

⑷ 「研究論文」と「実践研究論文」の区分に関する申し合わせ

（2005年９月23日、年報編集委員会）

1　「実践研究論文」は、「研究論文」と並立する別ジャンルの文献である。

2　「研究論文」とは科学文献の分類における原著論文（オリジナル・ペーパー）のことであり、教師教育の分野において、執筆者が自己の行った研究活動について明確に記述し解説し、その成果として得た結論を述べたもの。

　　その要件としては、次のことがあげられる。

　１）それまでに知られている先行研究に照らしてのオリジナリティ（教師教育の分野における新しい事実、既知の事実間の新しい関係、既知の事実や関係をめぐる新しい解釈、および新しい開発などの独創性）があること。

　２）オリジナリティを根拠づける論理・実証性があること。

3　「実践研究論文」とは、教師教育の分野において、執筆者が自己の行った教育活動（教育実践・自己教育などを含む）について明確に記述し解説し、その成果として得た結果を述べたもの。

　　その要件としては、次のことがあげられる。

　１）教師教育をめぐって客観的に解決のせまられている現実問題に照らしての有意味性があること。

２）有意味性を確認するために必要十分な情報が提供されていること（記録性）。

３）実践上のユニークな視点・方法・工夫などが盛り込まれていること。

⑸　投稿原稿中の表記について

（2003年10月３日、年報編集委員会決定）

（2005年９月23日、年報編集委員会決定一部改正）

（2013年９月14日、第62回理事会一部改正）

1　注および引用文献の表記については、論文末に一括して掲げる形式をとる。

〔論文の提示方法〕著者、論文名、雑誌名、巻号、年号、ページ。

１）梅根悟「教員養成問題と日本教育学会」『教育学研究』第34巻第3号、1967年、235ページ。

２）Karen Zumwalt, "Alternate Routes to Teaching." *Journal of Teacher Education,* Vol.42, No.2, 1991, pp.83-89.

〔単行本の提示方法〕著者、書名、発行所、年号、ページ。

１）大田堯『教育とは何かを問いつづけて』岩波書店、1983年、95-96ページ。

２）Kevin Harris, *Teachers and Classes*, Rout ledge, 1982, pp.32-38.

2　記述中の外国語の表記について

外国人名、地名等、固有名詞には原語を付ける。また、叙述中の外国語にはなるべく訳語を付ける。外国語（アルファベット）は、大文字・小文字とも半角で記入するものとする。中国語、ハングル等、アルファベット表記以外の文字も、これに準ずる。

6　日本教師教育学会申し合わせ事項

1　日本教師教育学会の会費納入に関する申し合わせ

（2001年10月5日、第36回理事会決定）

（2003年4月12日、第41回理事会一部改正）

（2011年9月16日、第58回理事会改正）

1　会員は、新年度の会費を5月末日までに払い込む（もしくは振り込む）ものとする。ただし、5月末日までに自動引き落としの手続きをした会員は、実際の引き落とし期日にかかわらず、5月末日までに会費を完納したものとみなして扱う。

2　会費は、規定額を払い込むものとする。払込額が当該年度会費に満たない場合は、追加払込みで満額になるまで未納として扱う。次年度会費規定額に届かない超過額を払い込んだ場合は、手数料を差し引いて一旦返却することを原則とする。

3　研究大会における発表申込者（共同研究者を表示する場合はその全員）は、前項により会費を完納した会員でなければならない。発表を申し込む入会希望者の場合は、5月末までに入会金及び会費を払い込み、必要事項を記入した入会申込書が学会事務局により受理されていなければならない。

4　学会費を完納していない会員は、研究大会及び学会総会に出席できない。

5　学会年報投稿者（共同執筆者がいる場合はその全員）は、投稿締め切り日までに当該年度までの会費を完納している会員でなければならない。投稿を申し込む入会希望者の場合は、投稿締め切り日までに入会金及び会費を払い込み、必要事項を記入した入会申込書が学会事務局により受理されていなければならない。

6　役員選挙における有権者は、選挙前年度までの会費を前年度末までに会費を完納している会員に限る。

7　退会を希望する場合は、退会を届け出た日の属する年度まで会費を完納していなければならない。退会の意向は、事務局宛に直接、書面（e-mail、ファクシミリを含む）で届け出なければならない。

以　上

2　会費未納会員に関する申し合わせ

（1998年2月28日、第25回理事会決定）

（2011年9月16日、第58回理事会改正）

日本教師教育学会会則第4条第4項に関する申し合わせを、次のように定める。

1　会費未納者に対しては、その未納会費の年度に対応する学会年報を送らない。期限後に会費納付があった場合、年報を除き、納付日以前に一般発送した送付物（ニュース、会員名簿等）は、原則として送らない。

2　会費が3年度にわたって未納となっている会員は、次の手続により脱退したものと見なす。

① 未納3年目の会計年度終了に先立ち、学会事務局が十分な時間があると認める時期において、当該会費未納会員に対し、会費未納の解消を催告する。

② 学会事務局は、未納3年目の年度末までに会費未納を解消しなかった会員の名簿を調製し、翌年度最初の理事会の議を経て除籍を決定する。

③ 会費未納による脱退者は、会費完納年度末をもって会員資格を失ったものとする。

3 会費が2年間にわたって未納となり、届け出られた連絡手段すべてにおいて連絡が取れない会員については、前項にかかわらず未納2年目末をもって、催告無しに前項に準じた脱退手続きを行なうことができる。

以　上

3　理事選挙の被選挙権辞退に関する申し合わせ

(1993年6月19日、第9回理事会決定)

(2011年9月16日、第58回理事会改正)

1 理事選挙の行われる年度末において、満70歳以上の会員は、被選挙権を辞退することができる。

2 日本教師教育学会会則第6条第3項に関し、選出区が全国区・地方区にかかわらず連続3期理事をつとめた会員は、役員選挙にあたって被選挙権を辞退することができる。

3 被選挙権を辞退する会員は、役員選挙のつど、辞退の意向を日本教師教育学会事務局宛に直接、書面（e-mail、ファクシミリを含む）で届け出なければならない。

以　上

4　常任理事に関する申し合わせ

(2002年6月22日、第38回理事会決定)

(2017年9月29日、第70回理事会一部改正)

日本教師教育学会会則第8条に規定する「常任理事」について次のように申し合わせる。

1 （選出方法）

① 常任理事は、次の理事をもってあてることを原則とする。

　ア　全国区選出理事

　イ　事務局長所属都道府県選出理事

　ウ　事務局所属都道府県に隣接した都道府県に住所もしくは所属機関を有する理事

　エ　その他の理事のうち、理事会が委嘱する理事

② 前項イ及びウに該当する理事で、相当な理由があり理事会の承認を得た場合は、常任理事になることを辞退することができる。

③ 前項イの理事で、所属機関の変更等により、前項ウの規定にも該当しなくなった場合は任期途中でも辞任することができる。

　また前項ウの規定によって選出された常任理事は、他地区に転居した場合、常任理事を辞任することができる。

2（常任理事の任務）

常任理事は、次の任務を持つ。

ア　常任理事は、常任理事会を構成し、理事会の審議・議決に則り、具体的な事項を審議・決定する。

イ　常任理事は、事務局の構成員となり、本学会の事業を執行する。

3（常任理事会）

常任理事会は、次の場合に招集する。

ア　常任理事会は、会長が招集する。

イ　常任理事の３分の１以上の常任理事が要求したときは、会長は要求受理後一ヶ月以内の日時に、常任理事会を招集しなければならない。

以　上

5　入会承認手続きに関する申し合わせ

(2004年４月17日、第43回理事会決定)

日本教師教育学会会則第４条第２項の運用に関して、以下のように申し合わせる。

1　会員資格は、原則として理事会の承認の後に得られるものとする。

2　前項の申し合わせにかかわらず、理事会が必要と認める場合、常任理事会の承認をもってこれに代えることができるものとする。

以　上

6　地方区理事の委嘱に関する申し合わせ

(2004年９月17日、第44回理事会決定)

日本教師教育学会役員選出規程第３条第５項の運用に関して次のように申し合わせる。

1　地方区選出の理事は、当該地方区に所属する会員でなくなった際には理事資格を喪失する。

2　地方区選出の理事に欠員が生じた際の、後任の委嘱については次の通りとする。

⑴　欠員が生じた際は、理事会および常任理事会は、速やかに後任の委嘱についての協議を行う。

⑵　繰り上げによる後任の委嘱は、当期選挙の選挙管理委員会が決定した次々点者までとする。

⑶　欠員が生じた時点で、当該の理事任期が既に２年６月経過している際には、後任の理事の委嘱を原則として行わない。

以　上

7 日本教師教育学会　入会のご案内
－研究と実践の創造をめざして－

日本教師教育学会は、1991年8月30日に創立されました。

子どもや父母・国民の教職員への願いや期待に応え、教育者としての力量を高めるための研究活動を多くの人々と共同ですすめたいというのが学会創立の趣旨です。

わたくしたちは「教師」という言葉に、学校の教職員はもとより、社会教育や福祉・看護・医療・矯正教育などに携わるさまざまな分野の教育関係者を含めて考えています。

また、その「教育」とは、大学の教員養成だけでなく、教職員やそれをめざす人たちの自己教育を含め、教育者の養成・免許・採用・研修などの力量形成の総体と考えています。

このような学会の発展のため、広い分野から多くの方々がご参加くださいますようご案内申し上げます。

1　大学などで教師教育の実践や研究に携わっている方々に

大学設置基準の大綱化のもとで、「大学における教員養成」も大学独自の創意工夫が求められる時代となりました。このような状況の変化のもとで、本学会は、各大学、各教職員が、国公私立大学の枠を越え、全国的規模で教師教育の実践や研究について交流し、カリキュラム開発などの共同の取り組みをすすめることに寄与したいと念じております。

大学における教師教育は、教育学、教育心理学、教科教育法などの教職科目だけではなく、教科に関する諸科目、一般教育を担当する方々との共同の事業です。多彩な専門分野からのご参加を呼びかけます。

2　学校の教職員の方々に

社会が大きく変化し、さまざまな教育問題が起こるなかで、「学校はどうあるべきか」がきびしく問われています。それだけに、学校で働く教職員の方々が、子どもや父母の願いをくみとり、教育・文化に携わる広い分野の方々との交流・共同により、生涯を通じて教育者としての力量を高めていく研究活動とそのための開かれた場が求められています。教育実習生の指導などを通してすぐれた後継者、未来の教師を育てることも現職教職員の大きな責任と考えます。そのような学会の発展のため学校教職員のみなさんの積極的な参加を期待いたします。

3　社会教育、福祉、看護、医療・矯正教育などの分野の職員の方々に

人間が生涯を通じて豊かに発達し尊厳を実現するには、学校ばかりでなく、保育所・児童館、教育相談所、家庭裁判所・少年院、公民館・図書館・博物館、スポーツ施設、文化・芸術施設、医療施設などさまざまな教育・文化・福祉・司法などの分野の職員の方々の協力が欠かせません。よき後継者を育てることも大切な仕事です。そのためには、それぞれの分野の垣根を越えて、実践や理論を交流し、教育者としての力量を共同して高める研究活動の場が必要です。この学会がその役目を果たせますよう、みなさんの入会を期待します。

4　教育行政や教育運動に携わっている方々に

教師教育は、大学やその他の学校だけでなく、教育行政とも密接な関連があり、教育運動の動向にも影響を受けます。これらの組織に関わる方々の参加が得られるならば、教師教育研究のフィー

ルドはいっそうひろがります。すすんで参加・参画いただき、その充実を図りたいと思います。

5 教育問題に関心をもつ学生や将来、教育関係の職業をめざす方々に

教職員をめざし、または、教育問題に関心をもつみなさんが、在学中や就職前から、専門的力量の向上について研究的関心をもちつづけることは、進路の開拓にも大きな力になるでしょう。本学会の諸事業にもすすんで参加してください。

6 父母・マスコミ関係者ほか、ひろく国民のみなさんに

よい教師は、よい教師を求める国民的期待の中で育まれるといえるでしょう。他の分野の教職員についても同様です。会員として、また、会員外の立場から、本学会について率直な意見を寄せていただければ幸いです。

7 教育者養成・研修に関心をもつ外国の方々に

教師教育研究の国際交流は、本学会の事業の大きな目標のひとつです。会員資格に国籍は問いません。入会を歓迎いたします。

会員になりますと、研究集会、研究委員会活動、その他の諸行事への参加、学会誌・学会ニュースへの投稿やその無料郵送、研究業績の紹介、会員名簿の配布など、会則に定める本学会の多彩な事業の利益を受けることができます。

いま、社会は大きく変化し、新しい教育者像が求められています。この学会が、その探究のための「研究のネットワーク」「研究の広場」として発展するよう、多くのみなさんのご協力をお願いいたします。

《入会申込みの方法》

1 本学会の趣旨に賛同し、入会を希望する場合は、「入会申込書」（学会ホームページ上にあります）に必要事項を記入し、推薦者1名（既会員）の署名を添え、ホームページ上にある入会申込フォームから、または郵送でお申し込みください。（既会員の推薦者がいらっしゃらない場合には無記入のままで結構です。）
【申し込み郵送の場合の送付先】 日本教師教育学会事務局

2 入会金1,000円及び当該年度会費7,000円（合計8,000円）を下記郵便振替口座もしくは銀行口座へご送金下さい。（学生も同額になります）
【郵便振替】 00140-7-557708
【ゆうちょ銀行】 （機関コード9900）〇一九店（店番号019）当座預金 口座番号 ０５５７７０８

3 入会申込書、及び入会金、年会費が事務局宛に届いた時点で「入会希望者」として受付しまして、受付受理されましたことをメールでお知らせ致します。

4 理事会で承認されましたら、メールで承認のお知らせをさせていただきます。メールが届かない場合は、大変お手数ではございますが、事務局までお問い合わせいただきますようお願い申し上げます。

＊ 事務局は基本的に3年交代です。最新の事務局情報は、本学会ホームページをご覧ください。

編 集 後 記

　年報第27号をお届けします。

　本号より新たに、第10期編集委員会による編集となります。前期編集委員会からの引継ぎの後、新たな体制を整えるのが遅れたために、あわただしい編集作業となりましたが、委員のご尽力のおかげで、会員の皆様に年報を無事お届けできることをまずは安堵しております。

　この数年、年報企画論文は教師教育の専門性や高度化など、教師の資質能力の向上とそれをめぐる課題に焦点が置かれてきました（26号「「指標化」「基準化」の動向と課題」、25号「教師の育ちと仕事はどう変わるのか」、23号「教師教育の"高度化"を考える」など）。教師教育のこのような内容については、それぞれに新しい局面を迎え、現在においても考え続けるべき課題を孕んでいます。しかしながら、複数の候補が上がった中で、本号では、視点を変え「教育学部の30年」とすることに決定しました。制度的な改変の嵐に翻弄され、教師教育の担い手が足元から土台を突き崩され、教師教育の改善を模索するどころではないという現実を、このあたりでしっかりと俯瞰する必要があると、編集委員の多くが認識したからにほかなりません。ただし、紙幅の関係から今回は国立の教員養成大学・学部に限定せざるを得ませんでした。国立大学改革は、まだ途上です。本号の特集企画を踏まえて、教師教育のプロバイダーへの関心と改革への議論が一層深まるように願っています。

　さて、本号への会員からの投稿論文は30本（研究論文22本、実践研究論文6本、研究・実践ノート2本）でした。編集委員会では、編集委員会諸規定に則り、慎重に審議を重ね、最終的に4本の研究論文と2本の実践研究論文を掲載することを決定いたしました。掲載には至りませんでしたが、審査の中で最後まで掲載の可否を検討した論文が複数ありましたことをお伝えし、会員の皆様がさらに質の高い論文を競って投稿してくださいますよう期待いたします。一方で、「日本教師教育学会年報編集委員会関係規定等」を熟読していない投稿も複数見受けられました。前編集委員長からの引き継ぎがあったにもかかわらず、編集の際に見落としがあり、フォーマットに準じていない論文を今回も掲載いたしますことをお詫びいたします。また会員の皆様には、投稿の際、規定を熟読していただけますよう、重ねてお願い申し上げます。

　編集委員会には、数多くの寄贈本が寄せられております。今回は諸々の事情からそのごく一部しか取り上げることができませんでした。次回の年報に回さざるを得ないものもあり、書評、文献紹介としては少々機を逸してしまう感も否めません。予めお断りし、お詫び申し上げます。

　第10期編集委員会は立ち上がったばかりですが、これらの課題の他にも、かねてより改善を求められている懸案事項もあります。会員の皆様のご理解・ご協力を得ながら、第10期の任期の間に学会誌としての質をより高めていけるように努力したいと思います。

（文責：編集委員長　油布佐和子）

年報第27号　第10期編集委員会活動記録

2018年1月21日（日）　第1回編集委員会（早稲田大学早稲田キャンパス）
　　　　　　　　　・編集委員体制とスケジュールについて
　　　　　　　　　・年報第27号の編集について
　　　　　　　　　　　特集企画についての意見交換
　　　　　　　　　　　査読手順の確認
　　　　　　　　　　　投稿論文の受理確認と査読分担
　　　　　　　　　　　書評・文献紹介について

2018年4月14日（土）　第2回編集委員会（明治大学研究棟）
　　　　　　　　　・年報第27号の編集について
　　　　　　　　　　　特集企画論文について
　　　　　　　　　　　投稿論文審査結果の審議
　　　　　　　　　　　その他（今後の日程、編集委員会の検討課題）

2018年6月16日（土）　第3回編集委員会（常任編集委員会）（東京学芸大学）
　　　　　　　　　・年報第27号の編集について
　　　　　　　　　　　投稿論文の再査読結果の審議
　　　　　　　　　　　特集論文、書評・文献紹介、大会記録について
　　　　　　　　　　　その他（今後の日程）

2018年9月28日（金）　第4回編集委員会（予定）（東京学芸大学）
　　　　　　　　　・編集委員の補充について
　　　　　　　　　・第27号の編集・刊行についての意見交換（総括）
　　　　　　　　　　　投稿論文の書式等について
　　　　　　　　　　　投稿論文の英文要旨と英文校閲について
　　　　　　　　　　　書評・文献紹介について
　　　　　　　　　・第28号の編集について
　　　　　　　　　・その他

年報編集委員会

（○は常任委員）

委員長　　　○油布佐和子（早稲田大学）
副委員長　　○吉岡真佐樹（京都府立大学）

委員　　　　　安藤　知子（上越教育大学）　　○清水　康幸（青山学院女子短期大学）
　　　　　　○新井　保幸（育英大学）　　　　　添田久美子（和歌山大学）
　　　　　　　岡野　　勉（新潟大学）　　　　○樋口　直宏（筑波大学）
　　　　　　○勝野　正章（東京大学）　　　　　福島　裕敏（弘前大学）
　　　　　　　子安　　潤（中部大学）　　　　　藤原　　顕（福山市立大学）
　　　　　　○坂井　俊樹（開智国際大学）　　　船寄　俊雄（神戸大学）
　　　　　　○佐久間亜紀（慶應義塾大学）

英文校閲
　　　百合田真樹人（独立行政法人　教職員支援機構）
　　　香川奈緒美（島根大学）

日本教師教育学会年報　第27号

教育学部の30年

2018年9月29日　発行
編　集　日本教師教育学会年報編集委員会
発　行　日本教師教育学会
事務局　〒344-0061　埼玉県春日部市粕壁3-10-1-1705
　　　　Tel 070-6441-0943
　　　　郵便振替口座番号　00140-7-557708（557708は右詰で記入）
　　　　E-mail：office@jsste.jp
年報編集委員会
　　　　〒169-8050　東京都新宿区西早稲田1丁目6-1
　　　　早稲田大学教職大学院　油布佐和子研究室内
　　　　Tel & Fax 03-5286-1848
　　　　E-mail：sawakoy@waseda.jp
印　刷　学事出版株式会社
　　　　〒101-0021　東京都千代田区外神田2-2-3
　　　　Tel 03-3255-5471　Fax 03-3255-0248　http://www.gakuji.co.jp/